Richard Andree

Tschechische Gänge

Richard Andree

Tschechische Gänge

ISBN/EAN: 9783743303904

Hergestellt in Europa, USA, Kanada, Australien, Japan

Cover: Foto ©Andreas Hilbeck / pixelio.de

Manufactured and distributed by brebook publishing software
(www.brebook.com)

Richard Andree

Tschechische Gänge

Mit einer Sprachenkarte Böhmens.

Bielefeld und Leipzig,

Verlag von Velhagen & Klasing.

1872.

Inhalt.

Seite

Vorwort.

Streifzüge durch Deutsch=Böhmen 1
Tetschen. — Wie die Gegend germanisirt wurde. — Die böh=
mische Nordbahn. — Die Eisenbahnen und die Nationalitäten.
— Holzarchitectur. — Das deutsche und das slavische Wohn=
haus. — Böhmisch=Kamnitz. — Das Bier und die Tschechen.
— Die Deutschen und die Industrie Böhmens. — Die Glas=
industrie. — Haida. — Versöhnungstabor im Bezirk Weißwasser.
— Tschechische Studenten. — Schembera und Liebelt. Umsturz
der Geschichte. — Böhmisch=Leipa. — Der Verein für Geschichte
der Deutschen in Böhmen. — Leiden der deutschen Sprache.

Das deutsche und das tschechische Sprachgebiet 38
Feststellung der Sprachgrenze seit dem dreißigjährigen Kriege. —
Beispiel, wie die Germanisirung durchgeführt wurde (Chotjeschau).
— Die Deutsch=Böhmen sind wesentlich Abkömmlinge deutscher
Einwanderer. — Deutsche und tschechische Schädel. — Sprach=
grenze um 1700 nach Phrosinus. — Gebiet der Deutschen und
Tschechen. — Gemischte Ortschaften an der Sprachgrenze. —
Schwankungen an der Sprachgrenze. —

Beraun und Karlstein 57
Eine Stellwagenfahrt von Prag nach Beraun. — Berauner
Spießbürger. — Tetin. — Sonderbare Reliquien. — Die
Burg. — Marschall von Bassompierre. — Niklas Wurmsers
Malereien. — Die Katharinakapelle. — Der Thurm. — Die
Kreuzkapelle, Nachbildung der Grabkapelle im Titurel. — Der
Maler Theodorich. — Die St. Wenzelskrone und was damit
zusammenhängt. — Verwüstung der Burg. —

Seite

Die Tschechen und die Schule 88
Die Schulbildung bei den Deutschen und Slaven in Preußen.
— Schulbildung bei den verschiedenen Nationalitäten Oester=
reichs. — Niedriger Zustand unter den österreichischen Slaven.
— Schulbildung in Böhmen; höherer Zustand bei den Deutschen.
— Germanisirung der Schulen Böhmens unter Joseph II. —
Tschechisirung in der Gegenwart. — Sprachenzwanggesetz von
1865. — Trennung des polytechnischen Instituts in Prag. —
Die Prager Universität unter dem Gesichtspunkte der Tschechi=
sirung. — Urtheil des Russen Plgorow über deutsche Hochschulen.
— Zustand der Volksbildung in Rußland. —

Slavische Annectirungen 106
Das Althüttener Eisenwerk und der fromme Knecht Fridolin. —
Annectirte Irländer. — Anakreon ein Slave. — Jan Kollars
altslavisches Italien. — Die Hansa ist slavisch. — Die Bam=
berger Tschernebog=Götzen. — Tommasino von Modena: —
Gluck und Karl Maria von Weber sind Tschechen. — „Gott
erhalte Franz den Kaiser" eine tschechische Melodie. — Die
Tschechen haben die Buchdruckerkunst erfunden. — Die Slaven
haben Amerika entdeckt. — Bohuslaus von Hassenstein und
Kaspar von Sternberg. — Wenzel Hollar. — Belisar ein
Slave. — Die Reformation ist slavischen Ursprungs. — Die
Deutschen haben auf geistigem Gebiete gar nichts geleistet. —

Husitisches und Kirchliches 128
Die Husiten in Swata. — Trennung der tschechischen und
deutschen Protestanten. — Nationaler Charakter des Husiten=
thums. — Deutschenhaß des Hus. — Moderne Husiten. —
Jesuitenhetze. — Katholizismus und Husitismus. — Husfeier.
— Eine russische Stimme über den nationalen Hus. — Der
tschechische Landgeistliche und seine nationale Wirksamkeit. —
Der alte slavische Gottesdienst und neue Bestrebungen für den=
selben. — Tschechisirung der Budweiser Diözese. —

Juden und Tschechen 146
Verbreitung der Juden unter Romanen, Germanen und Slaven.
— Starke Vermehrung der Juden. — Verbreitung der Juden
in Böhmen. — Semiten und Indogermanen. — Zur Geschichte
der Juden in Böhmen. — Der böhmische Dorfjude. — Die
Juden und die Sprache. — Judenhaß der Tschechen. — Hetze=

reien der tschechischen Presse. — Der Pribramer Silberdiebstahl.
Die große Judenhetze 1866. —

Der Abel und seine Herrschaften 184
Germanisirung des tschechischen Adels. — Feudale Interessen.
— Sittenschilderung des alten Adels nach Cheltschitzky. —
Untergang des nationalen Adels 1620. — Der neuböhmische,
kosmopolitische Adel. — Wie die Schwarzenberg nach Böhmen
kamen. — Das Compagniegeschäft mit den Tschechen. —
Charakteristik des heutigen Adels. — Der Großgrundbesitz. —
Wald und Wild. — Das Proletariat auf den Herrschaften. —
Die böhmischen Beamten. — Nachtheile der Latifundien. —
Der slavische Genius und der Großgrundbesitz. —,

Die Unsicherheit und die fahrenden Leute in Böhmen . . 208
Landtagsklagen über Unsicherheit und Vagabondiren in Böhmen.
— Der Großgrundbesitz und die Proletarier. — Alte Klagen
über tschechische Rohheit. — Konrad Celtes und die Tschechen.
— Wie Professoren insultirt werden. — Abraham a Santa
Clara's Urtheil. — Prager Flamendr. — Die tschechische Presse
und der Pöbel. — Statistik der Verhaftungen in Prag. —
Wallfahrten. — Zigeuner. — Slowaken. — „Komedianti". —
Das tschechische Marionettenspiel vom Dr. Faust. —

Nationale Kleinstädter 229
Die nationale Bewegung auf dem platten Lande. — Böhmen
und das Städtewesen. — Physiognomie der tschechischen Land=
städte. — Die Gesellschaftsklassen. — Vereinswesen. — Tschechische
„Nationaltracht". — Eine Beseda. — Tschechisch oder Böhmisch?
— Panslavistische Anklänge. — Renegaten. — Wechselbeziehungen
der deutschen und tschechischen Sprache. —

Tschechische Dörfer und Bauern 253
Physiognomie der Dörfer. — Die Felder und ihre Bewirth=
schaftung. — Einfluß des deutschen Ackerbaues. — Folgen der
Leibeigenschaft. — Chalupen. — Bei einem Gemeindevorstand.
— Licht= und Schattenseiten. — Musikliebe. — Tschechische
Nationaltänze. —

Vorwort.

Von allen den Kämpfen der Rassen und Stämme, die noch mit geistigen Waffen auf Oesterreichs Boden ausgefochten werden, berührt uns Deutsche im Reiche keiner näher, als jener der Deutschen und Tschechen in Böhmen und Mähren. Mitten hinein= geschoben in unser Land ist das Kampfgebiet: Schlesien, Sachsen, Bayern begrenzen es, zahlreich sind die Verbindungen herüber, hinüber; bis vor fünf Jahren noch bildete Böhmen einen Theil des deutschen Bundes. Seine Geschichte ist tief verwoben mit der unsrigen; von deutschen Kaisern, denen Böhmens Fürsten tribut= pflichtig waren, erhielten die Herrscher des Landes die Königs= würde; oft war die Krone Böhmens und jene des heiligen römischen Reiches deutscher Nation auf einem Haupte vereinigt; das Erbmundschenkenamt gebührte Böhmens Fürsten. Von Böh= men aus hat mehr als ein großes geschichtliches Ereigniß seinen Schatten oder sein Licht auf Deutschland ausgebreitet, hier begann der dreißigjährige Krieg, hier erglänzte auf blutiger Wahlstatt Deutschlands neuer Stern hell und freudig.

Mit Recht nennt der Tscheche das Land ein irdisches Para= dies. Ja, fehlte der Mensch, aus Herzensgrund würden wir einstimmen, — aber der Frieden des Paradieses, hier ist er nicht zu finden, hier erfüllt nur Haß und Zorn, schmerzhaftes Auf= schreien, wildes Kämpfen und Ringen, Herrschsucht und rohes Vergewaltigungstreiben des Menschen Brust. Hier sind die Be= griffe „Eintracht" und „friedliches Zusammenwirken" völlig zu Schanden geworden, hier giebt es kein Gebiet des menschlichen Wissens und Könnens mehr, auf dem die beiden das Land be= wohnenden Stämme noch gemeinschaftlich wirken. In Kirche und Schule, im politischen und socialen Leben, auf dem Gebiete des Handels und der Gewerbe: Trennung, Haß, Kampf! Was den einen befriedigt, beleidigt den andern, — kein Ausgleich erscheint, so wie jetzt die Dinge liegen, möglich, kein ersprießliches Neben= einander ist denkbar, — bis die Gewalt gesprochen haben wird.

Wer, wie der Verfasser des vorliegenden Buches, längere Zeit in Böhmen gelebt, und versucht hat, mit Land und Leuten sich vertraut zu machen, der wird sich gestehen müssen, daß wir Deutschen keine bittereren, unversöhnlicheren Feinde besitzen, als die Tschechen, deren Treiben sich nicht etwa gegen die Deutsch= österreicher allein richtet, sondern gegen das ganze deutsche Volk, die heute den Franzosen ein Memorandum vorlegen, in welchem der Plan zur besten Zertrümmerung Preußens erörtert, morgen, wenn die österreichische Idee unter ihnen in Mißcredit kommt, an eine Umwandlung Böhmens in ein russisches Bollwerk denken. Beiträge zur Kenntniß jenes Feindes zu liefern, der als vorge= schobener Ast des Slaventhums mitten unter uns sitzt, die Kämpfe, welche das Deutschthum in Böhmen besteht, zu schildern und diesem unter den Deutschen des Reiches neue Freunde zu werben, ist der Zweck meiner Schrift. Ein hervorragender Deutschböhme hat den Verfasser einmal für einen verkappten Tschechen gehalten, das will sagen: ich habe mich bestrebt, so weit es ging, unparteiisch zu sein und auch die Lichtseiten der Tschechen anzuerkennen. Wenn aber, wie in der Gegenwart, das Treiben der Tschechen immer maßloser, ihre Vergewaltigungssucht immer schroffer, das Mißbrauchen der mit Hilfe der Ultramontanen und Feudalen erzielten Majorität immer ungerechter wird, da wird es zur Pflicht, diesem Gebahren ohne Zögern scharf gegenüberzutreten. Der Vorwurf der Halbheit wird mich daher wohl nicht treffen.

Ueber die befolgte Rechtschreibung slavischer Namen bin ich noch einige Bemerkungen schuldig, die um so mehr am Platze sind, als, je mehr wir uns mit slavischen Dingen beschäftigen, desto unerquicklicher die Anarchie und Verwirrung in der Orthographie slavischer Wörter im Deutschen wird. Es hat dies seinen Grund in zweierlei Ursachen, einmal in der großen Unbekanntschaft mit den slavischen Sprachen, die bei uns überhaupt vorhanden ist, dann wieder darin, daß die slavischen Sprachen mehrere eigenthümliche Laute haben, die dem Deutschen fehlen und mit unsern Schriftzeichen nicht wiederzugeben sind. Dazu kommt noch, um die Verwirrung voll zu machen, daß die einzelnen slavischen Völker unter sich verschieden schreiben, ganz verschiedene Schriftzeichen anwenden. Ich ziehe es nun vor, wo slavische Wörter in ihrer Originalform vorkommen, wo Citate angeführt werden, diese auch nach slavischer Weise zu schreiben, wie wir englische oder fran= zösische auch ja überall in ihrer eigenen Schreibart wiedergeben. Wenn hier und da einmal der Accent versäumt wurde, so ist dieses für deutsche Leser ohne Bedeutung. Im Verlaufe der übrigen Darstellung aber kann ich mich nicht entschließen, die

flavische Schriftbezeichnung da zu wiederholen, wo eine gleich=
werthige deutsche vorhanden ist. Dieses bezieht sich auf fol=
gende Laute. Unser tsch ist tschechisch und wendisch č, polnisch cz. Die
Aussprache ist hier wie da vollkommen dieselbe. Ich schreibe also
nicht Čechen oder gar Czechen, sondern Tschechen. Ebenso verhält
es sich mit unserm scharfen sch, für das die Tschechen š, die Polen
sz setzen; daher ist zu schreiben Schumawa, und nicht Šumava
(Böhmerwald). Ferner setzt der Slave das Zeichen c, wo unser
z steht, und beides ist gleichwerthig. Das slavische z dagegen stellt
ein weiches s vor, und ist, um eine falsche Aussprache zu verhüten,
auch so wiederzugeben. Welche Inconsequenzen entstehen nicht
daraus, daß man, wie gewöhnlich im Deutschen, das cz der
Slaven in unsre Schreibweise überträgt! Häufig wendet man es
sogar falsch an, schreibt Czar, was gesprochen werden müßte
Tschar; während dieses Wort für Kaiser, aus Caesar entstanden,
slavisch Car geschrieben und Zar gesprochen wird.

Anders liegt das Verhältniß bei der Wiedergabe solcher
slavischer Wörter, die Laute enthalten, für welche wir im Deut=
schen keine Zeichen besitzen. Dahin gehört zunächst ž. Dieses ist
der weiche sch=Laut, welcher der deutschen Sprache fehlt, aber im
Französischen vorhanden ist (jamais, jardin). Schlözer schrieb
diesen Laut in seinem Nestor sh, und Manche sind ihm gefolgt,
man kommt aber hiermit aus der Schwierigkeit nicht heraus und
wird durch das englische sh verleitet, ihn wie sch auszusprechen,
was falsch ist. Erman, im Archiv für wissenschaftliche Kunde
Rußlands, schrieb das französische j nur cursiv, um es von unserm
j zu unterscheiden, was auch seine Schwierigkeit hat. Lepsius in

seinem Standard Alphabet (London 1855) behielt die Be=
zeichnung des ž bei, und damit überwindet man alle Schwierig=
keiten. Ganz falsch aber wäre es, diesen Laut durch das deutsche
sch wiedergeben zu wollen, wie man z. B. auf Karten findet
Schebrak statt Žebrak. — Das tschechische ř, polnisch rz, ist ein
weiches, zusammengezogenes rsch, läßt sich aber durch dieses nur
im Auslaut gleichwerthig im Deutschen bezeichnen (Hirsch) und
muß daher für An= und Inlaut beibehalten werden. Wer es nicht
sprechen kann, möge es durch einfaches r wiedergeben, wie es auch
in den übrigen slavischen Sprachen geschieht. Dieser ř-Laut ist
übrigens erst ziemlich spät in die tschechische und polnische Sprache
eingedrungen. — ñ im Tschechischen, aber nicht häufig vorkommend,
ist gleich dem spanischen, nasalen ñ; d' und t' bedeuten dj und tj.
— ě ist ie, doch gesondert gesprochen und durch „je" wiederzugeben.
— Das tschechische ů wird doppellautartig zusammengezogen, wie
ou, au, oder auch u gesprochen. — Noch ist zu erwähnen, daß
man bei russischen Namen, die auf ow endigen im Deutschen, nach
dem Vorgange der Franzosen, ein off setzt; also Demidoff statt
Demidow. Das ist gänzlich falsch. Denn einmal kennen die
Slaven keine Doppelconsonanten, und dann tritt im Genitiv
sofort der w-Laut hervor, wenn auch das ow im Nominativ wie
off klingt.

Dr. Richard Andree.

Streifzüge in Deutsch=Böhmen.

Wer von Dresden kommend die böhmische Grenze überschreitet und den Bodenbacher Eisenbahntunnel im Rücken hat, fühlt sich in eine neue Welt versetzt. Es sind nicht die Steuerbeamten, das Kreuzer= geld und die frembartigen Uniformen, die unterscheidend wirken, nein, schon die ganze Luft, das ganze Wesen ist hier einigermaßen slavisch imprägnirt. Bis zu diesem Grenzpunkt dringen auch die ita= lienischen Fremdwörter vor, die durch Oesterreichs politisches Verhält= niß zu Italien in die deutsch=österreichische Sprache eingeführt wurden, noch mehr aber das Tschechische. Obgleich Bodenbach ein ganz deutscher Ort, hört man doch die hierher versetzten Beamten häufig ganz tschechisch sprechen; das zweisprachige Land macht sich sofort bemerkbar. Allzu lange ist es auch noch nicht her, daß diese Gegend germanisirt wurde.

Drüben auf jähem Fels liegt am Elbstrom Schloß Tetschen, tschechisch Děčin, das nach dem einst hier ansässigen slavischen Stamme der Detschiner den Namen trägt. Es ist ein modernisirter, nüchterner, casernenartiger Bau. Der goldene Querbalken im blauen Felde über dem Schloßthore zeigt das Wappen der Familie Thun; es ist identisch mit dem Wappen der Stadt Thun in der Schweiz, denn von dort oder aus Tirol stammt die ablige Familie, welche jetzt den Tschechen

R. Andree, Tschechische Gänge.   1

und dem Feudaladel so unverzagte Vorkämpfer liefert. Wir wissen, daß im Jahre 1511 der tschechische Adlige Herr Nikolaus Trtschka von Lipa diese Herrschaft um 8000 Schock Prager Groschen kaufte, sie aber schon fünf Jahre darauf an die sächsischen Herren von Sal= hausen abtrat und zwar aus einem sehr characteristischen Grunde. Tetschen gefiel ihm nämlich nicht mehr „wegen der schlechten Wege und vielen Deutschen". Von den Salhausen kam Tetschen an die gleichfalls sächsischen Bünau und damit vollzog sich eine un= aufhaltsame Germanisirung der Gegend. An die Thun gelangte die Herrschaft erst 1628 und begünstigen diese auch jetzt das slavische Element, so ist doch von einer Wiedergewinnung Tetschens für die Tschechen keine Rede.

Von Tetschen ab nach Osten hin führt eine der jüngsten böh= mischen Bahnen, die Nordbahn, die einen guten Theil des in= dustriellen deutschen Nordostens im Gebiete der Reichenberger Handels= kammer durchzieht. Noch vor einem Jahrzehnt war Böhmen außer= ordentlich arm an Eisenbahnen. Es ließ in dieser Beziehung sich mit den benachbarten Ländern Sachsen, Bayern oder Schlesien keines= wegs vergleichen; denn nur zwei Bahnen, die von Bodenbach und Reichenberg quer durch das Königreich nach Mähren führten, waren vorhanden. Der Verkehr wurde noch im großartigsten Maßstabe mit Frachtwagen auf den allerdings gut unterhaltenen Landstraßen geführt. Dann baute man, vor etwa neun Jahren, um die Verbindung mit Bayern herzustellen, die Westbahn. Wieder eine Pause, bis nach dem Jahre 1866 das Eis gebrochen schien, Project sich auf Project drängte, und vorzugsweise der industrielle deutsche Norden des Landes mit einem ziemlich dichten Bahnnetz überzogen wurde, welches namentlich nach Sachsen hin immer vollständiger wird.

Haben Deutsche oder Tschechen diese Bahnen gebaut? Dem= jenigen, der mit böhmischen Verhältnissen nicht vertraut ist, wird eine solche Frage seltsam erscheinen. Aber sie ist es keineswegs, denn fast selbstverständlich ist diese Frage „eine wohl aufzuwerfende", da die Zeit lange vorüber ist in der von beiden Stämmen etwa eine Arbeit gemeinsam unternommen wurde. Kaum denkbar erscheint es, daß sie an einem Strange ziehen könnten, sei es nun in politischer, volks= wirthschaftlicher oder geselliger Beziehung, so sehr haben die Gegen= sätze sich verschärft und zugespitzt. Nun, während die Tschechen sich mit den hohen Fragen eines verschimmelten Staatsrechts, mit Decla= rationen, Volksversammlungen und Petardenwerfen, gelegentlich auch mit der Auffindung neuer alter Schriftdenkmäler beschäftigten, komö= diantenhafte Trachten ersannen und in ähnlicher Weise die Cultur förderten, haben die Deutsch=Böhmen, bei aller nationalen und poli= tischen Thätigkeit auch ihrerseits, ruhig auf praktischem Gebiete fort= gearbeitet. So sind denn die Eisenbahnen Böhmens zum größern Theil ihr Werk. Wo in Böhmen das Capital eine Rolle spielt, da muß man die Tschechen nicht suchen. Hiebei kommen nur die Deut= schen und der Großgrundbesitz in Betracht. Die armen Tschechen haben keine Schätze gesammelt, aber unter ihnen geht die Sage: daß die Capitalien, welche die Deutschen besitzen, von diesen ihnen eigent= lich geraubt seien, und daß gelegentlich auch auf diesem Feld ein „Ausgleich" angebahnt werden müsse, natürlich mit Dreschflegeln und Kolben. —

Dem leidigen Börsenspiel entgehen die Tschechen auf diese Weise wenigstens, denn noch haben wir keinen Curszettel gesehen, auf dem tschechische Actien oder gar Staatspapiere notirt gewesen wären; sie halten sich vorderhand noch an die fünf Zahlen des kleinen Lotto, das in Böhmen so eifrige Verehrer findet. Wir dürfen nicht un= gerecht sein, bei den Tschechen wird noch alles von der „Racentheorie" absorbirt, sie haben keine Zeit, sich mit nützlicheren Dingen zu be= schäftigen.

Mir war es ein heimlicher Genuß die Nordbahn noch nicht in den Reiſehandbüchern verzeichnet zu finden, denn ſo konnte man mit ihr noch unbeläſtigt vom Schwarme der Touriſten in Gegenden ge= langen die unſerm Thüringen oder dem Harze, was Naturſchönheiten und liebliche Scenerie betrifft, ſich ebenbürtig an die Seite zu ſtellen vermögen. Während die ſächſiſche Schweiz — wie man prätentiös das niedliche Meißener Hochland nennt — überfüllt iſt von Ver= gnügungsreiſenden, thut ſich hier, in der unmittelbaren Nähe der= ſelben, eine paradieſiſche Gebirgslandſchaft auf, in der idylliſche Ruhe noch nicht zur Sage geworden. Bald in ſanft und ſchön abgerun= deten dem Auge ſchmeichelnden und bis zur Spitze bewaldeten Kuppen, bald in herrlichen Kegelformen liegen ringsum zerſtreut, oder zu kleinen Gruppen ſich zuſammenſchließend, hier die Baſaltberge, welche aus dem tertiären Gebiete der Niederung aufſteigen und ſo charak= teriſtiſch für einen großen Theil Nordböhmens ſind. Es ſind die jüngſten eruptiven Gebilde des Landes, die erſt aus dem Erdinnern ſich erhoben als die rieſigen Grenzwälle Böhmens ſchon lange erſtarrt waren. Wenden wir uns von der Grenzſtation Bodenbach nach Oſten, recht in das Herz dieſes baſaltiſchen Gebiets hinein, ſo ſteigt, alle andern Berge überragend, der ſchöne Phonolithkegel des Kleis (2400′) bei Haida und weiterhin bei Waltersdorf die Lauſche (2470′) vor uns empor. Munter ſtrömen durch die geſegnete gut cultivirte Landſchaft die kryſtallklaren Gebirgswaſſer, die letzten Zuflüſſe der Elbe am rechten Ufer auf böhmiſchem Boden.

Wir haben das maleriſche Elbthal im Rücken und fahren mit der Nordbahn in öſtlicher Richtung weiter. „Wem gehört der Boden hier?" Er iſt herrſchaftlich! Gehört den Thun, lautet die Antwort. Das iſt gleich einer der Gegenſätze, der uns aufſtößt, nachdem wir das benachbarte Sachſen verlaſſen, denn in faſt ununterbrochener Linie erſtreckt ſich hier Herrſchaft an Herrſchaft. Wie wenig bleibt dem

Bauern und Bürger zwischen diesen Latifundien übrig, was er sein eigen nennen kann! Die Thun sind meist eifrige Tschechen. Man wundere sich nicht, die deutsche Abstammung thut hier nichts zur Sache, denn das Standesinteresse überwiegt. Weiterhin, wo das vielthürmige, malerisch gelegene Städtchen Bensen uns freundlich begrüßt, gehört Grund und Boden gleichfalls den Thun; daran reihen sich die Besitzungen der Fürsten Kinsky; es folgt eine Herrschaft der Kaunitz, und so fort ins unendliche, ganz Böhmen umfassend. —

Was dem Wanderer in dieser von Fremden so wenig besuchten Gegend zunächst auffällt, das ist die durchgängig herrschende Holz= architektur. Wohl fehlt es nicht an trefflichen Bausteinen, aus denen auch die neuen Häuser aufgeführt werden, aber im allgemeinen ist Stadt und Dorf aus Holz erbaut. Aus Norddeutschland kommend, wo neben dem soliden Steinbau höchstens noch der Fachwerkbau herrscht, und zwar in der Tiefebene, wo Steinmangel ist, fühlt man sich schon hieburch in eine andere Welt versetzt. Und beide Stämme, Deutsche wie Tschechen, bauten bis vor kurzem wesentlich mit Holz, wenn auch in sehr verschiedener Weise. Es ist das Verdienst Prof. Gruebers in Prag, die Unterschiede der deutschen und der slavischen Bauart in Böhmen zum erstenmal gründlich nachgewiesen und mit den ethnographischen Verhältnissen in Einklang gebracht zu haben. Schindeldächer hat die Stadt Prag heute noch in Menge aufzuweisen, sogar in den Hauptstraßen; hölzerne Häuser, Capellen und Glocken= thürme trifft man in den meisten Landstädten, und wenigstens die Hälfte der böhmischen Bauernhäuser besteht noch immer aus Holz. Im slavischen Osten Böhmens längs der slavisch=mährischen Grenze herrscht der vermischte Block= und Pfahlwandbau mit mittelsteilem Dach. Diese Bauart ist eine ausschließlich slavische, deren mittlere Linie von Semil über Jaromjersch gegen Landskron hinzieht, und sich von hier aus in verschiedenen Richtungen verzweigt. Längs der

Iser und obern Elbe haben sich zahlreiche Gebäude dieser Art erhalten, sehr schöne in Rodensko, Starkenbach, Nachod, Reichenau und Wildenschwert. Das Städtchen Solnitz, welches durch glückliche Schickung von Feuersnöthen und Restaurationen verschont blieb, besteht heute noch ganz aus zierlichen Holzhäusern. Dieser slavischen Bauart entgegengesetzt tritt im Südwesten der Blockwandbau mit flachem Dache, die bekannte Alpenbauart, auf. Sie ist auf den südwestlichen deutschen Grenzstreifen beschränkt, und zieht sich, der Landesgrenze folgend, von Neumarkt über Winterberg gegen Budweis hin. Genau fällt sie zusammen mit dem bayerisch-österreichischen Stamm, der aus Bayern und dem Erzherzogthum nach Böhmen übergreift. Mundart, Trachten, Bauweise stimmen hier durchaus überein, und bestätigen, was auch theilweise historisch sich nachweisen läßt, wie die dort im Südwesten Böhmens lebenden 170,000 Deutschen unvermischt germanischen Stammes sind. Bei Taus und Klentsch, wo die tschechische Sprache am weitesten nach Westen reicht — dort überhaupt ist die ultima Thule aller Slaven — wird das slavische Haus wieder angetroffen. Aber schon nördlich von Taus, wo die deutsche Zunge wieder anhebt, beginnt auch der deutsche Fachwerkbau, welcher sich von Ronsperg aus über Klabrau, Mies gegen Jechnitz verzweigt, dann der Egerlinie folgend bei Leitmeritz über die Elbe setzt, und in einem allmählich dünner werdenden Streifen über Reichenberg durch das Riesengebirge hinzieht. In dem ganzen Gelände, welches durch die Landesgrenzen und die angegebene Linie umschrieben wird, herrscht ausschließlich der Fachwerkbau, der im Egerlande und einigen Partien des Erzgebirges eine sehr beachtenswerthe Durchbildung erfahren hat. Wir befinden uns auf unserm Streifzug im nordöstlichen Theile dieses architektonischen Gebiets.

Wer noch ein Städtchen ganz aus Holz erbaut kennen lernen will, der eile. Es ist weniger das Gesetz, welches seit Beginn des

Jahrhunderts den Steinbau vorschreibt, das hier zu fürchten ist, als das Feuer. Wo wir auch hinschauen in dieser Gegend, vor längerer oder kürzerer Frist ist einmal der rothe Hahn über die Städtchen und Dörfer geflogen. Im Umkreis weniger Meilen liegen hier Bensen, Steinschönau, Langenau, die alle vor ein paar Jahren ganz oder theilweise niederbrannten. Dazwischen hat sich wie ein Wunder Böhmisch Kamnitz erhalten, dessen Name „Steinstadt" bedeutet, das aber in der That eine Holzstadt ist.

· Es weht uns sonderbar an, wenn wir den nur etwa 3200 Einwohner zählenden, in lieblicher Umgebung gelegenen Ort betreten. „Das Rauchen auf den Straßen und an feuersgefährlichen Orten ist bei 2 bis 10 fl. Strafe verboten". So lauten die Anschlagtafeln an den Ecken, und das besagt genug. Freilich erklärte man uns, daß dieses Verbot nur in dürren Zeiten Geltung habe, und daß man bei feuchtem Wetter ruhig seine Pfeife oder Cigarre auf der Gasse rauchen dürfe; aber das Verbot ist immerhin charakteristisch. Nur draußen vor der Stadt liegen einige hübsche Steingebäude; der Kern, namentlich alle Gebäude um den „Ring", d. h. Marktplatz, sind ganz aus Holz oder zeigen höchstens einen steinernen Unterbau; die Holzgiebel sind nach der Straße hin gerichtet, und unten ziehen sich längs derselben Lauben hin, gedeckte Gänge darbietend. Nur die im verzopften Jesuitenstyl erbauten Kirchen mit den roth angestrichenen Kuppelthürmen erheben sich aus der grauen Schindelmasse heraus, einen keineswegs angenehmen Contrast bildend. Wie lange noch wird die freundliche deutsche Stadt in dieser Weise bestehen? Auch sie muß früher oder später der flammende Schrecken erreichen, trotz des Rauchverbots.

Kamnitz ist, abgesehen von seinem slavischen Namen, eine gut deutsche Stadt. „Auch unser Fürst (Kinsky) hält mit den Deutschen. Tschechen hat's nur wenige hier; die sind eingewandert, und wenn beim Tanz oder bei andern öffentlichen Gelegenheiten sie einmal sich zwischen die Deutschen mischen, dann kommt es zu einer Prügelei." Das war hier der Refrain der Berichte, und er ist es an allen andern Orten, wo die beiden Elemente sich berühren. Ein Zusammen= gehen ist — wie heute die Dinge liegen — ganz undenkbar. Man freut sich, wenn man einmal auf einen Cavalier trifft, „der mit den Deutschen hält". Wir können Sr. Durchlaucht aber noch ein anderes Compliment machen. Er braut nämlich ein ganz vorzügliches Bier, das über alles Lob erhaben ist. Ueberhaupt ist man in Böhmen im Bierbrauen weiter als durchschnittlich bei uns „im Reich". Läßt das Nationalgetränk auch in größern Städten wenig zu wünschen übrig, so ist es doch auf dem platten Land und in kleinen Städten, wenigstens in Norddeutschland, damit meist noch übel bestellt. In Böhmen aber wird man in deutschen wie in tschechischen Gegenden fast überall, und selbst in den Dörfern, ein meist vortreffliches Ge= tränk finden.

Auch das Bier muß in Böhmen, wie fast alles, unter dem na= tionalen Gesichtspunkte betrachtet werden. Es ist fast nicht möglich, in diesem Land irgend etwas zu genießen oder zu sehen, ohne daß nicht ein Tröpfchen nationaler Galle hinzukäme, und wenn Deutsche und Tschechen beim Bier zusammensitzen — es kommt das aber nicht oft vor — dann wird mit dieser Galle sofort das klare Getränk trübe gemacht. Ich habe einmal einen fanatischen Tschechen gekannt, der gleich dem verrückten Kollar, dem Erfinder des altslavischen Ita= liens, in jedem Wort, in jedem Ding slavische Abkunft witterte, und der seine wissenschaftlichen Argumentationen, wenn sie nicht sogleich Eingang fanden, mit „schlagenden" Gründen zu unterstützen wußte. „Sehen Sie," sagte er mir in fließendem Deutsch, „ein Etymon für Ihr Wort Bier können Sie mir gar nicht anführen. Es ist slavisch. Piti heißt bei uns trinken, pivo heißt Bier. Daher kommt's; also haben die Deutschen von uns das Bierbrauen gelernt, wie so vieles andere." Was half es auch, daß ich an die berühmte Stelle des Tacitus dachte: Humor ex hordeo aut frumento in quandam similitudinem vini corruptus! Aber jener — ich sehe ihn noch vor mir, in der Tschamara und dem slavischen Hut, wüthend gesticulirend — hat sich mit diesem Ausspruch einer argen Ketzerei schuldig gemacht, er hat an keinem geringeren als an „Vater" Palazky gesündigt, und das ist arg; Vater Palazky aber, der umgekehrt alles üble, was bei den Slaven sich findet, von dem „Räubervolk" der Deutschen herleitet, hat nämlich die Entdeckung gemacht, daß die unschuldigen Slaven von uns, den notorischen Zechern, den Trunk gelernt hätten. Bewiesen hat dieß, wie so Manches andere, was kühn er ausgesprochen, der tschechische Historiograph keineswegs; aber immerhin liegen gegen uns Deutsche schwere Inzichten vor, daß wir den Tschechen das Bierbrauen gelehrt, ganz abgesehen davon, daß die alten Slaven ihr eigenes Kunstgetränke gebraut haben mögen in jener so fern liegenden, ja ungreifbaren Periode hoher Cultur, die „bekanntermaßen" herrschte, als unsere Ahnen noch im tiefen Wald, auf Bärenhäuten gelagert, sich von Eicheln nährten. Der vortreffliche, um die Geschichte Deutsch-böhmens so vielfach verdiente Historiker Julius Lippert hat gezeigt, wie allerdings Anhaltspunkte dafür vorhanden sind, daß die Deutschen die Bierbrauerei in Böhmen eingeführt haben. Vor allem deutet der Umstand darauf hin, daß das Recht Bier zu brauen seit den ältesten Zeiten bis ins 15. und 16. Jahrhundert hinauf ausschließlich den Städten zustand, also jenen Gemeinwesen, die in Böhmen ursprünglich durch deutsche Ansiedler begründet waren. Es ist schwer zu glauben, daß es den Fürsten des 13. und 14. Jahrhunderts möglich gewesen wäre, eine im ganzen Land betriebene Production mit Erfolg allenthalben zu verbieten, um sie auf die anfangs nur sehr wenig zahlreichen Städte zu übertragen, die den Bedarf schon wegen der erschwerten Communication jener Zeit zu decken nimmermehr im Stande gewesen wären, falls er sich bereits über das ganze offene Land erstreckt hätte. Was gäben wir darum noch, wenn wir daran glauben könnten! In welcher herrlichen Culturmission er= scheint dann der Deutsche! Im ganzen weiten Lande braut der selbst= verdorbene Slave bereits den sündhaften Trank; da kommt der Deutsche, gründet erst eine, dann zwei, drei Städte, und nimmt wie Israels Sündenbock alle Sünde auf sich. In der That wurde die Bierbrauerei in Böhmen ursprünglich ausschließlich von deutschen Stadtgemeinden betrieben; sie blieb auch dann noch lange ein wich= tiges Vorrecht der Bürger, als diese durch die Husitenstürme tsche= chisirt worden waren. Wie so manche deutsche Rechtsinstitution, Gewohnheit und Sitte, nahmen die neuen tschechischen Bürger auch die der Biererzeugung und Bierconsumtion in sich auf und betrieben das edle Gewerbe ganz in alter Weise. Man muß ihnen zugestehen, daß sie sich leichter hineinfanden als in den Bergbau und andere ebenfalls specifisch deutsche Beschäftigungen. Wenn wir also heute in Böhmisch Kamnitz, der deutschen Stadt, oder in dem nun vorherr= schend tschechischen Pilsen, das ein weitberühmtes Getränk erzeugt, das goldene Naß schlürfen, dann gedenken wir dankbar auch der deutschen Städtegründer Böhmens, die es in diesem Land einführ= ten. Böhmens Bier wird von Jahr zu Jahr berühmter, der Export, zumal nach dem Zollverein, hebt sich bedeutend und macht den bay= erischen Exportbieren erfolgreiche Concurrenz.

Halten wir auf industriellem Gebiet eine Rundschau, und wägen wir hier nach nationalen Verdiensten, dann sinkt die Wagschale der Wenzelskinder abermals ganz bedeutend gegenüber dem was unsere Stammesgenossen in Böhmen geschaffen. Wenn wir nicht wüßten, daß vorzugsweise in den deutschen Distrikten Böhmens die Industrie angesessen ist, so würden wir aus den Handelskammerwahlen erkennen, daß in Handel und Induſtrie ein ganz bedeutendes Uebergewicht bei den Deutſchen iſt. Daß in dem rein deutſchen Gebiete von Eger die Wahlen auch deutſch ausfallen, iſt ſelbſtverſtändlich; ebenſo in dem vorherrſchend deutſchen Reichenberger Wahlbezirke; ſtreitig konnte der Fall nur im überwiegend tſchechiſchen Gebiete der drei Handels= kammern von Prag, Pilſen und Budweis ſein — aber auch hier ſiegten die Deutſchen ſtets mit glänzender Mehrheit und bewieſen, daß auch im tſchechiſchen Gebiete Handel und Induſtrie deutſch ſind.

Faſt täglich wird von den tſchechiſchen Blättern die Behauptung in die Welt geſchickt, Prag ſei eine durch und durch tſchechiſche Stadt und hieraus wird dann die Folgerung gezogen, daß Alles, was nur im entfernteſten einer deutſchen Einrichtung gleichkommt, verbannt werden müſſe. Wie hohl und unwahr dieſe Behauptung iſt, wurde z. B. bei den Handelsgremialwahlen 1868 in unwiderleglicher Weiſe dargethan. Sämmtliche Kandidaten der deutſchen Partei wurden mit ungeheurer Mehrheit gewählt und ſelbſt die geringſte Stimmenzahl, welche deutſche Kandidaten erreichten, überragte die höchſte der tſche= chiſchen um ein Bedeutendes. Die deutſchen Kandidaten wurden nämlich mit 396 bis 509 Stimmen gewählt, während die höchſte Stimmenzahl, die ein tſchechiſcher Kandidat erreichte, nur 107 be= trug. Damit wurde wohl der Beweis geliefert, daß der Handel Prags weſentlich deutſch iſt.

Geſchreckt durch die fortwährenden Wahlſiege der Deutſchen auf dieſem Gebiete verzichteten ſeit 1869 die Tſchechen auf die Bethei= ligung an den Handelskammerwahlen in Prag; und als die Prager Handelskammer eine Vertrauensadreſſe an das Bürgerminiſterium erließ, ſchrieb ein Hauptblatt der Tſchechen, der Pokrok, wörtlich Folgendes: „Wenn die Handelskammer eine Vertrauensadreſſe er= läßt, ſetzt ſie ſich damit ein Denkmal, das jeder Ehrenmann mit dem Fuße stoßen und anspeien wird. Die Frechheit, daß die Dotz= auers*) und ähnliche Individuen sich unterfangen sollten, die von der Bevölkerung für immer verurtheilte Politik der jetzigen cisleitha= nischen Regierung im Namen des Handels= und Gewerbestandes eines großen Theiles von Böhmen gutzuheißen, werden wir züchtigen, bis die Zeit der allgemeinen Vergeltung kommt."

Also „anspeien", „züchtigen" — der Geist des Tschechenthums ist überall gleich roh und unduldsam gegen Andersdenkende.

Während man in Prag von Seiten der Tschechen plausible Gründe fand, auf die Theilnahme der Handelskammerwahl zu ver= zichten, nahm man gleichzeitig in Pilsen, wo man auf Erfolg hoffte, an derselben Theil. In Deutschland begreift man es kaum, wie ein rein den materiellen Interessen gewidmetes Institut, wie eine Han= dels= und Gewerbekammer zu einem politischen und nationalen Zank= apfel werden kann, aber in Böhmen wird jede Wahl, und drehte es sich um diejenige eines Nachtwächters, vom nationalen Standpunkte behandelt. In Pilsen sandten die Tschechen reisende Agitatoren auf's Land, zu dem Zwecke, Korporationen und einzelne Wähler in tsche= chischem Sinne zu bearbeiten. Tschechische Bürgermeister und Orts= vorsteher ließen die Wähler auf's Rathhaus rufen, um ihnen die Stimmzettel zur Unterschrift vorzulegen, während gesetzlich dieselben den Wählern in's Haus gesandt werden sollen. Von denjenigen, die nicht erschienen oder die Unterschrift im tschechischen Sinne verwei= gerten, trachtete man durch Drohungen die Stimmen im tschechischen Sinne abzuringen. Abbruch von Geschäftsbeziehungen, Kündigungen der Lokalitäten u. s. w. waren die Mittelchen, die von den Tschechen

---

*) Herr Richard v. Dotzauer, Vicepräsident der Handelskammer in Prag, ein um Handel, Gewerbe und Deutschthum Böhmens sehr verdienter Mann.

angewandt wurden. Es war dieselbe Misère der Gesinnung, wie sie im französischen „Antiprüssien" gegen die Deutschen jetzt vertreten wurde. Für die Abtheilungen der Großindustrie und des Bergbaues wagten die Tschechen indessen nicht einmal öffentlich Kandidaten auf= zustellen, da sie im Voraus wußten, daß dieses ohne Erfolg sei. Ander= seits aber arbeiteten sie im Geheimen mit verstärkter Kraft und ver= sandten sogar Cirkulare in der ihnen so verhaßten deutschen Sprache. Wenn man erwägt, daß der Wahlcensus für Kaufleute auf acht Gulden, also auf einen Steuersatz herabgemindert wurde, wodurch Leute für den Handelsstand stimmberechtigt wurden, welche eigentlich in die Gewerbesektion gehören, daß ferner in der Wahlkommission nicht ein einziges Mitglied deutscher Nationalität sich befand, und daß diese tschechische Wahlkommission sich befleißigte, möglichst viel deutsche Stimmen zu verwerfen, so wird man aus dem dennoch er= folgten glänzenden Wahlsiege der Deutschen im Pilsener Handels= kammerbezirke erkennen, wie überwiegend auch dort das industrielle und merkantile Element durch die Deutschen vertreten wird.

Es wird begreiflich, daß unter diesen Umständen die Tschechen den Handelskammern das Wahlrecht zu entziehen versuchen und einer tschechenfreundlichen Regierung in Oesterreich nur dankbar dafür sind, wenn dieselbe hierzu die Hand bietet. Daß aber hierdurch eine In= teressenschädigung des Handels= und Gewerbestandes herbeigeführt wird, liegt klar auf der Hand. Als schon 1866 die Tschechen im Landtage mit einem gleichen Antrage hervortraten, veröffentlichte die Prager Handelskammer eine Denkschrift an den damaligen Minister für Handel und Volkswirthschaft, Freiherrn von Wüllerstorf-Urbair, unter dem Titel: „Ueber die Vertretung von Handel und Gewerbe im Landtage des Königreichs Böhmen". Hier wird nun der Nachweis geführt, daß in Böhmen die industrielle Be= völkerung über die ackerbauende — wesentlich tschechische — über=

wiegt und auch die Betheiligung der ersteren an Staatslasten eine
größere ist.

Außer in Böhmen kommt ein solches Verhältniß der Bevölker=
ung in keinem anderen Kronlande der österreichischen Monarchie vor.
Schon die Böhmen in der Industrie zunächst stehenden Länder
Mähren, Schlesien und Niederösterreich zeigen ein Vorwiegen der
bei der Urproduktion beschäftigten Bevölkerung um 30 bis 50 Pro=
zent, in den übrigen Ländern beträgt das Uebergewicht der agri=
colen Bevölkerung bereits das Mehrfache der industriellen und er=
reicht in der Militärgrenze, wo es sich wie 16 : 1 herausstellt,
seinen Gipfel. Ginge es nach Kopfzahl und Beitrag zu den Staats=
lasten, so würde dem industriell=bürgerlichen Elemente die reichliche
Hälfte der Abgeordnetensitze im böhmischen Landtage gebühren, wäh=
rend es gegenwärtig nur 87 gegenüber 145 Sitzen des Groß= und
Kleingrundbesitzes hat!

Einige Andeutungen über die geographische Verbreitung des
industriellen Elementes in Böhmen lediglich nach der Bevölkerungs=
zahl liefert die Schrift Dr. Fickers „Die Bevölkerung des König=
reichs Böhmen", indem sie das Verhältniß der industriellen zur agri=
colen Bevölkerung nach Kreisen darstellt, wie folgt:

Leitmeritz   17 : 9,
Bunzlau   8 : 5,
Königgräz   3 : 2,
Eger   14 : 11,
Jitschin   6 : 5,
Prag   7 : 6,
Saaz   6 : 7,
Tschaslau   8 : 9,
Pilsen   3 : 4,
Chrudim   3 : 4,

Pisek   2 : 3,
Tabor   2 : 3,
Budweis   7 : 13.

Ein genaueres Eingehen auf diese Vertheilung ergiebt, wie die Industrie wesentlich in den deutschen Bezirken ihren Sitz aufgeschlagen hat. Erst seit Böhmens deutsche Industrie sich so kräftig entwickelt hatte, begann das reiche Land im Welthandel eine Rolle zu spielen. Wie anders sah es dagegen aus, als die Tschechen allein herrschten, als es außer einigen zunftmäßig betriebenen Handwerken in den Städten noch keine Industrie gab. Der berühmte Freiherr Karl Zerotin, dessen Glaubwürdigkeit über allen Zweifel erhaben ist, hat uns darüber ein Zeugniß hinterlassen, indem er sich im Jahre 1590, nachdem er schon viele Länder und Städte gesehen, über die Arbeitstüchtigkeit des tschechischen Volkes also ausläßt: „Das Volk in Böhmen hat keine Industrie; es liebt nur dasjenige, was von selbst ohne viele Mühe producirt wird. Ich glaube, daß wenn das Land nicht so fruchtbar wäre, ein großer Theil des Volkes Hungers sterben müßte. Es lebt in den Tag hinein und kümmert sich nur um die Gegenwart. Die böhmischen Städte — Prag ausgenommen — können mit den Städten Deutschlands nicht verglichen werden; nur der Platz wird mit mittelmäßigen Gebäuden verziert, sonst haben sie nichts Sehenswerthes."

Es ist dies eine Schilderung, wie sie heute noch auf einige östliche Gegenden Oesterreich-Ungarns paßt; auf Böhmen paßt sie, Dank den Deutschen, längst nicht mehr. Seit dem Anfange des vorigen Jahrhunderts, wo die Wunden des dreißigjährigen Krieges schon einigermaßen vernarbt waren, macht sich ein neues Leben bemerkbar; der Zunftzwang wird gelockert, es entstehen die ersten Fabriken, das Gewerbewesen wird überhaupt ein besonderer Gegenstand der Fürsorge von Seiten der Regierung und die Entwicklung

einiger Welthandelszweige, wie des Glas= und Leinwandhandels, er=
weitert den Gesichtskreis und giebt dem Unternehmungsgeiste neuen
Aufschwung.   So war der Boden hinlänglich vorbereitet auf dem
nach Eintritt der auf die französischen Kriege folgenden Friedens=
epoche, die moderne Industrie Wurzel schlagen und sich ausbreiten
konnte, unterstützt von jenen großartigen Erfindungen im Maschinen=
wesen und den zahlreichen und wichtigen Entdeckungen im Gebiete
der Physik und Chemie, welche in die Wende des achtzehnten und
neunzehnten Jahrhunderts fallen und seitdem in stetiger Bereicherung
und Vervollkommnung begriffen sind.

Um die Mitte unseres Jahrhunderts sehen wir die Industrie
Böhmens auf den großen Weltausstellungen ehrenvoll anerkannt; der
Gewerbefleiß seiner Bewohner ist beinahe sprichwörtlich geworden; bei
der Anlage von Eisenbahnen wird niemals unterlassen, auf die in=
dustrielle Bedeutung der zu durchschneidenden Bezirken hingewiesen —
nur im Landtage Böhmens erkennt die tschechische Mehrheit die Be=
deutung der Industrie nicht an — sie hat nämlich einen gewaltigen
Fehler: sie ist deutsch.

Es kann hier nicht unser Zweck sein, auf die ältere Handels=
und Industriegeschichte Böhmens einzugehen, die jedesmal eine Blüthe=
periode zeigt, wenn das deutsche Element sich ungehindert entwickelt,
einen Verfall aber, wenn die Tschechenherrschaft in roher Weise sich
fühlbar macht, noch ist hier der Ort, um alle Industriezweige Böh=
mens zu betrachten, aber an einem der hauptsächlichsten wollen wir
doch zeigen, wie sie durch und durch deutsch sind.

Die Gegend, in welcher die Glasindustrie heimisch ist, be=
ginnt gleich östlich von Böhmisch=Kamnitz; Steinschönau, Haida, Ga=
blonz und die umliegenden Ortschaften sind die Hauptsitze. In Bürg=
stein ist eine große Spiegelfabrik.   Hauptsächlich haben wir es hier
mit dem Raffiniren des Glases zu thun, das nicht in den Glashütten

selbst, sondern als Hausindustrie von eigenen Raffineuren betrieben wird. Große Handelshäuser übernehmen dann den weiteren Betrieb. Von Kamnitz bis Steinschönau, einer großen Marktgemeinde, ist eine Stunde. Der Ort zieht sich durch ein langes Thal an einem muntern Bache hin zur Höhe hinauf. Unten im Thal schwirren in allen den zahlreichen Holzgebäuden die Schleifräder der Raffineure; oben auf der Höhe stehen lauter moderne Steinhäuser, die durch ihr casernenartiges Aussehen nicht gerade vortheilhaft abstechen von den malerischen Blockhäusern im Grunde. Ein gewaltiger Brand hat dort oben vor kurzem aufgeräumt, und es wäre nur zu wünschen gewesen, daß man mit etwas mehr Geschmack beim Wiederaufbau vorgegangen wäre. Die reichen Häubler dort hätten ihre Häuser wohl der paradiesischen Gegend mehr anbequemen dürfen. Man sieht es diesen Gebäuden nicht an, daß von hier aus mit der halben Welt correspondirt wird, und doch ist dem so. Schon 1443 wird in der deutschen Stadt Falkenau eine Glashütte in Böhmen erwähnt — aber im dreißigjährigen Kriege ward vernichtet, was etwa schon von Glasindustrie sich in Böhmen entwickelt hatte. Immerhin konnte es sich aber nur um die Vernichtung von Anfängen hier handeln. Erst zu Anfang des 18. Jahrhunderts kam in den abgestorbenen Industriezweig wieder neues Leben, indem in der Gegend von Haida und Bürgstein sich die Glasraffinerie einbürgerte. Dieses Verdienst, den Werth des Rohproduktes durch kunstvolle Arbeit um das zehn-, ja vierzigfache zu erhöhen, gebührt also ausschließlich der deutschen Arbeit. Von dem Gesammtwerth der Produktion Oesterreichs an Glaswaaren entfällt die Hälfte — 10 Millionen Gulden — auf Böhmen. Von diesen 10 Millionen Gulden entfallen etwa 7 Millionen auf die Arbeit und nur 3 Millionen Gulden auf das Rohprodukt. Die Glasindustrie hat für Oesterreich eine um so größere Bedeutung, weil sie nicht nur den einheimischen Bedarf deckt, sondern beinahe ein

Drittel der Erzeugung an das Ausland abſetzt und zwar in ſtets ſteigender Menge. Auf Böhmen kommt faſt die Hälfte ſämmtlicher Glashütten der Geſammtmonarchie.

Eingeführt wurde die Glasraffinerie dort von Venetianern, die in Böhmen alle Bedingungen der Glaserzeugung in hohem Maße vereinigt fanden, denn die ausgedehnten Waldungen lieferten Brennholz und Pottaſche; der vorzüglichſte Quarz fand ſich in unmittelbarer Nähe von feuerfeſtem Thone. Die gelehrigen Arbeiter Nordböhmens hatten ihren italieniſchen Meiſtern bald ihre Kunſtfertigkeit abgelernt und die billige Arbeitskraft machte es den Glashändlern Böhmens bald möglich, mit Erfolg auf dem Weltmarkte aufzutreten. Die Ge-ſchichte, wie das deutſch-böhmiſche Glas im Auslande bekannt wurde, iſt eine höchſt intereſſante und verdient als ein Beiſpiel von Unter-nehmungsgeiſt und wie aus kleinen Anfängen großes ſich entwickelte, hier Erwähnung.

Um 1700 wohnte zu Plottendorf Kaspar Kittel, ein unter-nehmender Glasſchleifer, der von den zahlreichen Scheerenſchleifern, die von jenem Orte hauſirend in die Welt zogen, vernommen hatte, daß ſie „draußen" nur ſelten Glasgefäße angetroffen hätten. Das war genug Anregung und nun bepackte er die Karren der fortziehenden Scheerenſchleifer mit Glaswaaren; dieſe traten ihre Touren an und als ſie heimkehrten, hatten ſie Kittel's Waaren alle mit Vortheil ab-geſetzt. Durch die günſtigen Erfolge des kleinen Anfangs ermuthigt, ließ Kittel jetzt ganze Frachtwagen mit ſeinen Erzeugniſſen beladen, die namentlich nach Lüneburg und Hamburg gingen, wo ſie nach Rußland verſchifft wurden. Kittel's Schwiegerſohn, Rautenſtrauch, reiſte dann nach Portugal und Spanien, wo er mit großem Erfolge das böhmiſche Glaswaarengeſchäft begründete. In den Niederlanden, Dänemark, Italien, der Türkei und Polen entſtanden nach und nach böhmiſche Glasniederlagen und die fremden Regierungen bemühten sich, böhmische Glasmeister in ihr Land zu ziehen. Der berühmte portugiesische Minister Pombal bot 1500 Gulden für die Beschaffung eines solchen. Ein österreichisches Patent verbot aber 1752 das Auswandern von Glasarbeitern; man setzte eine Prämie von 24 Gulden auf das Anhalten solcher Arbeiter, die ins Ausland gehen wollten und erhöhte im Jahre 1761 diese Prämie auf 100 Gulden. Durch solche kindische Mittel glaubte die Regierung sich das Monopol erhalten zu können. Natürlich nützte das Verbot nicht im Geringsten und je größer die Gefahr bei der Auswanderung war, desto höhere Preise wurden im Auslande zugesichert, desto lockender wurde das Auswandern. Und in der That verschwanden bald in dieser bald in jener Fabrik einzelne Arbeiter, ja es zogen eigene Agenten im nördlichen Böhmen herum, um böhmische Glasmacher anzuwerben, weßhalb sich die Regierung veranlaßt sah, für die Entdeckung eines „Rädelführers und Anwerbers" eine Belohnung von 100 Dukaten auszusetzen. Gingen nun auch viele ins Ausland und verpflanzten dorthin die Glasmacherkunst, so blühten die deutsch-böhmischen Städte Haida, Bürgstein, Gablonz u. s. w. doch mächtig auf. Zu Beginn unsres Jahrhunderts aber, als die französischen Kriege Alles brach legten, die Kontinentalsperre ihre Wirkungen äußerte, verfiel der böhmische Glashandel. Aber nur bis zum Jahre 1825 dauerte der Verfall und nun konnte Böhmen wieder vom Auslande, das sich unterdessen emporgeschwungen hatte, lernen. Die meisten Erfindungen in der Glasindustrie wurden eingeführt, und hierdurch die Erzeugung vervollkommnet, die Produktionskosten vermindert. Seit dieser Zeit datirt die Berühmtheit der feinen böhmischen Glaswaaren, indem Reinheit des Krystalles, geschmackvolle Form, kunstreiche Schleiferei, Gravirung und Malerei im vorzüglichen Grade erreicht und durch die ursprüngliche venetianische Kunst, alle Farben dem Glase mitzutheilen, ein neuer zu vielfachen Erfindungen führender Zweig dieser

Industrie begründet wurde. (Ueber die Geschichte der Glasindustrie in Böhmen vergl. Mitth. des Vereins für b. Gesch. b. Deutschen in Böhmen, I. 18 und IV. 101.) Trotz mancher Schicksalsschläge und erfolgreicher Concurrenz hat diese deutsch=böhmische Industrie sich doch noch auf ihrer Höhe zu erhalten gewußt, und die kleinen Orte, die wir hier alle mit einem Blick von den basaltischen Höhen überschauen können, haben ihre Häuser in der Levante und Amerika.

Hinter Steinschönau wird die Gegend „Kaunitzisch". Durch prächtige Tannenwälder führt die Straße bergab nach Haida. Sie ist vortrefflich gehalten, trocken, staublos und eben wie ein Tisch. Freilich der Basalt, der hier überall, oft in schönen Säulen abgesondert, zu Tage steht, ist ein unübertreffliches Schotterungsmaterial. Der Anblick der unten liegenden Landschaft mit dem fruchtbaren Thal= gelände und den daraus hervorragenden vereinzelten Bergen, mit den Silberfäden der kleinen Gefließe, den zahlreichen Dörfern und Städt= chen ist ein entzückender. „Schwager, leg' den Hemmschuh an, daß ich recht mit Behagen das Bild in mich aufnehmen darf!" So mußte ich unwillkürlich ausrufen, als wir den Berg hinabrollten. Doch wer darf in diesem geprüften Lande von Behagen sprechen, wer hätte hier Zeit landschaftliche Schönheiten zu bewundern! Die Zeit muß ausgefüllt werden mit politischen und nationalen Gesprächen, die bei dem ewigen Wechsel der Verhältnisse, bei der fieberhaften Unruhe, welche Hoch und Niedrig, Alt und Jung hier durchzieht, vollkommen am Platze sind.

Unterwegs stieg ein Mann in den Postwagen, der vom „Ver= söhnungstabor" in Weißwasser kam. Er war auch eine von den gut= müthigen deutschen Naturen, die den Tschechen noch geglaubt hatten: es sei ihnen ernst mit dem Ausgleich — einer von den schwankenden Halben, der nun wenigstens ganz geworden war. Weißwasser liegt im Bunzlauer Kreise; der Norden des Bezirks ist deutsch, der Süden

tschechisch. Dort also war günstige Gelegenheit, um die „Versöhnung"
ins Werk zu setzen. Einige Tschechen mit deutschen Namen, einige
kurzsichtige mißbrauchte Deutsche stellten sich an die Spitze des Aus=
schusses, und das Volk ward zusammengerufen. „Liebe deutsche
Landsleute!" so hatte man plötzlich die „Fremdlinge" (cizozemci)
angeredet, „wir meinen es ehrlich, wir wollen in Freundschaft und
Frieden mit euch leben; aber die Declaration und mit ihr die Wenzels=
krone und den Generallandtag und alle die andern schönen Rechte
müßt ihr anerkennen." Das war der Ausgleich, den man vorschlug,
und der auf die völlige Unterwerfung der Deutschen hinauslief. Da
nun einige der deutschen Bauern eingestimmt, so war der „Ausgleich"
gemacht, und nur die bösen deutschen Führer, diese Verführer, waren
schuld daran, wenn nicht Frieden und Freundschaft wiederkehrte.
Also weiter nichts, als Annahme der tschechischen Declaration, wurde
gefordert; man muthete den Deutschen die Aufgebung der Verfassung
zu, und ertheilte ihnen dafür die gnädige Versicherung, daß man sie
nun nicht verjagen werde. Die Durchsetzung der tschechischen Forde=
rungen aber bedeutet einfach rohe Vergewaltigung alles Deutschen,
Sprachenzwang und Tschechisirung. Es ist kein Verlaß auf die
Worte und Versprechungen der Tschechen gegenüber den Deutschen;
sie haben — dafür spricht die Geschichte bis auf diesen Tag, von den
ältesten Zeiten an — stets den Schelm im Nacken gehabt; sie haben
stets, sowie sie in der Mehrheit waren, die gewaltthätigsten Slavi=
sirungsmaßregeln durchzusetzen versucht — Sprachenzwanggesetz, völlige
Tschechisirung der Schulen in gemischten Städten, wo sie die Mehr=
heit hatten — und dabei verlangen sie vom „Räubervolk" Vertrauen.
Es ist kein Verlaß auf die Tschechen. Wir werden noch mehr davon
reden.

Mein neuer Reisegefährte war auch gründlich enttäuscht.
„Sehen Sie," sagte er, „gerade im Weißwasser Bezirk hat man

uns Deutschen übel mitgespielt. Der Bezirk zählt 16,900 Einwoh=
ner, und darunter gegen 6000 Deutsche. Man sollte nun denken,
daß diese, die mehr als ein Drittel der Seelenzahl ausmachen, auch
ein Wörtchen mitzureden hätten. Aber nein! Als die Bezirksver=
tretung vor Kurzem (1870) die Geschäftsordnung feststellte, da be=
schloß die tschechische Mehrheit, daß die Verhandlungssprache nur die
tschechische sein solle — und das nennen sie Gleichberechtigung. Ja,
als ein Deutscher in seiner Muttersprache reden wollte, da wurde
ihm das Wort entzogen mit der Bedeutung: hier dürfe nur tschechisch
geredet werden. So steht es dort, und diese Vorfälle, die den Heuch=
lern die Maske abreißen, haben mich veranlaßt, nach dem Tabor
nun nichts mehr von den Tschechen zu erwarten."

Es wäre zu wünschen, daß alle Halbschürigen, deren es in
Böhmen leider noch genug giebt, auf diese Weise curirt würden.
Die Vertrauensseligkeit, die hie und da noch unter den Deutschen
herrscht, ist der schlimmste Feind ihrer selbst, und wird von den
Tschechen nur gar zu gern ausgebeutet. Zu obigem Beispiele des
Aufzwingens der tschechischen Sprache könnten wir aber aus dem
Osten und Westen, aus dem Süden und Norden des Landes leicht
noch ein Dutzend Parallelen beibringen, welche alle beweisen, wie
ein unwiderstehliches Vergewaltigungsgelüste in den Tschechen lebt.

Unter solchen Gesprächen und Betrachtungen langte ich in
Haida an. Es läßt sich nicht viel von dem Städtchen sagen. Auch
hier stehen hinter allen Fenstern die herrlichsten Glaswaaren, mischen
sich Holz= und Steingebäude, und zeigt die Kirche dieselbe geschmack=
lose Renaissance wie in Böhmisch=Kamnitz. Aber Haida zeigt, was
die deutsche Industrie in Böhmen zu schaffen vermochte. Im Beginn
des vorigen Jahrhunderts stand hier noch ein ärmliches aus acht
Hütten bestehendes Dörfchen. Die Freiheiten, welche dann Graf
Kinsky dem Orte verlieh, um ihn zu heben, waren Veranlassung,

daß von Langenau und Plottendorf Glasmacher sich dort niederließen. Daburch erhob sich Haiba — ein gut deutscher Name nebenbei bemerkt — zu einem der vorzüglichsten Sitze des böhmischen Glashandels. Durch Maria Theresia wurde 1757 der Ort zur freien Schutzstadt erhoben und mit ansehnlichen Privilegien begnadigt.

Der Himmel hatte sich umwölkt und ich mußte im Gasthof Unterkunft suchen. „Ah, endlich!" rief ich fast freudig überrascht aus. Bisher hatte ich nur deutsche Laute vernommen, ausgenommen, daß ein paar Mausfallenhändler in Kamnitz mich tschechisch angebettelt — jetzt aber standen drei echte Blastenci, Patrioten, vor mir. Es waren Prager Studenten, die, auf einem Ausflug durch das nördliche Böhmen begriffen, wahrscheinlich von der dort herrschenden Stimmung sich unterrichten wollten. Diese waren „echt", darüber konnte kein Zweifel aufkommen: die Tschamara und der Žižka-Stock bewiesen es. Da ich diesmal nicht in das tschechische Gebiet kam, so beschloß ich mit den Vertretern des großen Zukunftsvolkes Bekanntschaft zu machen; habe ich mich doch stets gern mit ihnen beschäftigt, und kann ich eine gewisse Anhänglichkeit an sie nicht läugnen. Ich ließ mich belehren, und da die Herren Studiosen wohlbewandert und gegen einen Deutschen aus dem Reiche nicht übermäßig mißtrauisch waren, auch gut deutsch sprachen, so erfuhr ich manches wissenswerthe. Ihnen schwebte die Zukunft des Landes in glänzendem Scheine vor; schon glühte das Morgenroth; im Zenith des großen Slaventags aber — so meinten sie — würde die russische Sonne stehen. Die germanisirten Elbslaven waren ihnen besonders ans Herz gewachsen, und sie träumten von einer Revindication des deutschen Ostens. „Ihre deutschen Geschichtschreiber haben einiges Gute zu Tage gefördert," so äußerte sich herablassend einer der Jünglinge; „indessen sie trifft der große Vorwurf, dasjenige meistens nicht zu beachten, was unsere Gelehrten veröffentlichen. Wo z. B. hätte einer Ihrer Professoren sich ge-

müſſigt gefunden, die deutſche Geſchichte auf Grund der epochemachen=
den Arbeit Schembera's umzugeſtalten?" Ich geſtand meine Un=
wiſſenheit ein, und bat um Aufklärung, die mir auch bereitwillig
und mit anerkennenswerther Beredſamkeit zu Theil wurde. Nach
Schembera*) nämlich — ſo vernahm ich — haben ſeit Urbeginn
die Slaven im größeren Theile Deutſchlands und Jllyriens gewohnt.
Was die römiſchen und die griechiſchen Geſchichtſchreiber von Marko=
mannen, Sueven und Quaden berichten, bezieht ſich nur auf die
Slaven, keineswegs auf keltiſche oder germaniſche Völkerſchaften.
Dadurch, daß dieß von Schembera nachgewieſen wurde, ſchob er die
ſlaviſche Geſchichte auf germaniſchem und illyriſchem Boden um volle
fünf Jahrhunderte zurück. Nach ihm gab es ſlaviſche und deutſche
Sueven, eben ſolche Vandalen, Longobarden, Gothen, Burgunder 2c.
Nach dieſem tſchechiſchen Gelehrten reichten die Slaven von der Schweiz
bis zur Oſtſee und vom Rhein bis zur Wolga. Deutſche gab es
überhaupt nur in Niederſachſen, im Nordweſten unſeres Vaterlands.
Alles übrige iſt zur größeren Ehre der Slaven von Hrn. Schembera
annectirt.

Ich war angenehm überraſcht und dankte für die Belehrung.
„Und die Slaven, meine Herren," fragte ich beſcheiden, „hat man
über deren Urſprung nichts neues erforſcht?" Hier nun erhob ſich
ein Zwieſpalt. Während zwei der Studioſen dabei beharrten, daß
mit Schembera deren Urſitze in den eben bezeichneten Grenzen zu
ſuchen ſeien, ſchwor der dritte auf Liebelt. „Liebelt? Ich muß aber=
mals meine Unkenntniß geſtehen, würden Sie nicht die Güte haben,
mir Aufklärung über deſſen Anſichten zu ertheilen?" Und nun erfuhr
ich das allerintereſſanteſte: nämlich, daß die Slaven gar keine

---

*) Der Titel des curiöſen Werkes lautet: Západní Slované v pra-
věku u. ſ. w. Sepsal A Šembera. Wien 1868.

Slaven, sondern unmittelbare Nachkommen der alten Hellenen seien, wie dieß Liebelt gleichfalls in einem epochemachenden Werk*) nachgewiesen habe. Jetzt schwindelte mir im Anblick dieser modernen Hellenen, und die wuchtigen Žižkaköpfe auf den Knoten= stöcken ließen in mir trübe Ahnungen von Abenteuern wie auf dem Felde von Marathon aufsteigen, wo edle hellenische Banditen harm= lose Reisende überfielen und abmetzelten.

Ich athmete leicht auf, als ich im Wagen saß, der auf der Straße nach Böhmisch=Leipa hinfuhr. Die frische Luft vertrieb den Schwindel, und ich hatte Zeit, über diese neue historische Schule nach= zudenken, die, ein Kind des nationalen Uebereifers, sich neben gedie= generen Forschern wie Gindely, Palazky und Tomek eingenistet und die Wissenschaft mit Rücksicht auf die slavischen Bedürfnisse der Ge= genwart zurechtschneidet.

Je näher wir Böhmisch=Leipa kamen, desto lebhafter wurde es auf der Chaussee. Von allen Seiten strömten Wagen und Menschen der freundlichen Stadt zu, von deren Rathhausthurm eine schwarz= roth=gelbe Fahne flaggte. Das deutete schon von fern auf eine Fest= lichkeit, und in der That fand heute, am ersten Pfingsttage, die dritte Wanderversammlung des deutschen Geschichtsvereins für Böhmen hier statt. (1870.)

Die ganze Stadt war auf den Beinen, die Turner, die Schützen, die Gesangvereine, die Feuerwehr, die Väter der Stadt — alles war bereit, um seine Verehrung einem wissenschaftlichen Verein darzu= bringen, der sich große Verdienste um das Deutschthum in Böhmen erworben, und die Anmaßungen der Slaven auf historischem Gebiet in die gebührenden Schranken zurückgewiesen hat. Aus allen Theilen

---

*) Die Abstammung der Slaven. Etymologisch nachgewiesen und be= nützt als Hülfsmittel zur leichteren Erlernung der griechischen Sprache für slavische Schüler. Prag, 1868.

des zerstückelten deutschen Gebiets in Deutsch-Böhmen zogen sie ein, die wackern Männer, die im unablässigen Kampfe für deutsche Art und Sitte ihre besten Kräfte opfern, und denen Dank dafür gebührt, daß sie dem Deutschthum jenen Boden in der Ostmark bewahren und erhalten, welchen ihre Väter durch ihrer Hände und ihres Geistes Arbeit dem germanischen Stamm gewonnen. Und die Städte, die nicht heute hier vertreten waren, sie sandten wenigstens auf telegraphischem Weg ihre Grüße, und alle zusammen bekundeten, daß sie in erster Linie Deutsche sein und bleiben wollten, und daß diesem Interesse alle anderen sich unterzuordnen hätten. Männer der Wissenschaft, Professoren, Industrielle, Beamte, Landtagsabgeordnete bildeten den Kern der ansehnlichen Versammlung, welche der kaum 9000 Einwohner zählenden Stadt ein sehr verändertes Ansehen gegeben hatte.

Gegenüber den kleinen Orten, in denen die Holzarchitektur noch vorherrscht, bietet Leipa ein ganz anderes Ansehen. Wohl ist sie freundlich und sauber mit wohlgepflasterten Straßen, guten Wirthshäusern, aber dabei nüchtern modern. Denn 1787 ereilte auch sie das Schicksal, dem alle umliegenden Städte Böhmens nicht entgangen sind — sie brannte vollständig nieder. Nur die frühgothische Peters- und Paulskirche erscheint als der einzige Punkt, welcher in architektonischer Beziehung erwähnenswerth ist — alles übrige bietet geringes Interesse. Jener Brand, der nur wenig verschonte, er veranlaßte die zweite Zerstörung der Stadt — ihre erste aber war ein Werk der Husiten im Mai 1426. Sie ermordeten, was da Leben hatte, plünderten und zerstörten nach ihrer Art — depredaverunt et ultima per ignem consumpserunt, schreibt der Chronist. Böhmisch-Leipa war gänzlich in einen Trümmerhaufen verwandelt, der selbst den Tschechen nicht mehr einladend zur Niederlassung erschien; die Impotenz derselben konnte sich hier, nachdem die Deutschen aufgestanden, nicht mehr zu Tische setzen; denn selbst etwas zu schaffen ist jener Art nicht, nur wo sie gedeckte Tafeln finden, da vermögen sie sich zu behaupten. Leipa aber erhielt — Dank dem, daß es nur ein Trümmerhaufen war — wieder eine deutsche Bevölkerung, es wurde von den Deutschen wieder erbaut, und ist somit eine von den seltenen Städten Böhmens, die von Anfang an bis heute deutsch geblieben sind. Sie ward den königlichen Städten gleichgestellt; aber Wallenstein machte tabula rasa mit ihren Privilegien, um welche die deutschen Bürger männlich kämpften.

Der deutsche historische Verein, dessen Wanderversammlung in Böhmisch=Leipa stattfand, verdient es wohl, daß ich bei ihm ver= weile. Er ist einer der Centralpunkte deutschen Lebens in Böhmen, von dem aus wacker der Kampf gegen das übermüthige Tschechenthum geführt wird. Prags wissenschaftliche Institute, namentlich das böh= mische Nationalmuseum, waren in der letzten Zeit ganz in die Hände der Tschechen gerathen oder standen doch unter deren Einfluß, und dienten somit der slavischen Partei Böhmens. Den Deutschen, die fortwährend von den Tschechen als „geduldete Colonisten" und „fremde Eindringlinge" bezeichnet werden, denen man alle Verdienste um das Land abspricht, die nur Jammer und Noth über die Tschechen brachten, ihnen fehlte bis vor kurzem ein wissenschaftlicher Sammelpunkt, in dem sich die Bestrebungen für das Deutschthum des Landes, welche nicht auf politisches Gebiet fielen, concentriren konnten. Diesen galt es, zu schaffen, und als in den Jahren 1860 und 1861 durch das schon damals maßlose Gebahren der Tschechen auch das National= gefühl der Deutschböhmen erstarkte, da war der richtige Zeitpunkt ge= kommen, und der Verein für die Geschichte der Deutschen in Böhmen ward am 16. Mai 1862 in Prag begründet. Der leider zu früh verstorbene Historiker Anton Kohl aus Schlaggenwald war es, der den ersten Impuls gab, und sich um die Gründung des Ver= eins bedeutende Verdienste sammelte. Hervorragende Männer, wie

Profeffor Conftantin Höfler und Profeffor Virgil Grohmann, wid=
meten der Sache ihre beften Kräfte. Das Hauptverdienft um den
Verein und die ganze deutſch-hiſtoriſche Richtung Böhmens erwarben
ſich jüngere Männer, wie Schleſinger und Lippert, deren erfolgreiches
Wirken bereits weit über die engen Grenzen Böhmens hinaus An=
erkennung gefunden hat. Man legte eine Bibliothek und Samm=
lungen an, und begann die Geographie, die Dialekte, die Ortsgeſchichte,
die Ethnographie und allgemeine Landesgeſchichte Deutſch-Böhmens
zu bearbeiten. Die Theilnahme unter den Deutſchen war eine über=
raſchend große, und ſchon nach einjährigem Beſtehen zählte der Verein
gegen 2000 Mitglieder.

Andere hiſtoriſche Vereine haben es leichter, als der Verein
für Geſchichte der Deutſchen in Böhmen; ſie können ſich mit ihren
wiſſenſchaftlichen Forſchungen begnügen, ſie brauchen nicht auch auf
dem nationalen Kampfplatz zu erſcheinen, wie der genannte Verein.
Gleich bei ſeiner Entſtehung fiel die geſammte tſchechiſche Preſſe über
ihn her, man fand es anmaßend, daß die Deutſchen in Böhmen auch
eine Geſchichte haben wollten — dort waren ſie ja nur geduldet, ihre
Geiſtesarbeit um das Land galt nichts; unberückſichtigt blieb, daß ſie
es waren, welche Böhmen ſeine blühende Induſtrie gaben, und über=
haupt durch ihren germaniſchen Cultureinfluß die Tſchechen zu den
geiſtig am höchſten ſtehenden unter den Slaven erhoben.

Die Geſchichte, die Lehrmeiſterin des Lebens, iſt es, die als
Warnerin und getreuer Eckhard auftritt und den Deutſchen in Böhmen
zuruft: auf ihrer Hut zu ſein gegen die Nachbarn im Lande. Da
ſind nur wenige Perioden, in denen die Tſchechen es nicht verſucht,
mit roher Gewalt die überlegene Culturſprache zu verdrängen, und
durch ihr auf engen Raum beſchränktes Idiom zu erſetzen. Unter
den Vorträgen, die auf jener Wanderverſammlung gehalten wurden,
iſt es einer von allgemeinem Intereſſe, der beſonders feſſelnd war,

deſſen Mahnungen und Lehren den Deutſchen zeigen, weſſen ſie ge=
wärtig ſein können, wenn es den Tſchechen gelingt, in Böhmen am
Ruder zu bleiben. Der verdiente Hiſtoriker Dr. Schleſinger ſprach
über die Leiden der deutſchen Sprache in Böhmen.

Es war im zwölften, dreizehnten und vierzehnten Jahrhundert,
daß unter dem Schutze der heimiſchen tſchechiſchen Herrſcher das
Deutſchthum in Böhmen ſich in herrlichſter Blüthe entfaltete und ein
freies deutſches Bürgerthum ſich entwickelte, das als treuer Bundes=
genoſſe der Krone den feudalen Adel bekämpfen half. Ein freier
deutſcher Bauernſtand hatte ſich allmälig, namentlich in den Grenz=
diſtricten, feſtgeſetzt; Handel und Gewerbe, Wiſſenſchaften und Künſte
wurden von den Deutſchen im Lande geübt, und mit einem Worte
das politiſche wie ſociale Leben Böhmens von deutſchem Geiſte durch=
drungen. Die deutſche Sprache herrſchte unbedingt in allen Städten
des Landes. Der König, der Junker, der Bürger, der Mönch, der
emphytentiſche Bauer ſprachen deutſch; die ſlaviſche Landbevölkerung
trachtete in die deutſchen Städte aufgenommen zu werden, um ſo
frei zu ſein, wie der Deutſche es war. König Wenzel der Erſte ſelbſt
gehörte zu den deutſchen Minneſängern, ſein Sohn Ottokar der
Zweite zog ſich wegen ſeiner Hinneigung zu den Deutſchen den Haß
nationaler Geſchichtſchreiber zu. Da aber die Herrſcher das Bürger=
thum zu ſehr begünſtigten, richtete ſich der Haß der Adeligen gegen
daſſelbe. Von ihnen ging die nationale Reaction aus.

Schon unter Ottokar dem Zweiten ſtreuete man das Gerücht
aus, der König wolle alle Tſchechen vertreiben und das Land mit
lauter Deutſchen beſetzen. Noch ärger ſchrie man unter Johann von
Luxemburg über die Fremden, über die Rheinländer und Schwaben,
und auf dem Landtage in Taus 1318 wußten die herrſchenden Junker
einen Beſchluß durchzuſetzen, der den König verbindlich machte, alle
Rheinländer und Gäſte aus dem Königreiche zu entfernen, und nie

mehr einen Ausländer in irgend einem Amte zu befördern, sondern sich nur in allen Fällen des Raths der Tschechen zu bedienen. Der Sprachenzank wurde noch in demselben Jahre eröffnet, als die Königin mit einem Sohne niederkam. Die Angehörigen wünschten das Kind „Heinrich" zu taufen. — Unmöglich! schrieen die Herren von Lipa und Waldek, die Führer der Junkerpartei, unmöglich darf der böh=mische Prinz einen deutschen Namen bekommen; Přemysl oder Ottokar, das allein seien passende Namen für einen Tschechen.

Schon 1055 hatte Herzog Spytihnew einmal die Austreibung der Deutschen befohlen; Sobeslaw der Zweite hatte 100 Mark Silber für einen Schild voll deutscher Nasen geboten; 1280 war von Seiten des Adels eine Metzelei gegen deutsche Bürger an=gestiftet worden. Das Alles waren aber nur kleine Vorspiele gegen die husitischen Metzeleien des Žižka und Genossen. Die rohe Grau=samkeit dieser fanatischen Banden, welche gegen „Philister, Idumäer und Moabiter" zu Felde zogen, findet kaum ein Nebenstück in der böhmischen Geschichte, und die in Deutschland noch landläufige An=sicht, welche die Husiten für reine Glaubenshelden nimmt, ist nicht genug zu beklagen. Das deutsche Element der Städte, die Blüthe und der Reichthum des Landes wurden theils ganz ausgerottet, theils so geschwächt, daß es sich nie wieder erholen konnte. Damals sangen die Tschechen das Lied bitwa před Ustím, das Lied von der Schlacht bei Außig, in welchem es heißt:

Gott sei gedankt! O preiset ihn!
Er hat uns Hülfe und Ruhm verliehn,
Die Deutschen, die Deutschen zu schlagen
Und aus dem Lande zu jagen.

Auch nach der Husitenzeit wurde in derselben Weise fortgewirthschaftet, — mit dem freien deutschen Bürgerthum war es nun freilich vorbei, aber das tschechische Volk hatte auch seinen Lohn empfangen: es ge=

rieth in die drückendste Leibeigenschaft seiner Barone. Trotzdem wurde munter fortgehetzt von Seiten der hohen Herren, die, obgleich Junker vom reinsten Wasser, von den heutigen demokratischen Tschechen voller Bewunderung angestaunt werden. Als 1611 Graf Dohna den Ständen die Botschaft des Kaisers in deutscher Sprache verkündigen wollte, erhob sich tumultuarisch der Ruf: „In Deutschland sei deutsch, in Böhmen aber tschechisch zu reden". Das war noch glimpflich, wie weit aber der Sprachenhaß ging, erkennt man aus einem Wunsche des alten Herrn von Pernstein, dem man hinterbracht, einer seiner Söhne habe deutsch gesprochen und der nun äußerte: „Sein Sohn möge lieber bellen wie ein Hund, statt in deutscher Sprache zu reden."*)

Von den herben Schlägen, welche das Deutschthum im funf= zehnten Jahrhundert in Böhmen erlitten hat, vermochte dasselbe sich niemals ganz wieder zu erholen. Die deutschen Städte, welche als Sprachinseln im Innern des Landes bastanden, waren für immer verloren für die Deutschen, für immer verloren war jedoch auch für diese Städte Kraft, Ansehen, Reichthum, Bürgerstolz und Bürgersinn; sie sind seitdem kaum ein Schatten dessen, was sie einst waren.

*) Ein Beispiel von heute wird zeigen, daß die Tschechen noch gerade so wie vor 300 Jahren denken. In der tschechischen Zeitung „Politik" vom 14. März 1871 sucht ein Herr Ferdinand Naprstek — der Mann heißt eigentlich Fingerhut, schont aber anständigerweise seinen deutschen Namen und gebraucht dafür lieber die tschechische Uebersetzung — zwei Lehr= linge für seine Brauerei und Schankwirthschaft. Zu dieser Anzeige macht er folgendes NB.: „Die Kenntniß der deutschen Sprache wird von diesen zukünftigen Lehrlingen nicht verlangt, weil wir in Böhmen solche Hohl= köpfe, die zumeist aus Preußen kommen, wie z. B. Prof. Linker, in den österreichischen Staaten nirgends gebrauchen können." Wir übersetzen sagt dazu ein deutsch=böhmisches Blatt, wörtlich und sind für den schlechten und abgeschmackten Styl nicht verantwortlich. Herr Ferdinand Naprstek kann sein nix deutsch, aber auch nix logisch „in Böhmen" jetzt „in den österreichischen Staaten" gut verwerthen.

Zwei Jahrhunderte lang war die deutsche Sprache in Böhmen nun in Acht und Bann gethan. Es gab kein freies deutsches Bürger= thum mehr, der feudale Junker herrschte im Lande. Die Landes= ordnung des Jagellonenkönigs Wladislaw fixirte dann den Untergang der deutschen Sprache auf gesetzlichem Wege. Jeder Deutsche war vom Amte ausgeschlossen, bei Gerichte durfte nur tschechisch verhandelt, alle Einlagen der Landtafel mußten nur tschechisch abgefaßt werden. Ferdinand der Erste, Maximilian der Zweite gaben ähnliche Landes= ordnungen heraus. Rudolph der Zweite verhielt sich schwach — es waren Habsburger. Damit ist Alles gesagt. Um aber der deutschen Sprache gänzlich Herr zu werden und sie für ewige Zeiten aus Böh= men zu verbannen, erließen die Stände einen Landtagsbeschluß im Jahre 1615, in welchem es heißt:

„Von der Zeit dieses Beschlusses an soll künftig und für ewige Zeiten kein Ausländer, welcher der tschechischen Sprache nicht kundig ist, und sich in derselben bei den Gerichtshöfen nicht auszudrücken vermag, zu einem Einwohner des Landes und zum Bürger einer Stadt angenommen werden. Ein solcher Ausländer, der nach Er= lernung der tschechischen Sprache endlich das Bürgerrecht in irgend einer Stadt erlangt hat, soll, sowie auch seine Kinder, nichtsdesto= weniger zu keinem öffentlichen Amte gelangen können; erst seine Enkel sollen als eingeborene Böhmen betrachtet und der Vorrechte der Landeskinder theilhaftig werden. Dann soll in den Pfarren, Kirchen, Schulen, wo vor zehn Jahren in tschechischer Sprache ge= predigt und gelehrt worden, dieser löbliche Gebrauch fortgesetzt werden, wo aber jetzt ein deutscher Pfarrer oder Schulmeister vorhanden ist, dort soll nach seinem Tode ein tschechischer Pfarrer oder Schulmeister angestellt werden. Wer immer sich unterstehen würde, in einem solchen Orte in deutscher Sprache zu lehren oder zu predigen, der soll eine Strafe von 15 Schock böhmischer Groschen erlegen. — Weil man in Erfahrung gebracht, daß einige Perſonen, ſowohl höhern als niedern Standes, unter einander bei ihren Zuſammenkünften nicht die tſchechiſche, ſondern eine fremde Sprache reden, welches eine Ver= achtung ihrer eigenen Mutterſprache andeutet und zur Schande der ganzen Nation gereicht, ſo ſollen dieſe Leute, wenn ſie die tſchechiſche Sprache reden können und doch in ihrem Vorhaben fortfahren, in Zeit von einem halben Jahre das Land räumen, bis dahin aber als Störer des allgemeinen Beſten betrachtet und keiner Vorrechte und Freiheiten der übrigen Einwohner von Böhmen theilhaftig werden. Ferner, nachdem einige Einwohner der Prager Städte eine Gemeinde, die ſie die deutſche nennen, unter einander errichtet haben, in dieſem Königreiche aber man zu allen Zeiten von keiner andern, als von der tſchechiſchen Gemeinde weiß, ſo ſollen alle diejenigen, welche ſich zu der genannten deutſchen Geſellſchaft oder Gemeinde bekennen und dreiſt genug ſind, in ihrem Vorhaben zu beharren, mit der oben be= ſtimmten Strafe belegt und gezüchtigt werden!"

Es iſt nicht nöthig, über dieſe Beſchlüſſe etwas Weiteres zu ſagen; man erkennt aus ihnen den unverfälſchten Geiſt des Tſchechen= thums. Durch die Schlacht am Weißen Berge 1620 wurde dieſen Zuſtänden ein Ende bereitet. Die Deutſchen, die nun wieder maſſen= haft das Land beſiedelten, erhielten durch die Ferdinandiſche Landes= ordnung die freie Ausübung ihrer Sprache vor Gericht, in der Schule und der Kirche.

In unſerm Jahrhundert erwachte das Tſchechenthum zu neuen nationalen Kraftäußerungen, die ſich nicht auf dem Gebiete der Cultur, wie des geiſtigen Aufſchwungs überhaupt geltend machten, ſondern im wüſten politiſchen Getreibe und roher Unterdrückungsſucht. Schon 1865 wurde ein Sprachenzwangsgeſetz von der tſchechiſch=feudalen Mehrheit erlaſſen, das die kaiſerliche Sanction erhielt und decretirte: es müſſe jeder Deutſche das Tſchechiſche erlernen, weil — man ſtaune!

— jeder Tscheche das Deutsche erlernen müsse. Das war tschechische
Logik. Weil man als Tscheche in der Welt mit dem Idiome des
kleinen Tschechenvolks nicht fortkommt, dazu des Deutschen bedarf —
ergo muß der Deutsche tschechisch lernen. Das ist Logik.

Dieses schändliche Gesetz, welches gerechte Entrüstung in allen
deutschen Gegenden Böhmens (wir erinnern daran, daß $^2/_5$ der Be=
wohner und $37^1/_2$ Procent der Bodenfläche deutsch sind) hervorrief,
wurde bereits im folgenden Jahre wieder beseitigt. Es wird aber
übertroffen und weit in den Schatten gestellt durch das, was von
Seiten der österreichischen Regierung und dem tschechisch=feudalen
Landtag — aus dem sämmtliche deutsche Abgeordneten austraten —
1871 angestrebt wurde. Das sogenannte Nationalitäten=Gleich=
berechtigungsgesetz vergewaltigte wiederum in der rohesten Weise die
Deutschen, denen die tschechische Sprache aufgezwungen wurde, falls
sie überhaupt nur eine Stellung als Beamter erlangen wollten. Da=
mit für alle Zeiten aber das Culturelement Böhmens, das deutsche,
in die Minderheit versetzt würde, sollte eine neue Wahlordnung für
den Landtag eingeführt werden, welche vor Allem die Interessen des
reichen Adels berücksichtigte, während die des Geschäftsmannes und
des Industriellen durch Ausscheidung der Abgeordneten der Handels=
kammern und durch Beschränkung der Abgeordneten der deutschen
Städte preisgegeben wurden. Vermehrt wurde die Zahl der Abge=
ordneten der tschechischen Bauern, jener gefügigen Werkzeuge der
Feudaljunker und der Geistlichen.

Trotzdem behauptet die deutsche Sprache in Böhmen noch immer
einen festen Stand und sie wird ihn auch für alle Zeiten bewahren;
noch ist jeder Gebildete ihrer kundig und er muß sie auch kennen,
wenn er überhaupt fortkommen will, da die Welt nicht bloß aus dem
kleinen tschechischen Sprachgebiete besteht. Der tschechische Kaufmann,
der tschechische Industrielle und Großgrundbesitzer führt fast durch=

gehend und heute noch seinen Briefwechsel und die Geschäftsbücher deutsch und wird, da er in Handel und Wandel meist mit Deutschen zu thun hat, so leicht nicht davon abgehen.

Es giebt in ganz Böhmen sicher keinen auch noch so entlegenen Weiler, in dem nicht wenigstens ein Mensch deutsch versteht. Entweder lernten die Mädchen während der Dienstzeit in Prag, der Handwerker während der Wanderjahre oder der junge Bauer als Soldat mehr oder weniger geläufig deutsch sprechen. In den deutschen Bezirken Böhmens findet das Umgekehrte aber keineswegs statt; mit Ausnahme der Sprachgrenzbezirke hört man selten in den deutschen Dörfern Jemanden, der tschechisch redet, aus dem einfachen Grunde, weil die Nothwendigkeit zur Erlernung dieser Sprache nicht vorliegt. Anders in den deutschen Städten. Dort sind viele eingewanderte Tschechen, als Beamte, Handwerker u. s. w. ansässig und diese sind dann allezeit auch Propagandisten für ihre Sprache.

Die großen Ereignisse der Gegenwart, sie haben auf die Deutsch-Böhmen, wie die Deutsch-Oesterreicher überhaupt ihre gewaltige Wirkung geübt und beigetragen, deren Stellung zu klären und zu festigen. Dem protestirenden Auftreten der Deutsch-Oesterreicher war es zu danken, daß man von Wien aus uns nicht meuchlings in den Rücken fiel, als wir 1870 gegen Frankreich kämpften, dem die Tschechen ihre lauten Sympathien entgegenbrachten.*) Dank gewußt hat man es dem Deutschen aber niemals, daß er es war, der Oesterreich zusammenhielt, daß er es war, der Oesterreich geschaffen und dem Kaiserhause in den Zeiten der Gefahr am treuesten zur Seite stand. Aber die

---

*) Die Národní listy schrieben damals: „Vom Beginn dieses allergrößten Krieges standen wir mit unserer Freundschaft auf Seite Frankreichs, wie wir denn auch fürderhin stets auf Seite jenes Staates und Volkes stehen werden, das gegen die Deutschen den Krieg unternimmt, weil der Feind unseres Feindes unser Freund ist."

3*

Feudalen, die Ultramontanen und die Hofpartei haben stets es sich
angelegen sein lassen, den Deutschen zurückzusetzen und der Majori=
sirung solcher Nationalitäten, wie der Tschechen auszusetzen. Russische
panslavistische Feste durften mit Gepränge in Böhmen gefeiert werden
— die deutsche Siegesfeier verbot man. Um so kräftiger erwacht
das deutsch=nationale Bewußtsein; die Jugend, der die Zukunft ge=
hört, schwört in Böhmen jetzt bei der national=deutschen Fahne; sie
kennt das Zeichen, in dem sie siegen wird. „Der Deutsche bedarf
Oesterreich nicht zur Erhaltung seiner Nationalität," sprach ein deutsch=
böhmischer Deputirter im Wiener Abgeordnetenhause. Karl Pickert
hob hervor, daß die Regierung auf dem besten Wege sei, den Bürger=
krieg in Böhmen zu beschwören. So schrecklich es erscheinen mag,
wir sehen in Böhmen auch keinen anderen Ausweg mehr, als den
Rassenkrieg. Uns wenigstens scheinen die Gegensätze zu sehr geschärft
und ausgebildet, als daß eine andere Lösung erfolgen könnte, es sei
denn, daß unerwartete große politische Umwälzungen eine völlig neue
Aera in Böhmen begründeten. Die vorgeschrittenen unter den tsche=
chischen Nationalen hoffen in letzter Instanz, daß ihr Land russisch
werde — die Deutsch=Böhmen schauen noch nicht nach Preußen. Wer
aber bürgt hier für die Zukunft, wenn die Verhältnisse sich weiter so
entwickeln, wie sie bisher sich entwickelt haben?

Nicht besser aber können wir die nationale und politische Stel=
lung der Deutsch=Böhmen, wie sie heute ist, präcisiren, als durch die
Wiedergabe des Ausspruches eines Mannes, der hervorragt unter
den Deutsch=Böhmen. Der Historiker Schlesinger schreibt:

„Unser Posten an den Marken des deutschen Reiches ist ein
schwieriger, aber auch ein ehrenhafter. Wir haben ihn durch viele
hundert Jahre mit Muth und Ausdauer vertheidigt, wir rufen noch
lange nicht, wie man uns gerne vorwerfen möchte, um die Einziehung
dieses Postens. Wir weisen mit gerechter Entrüstung jene perfide

Verdächtigung zurück, welche unser heiliges Nationalgefühl mit an=
geblichen Agitationen Preußens in Verbindung bringen will. Gegen=
wärtig hat der deutsche Riese den wälschen Uebermuth gezüchtigt, wie
es die Welt noch nicht gesehen. Wir Deutsche freuen uns, daß der
Erzfeind unserer Nationalität, der auch der Erzfeind Oesterreichs seit
jeher gewesen, niedergeworfen worden ist bis zur erbarmungswürdigen
Ohnmacht. Wenn schon unsere Verdienste um Bildung und Gesit=
tung, unsere Treue fürs Reich und die Verfassung, unsere Arbeit=
samkeit und Ehrlichkeit nicht mehr respectirt werden sollten, so wird
es wohl Niemand wagen, uns angesichts der titanenhaften Aeußerung
deutscher Urkraft dem slavischen Moloch zu opfern. Rasch vollziehen
sich in der Gegenwart die Schicksale der Fürsten und Völker. Ruhig
kann der Deutsch=Böhme der Zukunft entgegensehen, denn wenn auch
das Aergste über ihn hereinbräche und er zum Schmerzensschrei ge=
nöthigt wäre, so würde nicht seine Existenz in Frage gestellt werden,
sondern die jenes Staates, der seinen besten Bürger vernichten wollte."

Das deutsche und das tschechische Sprachgebiet in Böhmen.

Für die Beurtheilung der politischen und nationalen Zustände Böhmens ist es durchaus nothwendig, genau mit den numerischen Verhältnissen der beiden, dieses Land bewohnenden Nationalitäten, sowie mit der Ausdehnung des beiderseitigen Sprachgebietes sich vertraut zu machen. Ich habe versucht, dies in einer kleinen Schrift (Nationalitätsverhältnisse und Sprachgrenze in Böhmen. 2. Aufl. Leipzig 1871) zu thun, und kann daher hier nur im allgemeinen darauf zurückkommen. Falsch wäre es aber, wollte man blos nach dem Procentsatz, der den Deutschen zukömmt, deren Bedeutung für Böhmen ermessen. Mehr als an anderen Orten gilt hier der Grundsatz, daß die Stimmen zu wägen, nicht zu zählen sind. Denn, macht die tschechische Bevölkerung des Landes auch ³/₅, die deutsche nur ²/₅ aus, so wird doch der Ausfall bei letzterer durch die ganze Culturstellung, dadurch, daß Handel und Industrie wesentlich in ihrer Hand sind, ausgeglichen. Palazky versuchte 1865 im böhmischen Landtage dieses zu bestreiten, und durch willkürlich gruppirte statistische Zahlen nachzuweisen, wie in all und jeder Beziehung das Uebergewicht auf tschechischer Seite sei. Tschechische Blätter haben jetzt ausgesagt, daß jene Ziffern durchaus nicht zutreffend gewesen seien — natürlich aber nur, um durch künstliche Manipulationen für sich ein noch größeres Uebergewicht „nachzuweisen".

Indem ich auf die angezeigte Schrift verweise, in der ich auch über die Ausdehnung der Deutschen in Böhmen vor dem 17. Jahr=

hundert gesprochen habe, kann ich hier nur die gegenwärtige Aus=
dehnung derselben berühren, wie sie sich seit dem dreißigjährigen
Kriege gestaltet hat.

Wie gegen Ende des 17. Jahrhunderts die Germanisirung
einzelner Bezirke Böhmens nun vor sich ging, läßt sich am besten
und zuverlässigsten an einem Beispiele aus den Kirchenbüchern nach=
weisen. Die ehemalige Herrschaft Chotjeschau, jetzt Bezirk Staab,
südwestlich von Pilsen, springt als scharfer Winkel in das tschechische
Sprachgebiet hinein. Dieser Bezirk, heute ganz deutsch, von Bauern
bewohnt, welche die oberpfälzische Mundart reden, war vor 200 Jahren
noch rein tschechisch. Vergebens sieht man sich in den Kirchenbüchern
bis 1660 nach einem einzigen deutschen Namen um — nur die
Prälaten von Chotjeschau waren Deutsche, tüchtige, gelehrte Männer.
Da durch den dreißigjährigen Krieg die Dörfer theilweise verödet
waren und die Einwohnerzahl herabgeschmolzen war, so lenkten jene
Prämonstratenser ihr Augenmerk auf Bayern, von wo sie tüchtige
Ackerbauer auf die leer stehenden Gründe herbeizogen. Den ersten
deutschen Namen im Chotjeschauer Kirchenbuche begegnen wir 1650;
1660 kommt die erste Taufe halb deutsch, halb tschechisch eingetragen
vor: „Friedrich Schusser von Staab mit Ursul Hausfrau křzten sin
gmenem Georg" (getauft ein Sohn mit Namen Georg). Hierauf
sind alle Funktionen bis 1675 tschechisch eingetragen, dann begegnen
wir abwechselnd bis 1680 deutschen und tschechischen; letztere sind
jedoch noch in der Mehrzahl. Von 1680 ab überwiegt das Deutsche,
das nun zum Siege gelangt. Neue Namen treten auf, die auf eine
zahlreiche Einwanderung schließen lassen. In kurzer Zeit war das
tschechische Element absorbirt und zwar auf durchaus friedlichem
Wege; das Deutschthum blieb von nun an im unangefochtenen Besitz
des Bezirks Staab.

Griff auch in der Zeit nach dem dreißigjährigen Kriege die

deutsche Sprache in den heute ganz tschechischen Gegenden, namentlich
den Städten, stark um sich, so blieb doch das Volk selbst slavisch; die
Einwohner blieben dieselben, nur die Sprache änderte sich theilweise.
Aus diesem Grunde war für dieselben denn auch die Rückkehr zum
Slaventhum eine leichtere. Der Unterschied zwischen Germanisirung
und Tschechisirung in Böhmen, die einander wechselseitig ablösten,
beruht eben darin, daß die Tschechen als Volk gewaltsam ihre
Sprache aufdrängten, was von seiten der Deutschen nie geschah,
denn ihre Ausbreitung war eine naturgemäße, durch ihr geistiges
oder materielles Uebergewicht bedingte. Niemals aber hat das deutsche
Volk als solches seine Sprache beleidigend den Tschechen aufgezwungen
— in dieser Beziehung handelte die österreichische Regierung als
solche, in ihrem, oder dem Interesse der Cultur. Man muß das
wohl auseinander halten.

Ist es auch richtig, wie dies sich historisch nachweisen läßt, daß
ein Theil der heutigen Deutsch-Böhmen aus einer Mischung deutscher
und slavischer Elemente hervorging, so ist doch ebenso gut nachweisbar,
daß die Hauptmasse keineswegs ein Bastardvolk ist, sondern sich
als Abkömmlinge von echten deutschen Einwandrern ergibt.
Es ist viel Unfug mit dem Begriffe „Mischung" getrieben worden,
in Böhmen sowohl, wie in ganz Ostdeutschland, und keinenfalls ist
diese in dem Grade vorhanden, wie slavische Schriftsteller, die häufig
das Interesse der Partei über die geschichtliche Wahrheit stellen,
glauben machen wollen. Wo thatsächlich germanisirte Slaven vorhanden, erkennt man diese noch heute auf den ersten Blick, so in
Altenburg, im hannoverschen Wendlande um Lüchow und Dannen-
berg, wo der Abkömmling der alten Wenden auf den ersten Blick
von seinem niedersächsischen Nachbar zu unterscheiden ist und wo
Spracheigenthümlichkeiten, Bauart der Dörfer, Sitten und Kleidung
sofort den Slaven offenbaren. Gehen wir auf die Urkunden zurück,

so finden wir ganz entschieden, daß die Germanisirung der östlichen Länder wesentlich eine Folge der Einwanderung ist. Insbesondere wird dieses, wo geschichtliche Quellen schweigen, durch die Personen= namen dargethan, die in Deutsch=Böhmen der ungeheuren Mehrzahl nach auch deutsch sind, was nicht der Fall sein könnte, hätten wir es mit Abkömmlingen der Tschechen zu thun; denn von der Unsitte, den Namen mit der Nationalität zu wechseln, wie dieses z. B. in Ungarn der Fall ist, hielten die Böhmen sich fern. Hiermit soll keineswegs geleugnet werden, daß es in Deutsch=Böhmen genug tschechische Eigennamen gibt, oder solche, denen man trotz der Ver= stümmlung den slavischen Ursprung ansieht, allein dieses ist bei dem Wechselverkehr beider Nationalitäten durchaus natürlich, aber das Umgekehrte ist in demselben Maße bei den Tschechen der Fall. Auch das tschechische Landvolk weist eine starke Beimischung von deutschem Blute auf. Dafür sprechen die Geschichte der nationalen Verhältnisse des Landes, das Aussehen der Leute und endlich die vielen deutschen Eigennamen. Aus dem verstümmelten, häufig vorkommenden Fejfar läßt sich unschwer der deutsche Pfeifer erkennen. Einer der bedeu= tendsten tschechischen Gelehrten, Joseph Jungmann, stammte aus dem Dorfe Hudlitz, wo nachweisbar keine Deutschen gesessen haben und gegen die deutsche Abstammung eines Rieger, Brauner, Zeithammer — die heute nationale Führer der Tschechen sind — wird sich nichts einwenden lassen. Es versteht sich, daß bei den Städtern die Blut= mischung in noch weit höherem Maße Platz griff, als bei dem Land= volke. Schon seit langer Zeit gilt daher in Böhmen ein deutscher oder tschechischer Namen nicht mehr als nationales Kriterium, und es gibt tausende, die nicht wissen, ob sie Deutsche oder Tschechen sind, sie sind eben zweisprachige „Böhmen".

Auch der Typus kann keineswegs durchgehend als Unterschei= dungsmerkmal gelten. Wenn auch die Slaven der Sprache nach

entschieden zu dem indogermanischen Stamme gehören, so sind sie
doch der Schädelform nach von allen übrigen Gliedern dieser großen
Völkerfamilie getrennt. Sie zeichnen sich konstant durch brachy=
cephale Schädel aus. Wie kam, so fragt der Ethnograph mit
Recht, diese Brachycephalie unter die sonst durchaus dolichocephalen
indogermanischen Stämme? Auf Böhmen als Unterscheidungs=
merkmal für Tschechen und Deutsche angewandt verliert aber die
Schädelbildung viel an Werth; man sieht, daß die dolichocephale
Form bedeutend vorwiegt.*) Die Haare der Bewohner deutschen wie
tschechischen Stammes finden wir vom hellsten Flachsblond bis zum
Rabenschwarz in allen Abstufungen; hier und da sehen wir bei den
Tschechen stärker hervortretende Backenknochen, tiefer liegende Augen
als bei den Deutschen im allgemeinen — doch im ganzen ist keine
wesentliche Abweichung zu bemerken. Der westslavische Typus nähert

---

*) Wissenschaftlich hat sich mit den hierauf bezüglichen Fragen nicht
etwa ein Tscheche, sondern ein Deutscher, der k. k. Oberarzt Dr. A. Weis=
bach in Wien, beschäftigt. (Archiv für Anthropologie II. 285.) Er weist
dort auch nach, daß die alten Grabschädel in Böhmen sich von denen der
heutigen Deutschen wie Tschechen sowohl unterscheiden. Er hat auch das
Gehirn der verschiedenen Rassen Oesterreichs von zahlreichen Individuen
gewogen, und dabei folgende Mittelwerthe erhalten:

Gewicht des Gehirns der			Tschechen	1368,31	Grammen	
„	„	„	„	Rumänen	1326,58	„
„	„	„	„	Magyaren	1322,86	„
„	„	„	„	Polen	1320,59	„
„	„	„	„	Ruthenen	1320,63	„
„	„	. „	„	Deutschen	1314,50	„
„	„	„	„	Slowaken	1310,74	„
„	„	„	„	Südslaven	1305,14	„
„	„	„	„	Italiener	1301,37	„

(Archiv für Anthropol. I. 313.) Wollte man nach der Schwere des Ge=
hirns auf die Intelligenz schließen, dann ständen die Tschechen weit über
den Deutschen und Italienern!

sich durch das blonde Haar und die blauen Augen schon dem germanischen und steht diesem, was das Aussehen belangt, ungleich näher als den Südslaven.

Die vollständige Festsetzung des deutschen Elements innerhalb der Grenzen, welche es noch heute inne hat, erfolgte also nach dem dreißigjährigen Kriege. Seitdem hat sich die Sprachgrenze nur wenig herüber und hinüber verändert, wie aus dem Berichte des Pilsener Edelmanns Anton Frozin (oder Phrosinus) hervorgeht. Er bereiste 1699—1701 ganz Böhmen und bestimmte die Grenzen beider Nationalitäten folgendermaßen.

„Der Bechiner Kreis ist zu guten drei Theilen nur von Tschechen bewohnt, ein Theil von Budweis bis Kaplitz und zur Moldau hat eine gemischte deutsche Bevölkerung. Der größte Kreis nach ihm ist der Prachimer: auch hier finden sich drei Theile Tschechen; im vierten, um Bergreichenstein, dann auf einem Streifen Landes gegen Chrobolt, Wallern und Krummau, wohnen bloß Deutsche. Der dritte der Größe nach ist der Pilsener, hier ist die Hälfte der Bewohner deutsch, die Deutschen wohnen in der Richtung gegen Tepl und Bischof-Teinitz, die Tschechen gegen Klattau, Nepomuk und Rokytzan. Der Königgrätzer ist der vierte der Größe nach, hier befinden sich bloß Tschechen, nur daß auf einigen kleineren Gütern von auswärts angesiedelte deutsche Kolonisten wohnen. Am Riesengebirge befinden sich in der Gegend zwischen Trautenau und Braunau etwa fünf deutsche Städte. Die Glatzer Gegend zähle ich jedoch nicht zu Böhmen. Der Bunzlauer Kreis gleicht in der Bevölkerungszahl dem Königgrätzer, nicht jedoch in der Größe; drei Theile desselben sind tschechisch; ein vierter kleiner, aber stark bevölkerter — so daß man ihn fast als ein Drittel des Kreises ansehen kann — ist ganz deutsch. Ihm folgt in der Größe der Tschaslauer; derselbe ist mit Ausnahme von etwa fünf kleinen Gemeinden ganz tschechisch. Der

Leitmeritzer ist in einem Theile, welcher von Aussig abwärts liegt, deutsch; in einem gleich grossen, gegen Melnik zu, tschechisch. Im Saazer Kreise gibt es bloss Deutsche mit Ausnahme von etwa vier Ortschaften um Laun und Kaden. Der Chrudimer Kreis ist bis auf eine geringe Anzahl auswärtiger deutscher Kolonisten ganz tschechisch. Der Elbogener Kreis ist bis auf etwa zwei Ortschaften ganz deutsch. Der Kauřimer, welcher in Prags Nähe liegt, und an Grösse dem Elbogener gleicht, ist ganz tschechisch. In dem ihm nun folgenden Schlauer Kreise, gibt es nur Tschechen, mit Ausnahme einiger we= nigen kleinen Herrschaften, wo Deutsche aus dem Reiche und aus andern Gegenden vor kurzem angesiedelt worden sind. Der Pobbrder Kreis ist ganz tschechisch; ebenso der Rakonitzer, mit Ausnahme einer einzigen paritätischen Ortschaft. Der Moldauer Kreis ist der kleinste und mit Ausnahme einer einzigen Ortschaft, wo die Bergleute Deutsche sind, ganz tschechisch." Aus dieser Beschreibung des Phrosinus ist zu ersehen, dass seitdem eine wesentliche Aenderung in der Sprachgrenze nicht vorgefallen ist. Die Aufzählung der einzelnen Dörfer und Städte, über welche die Sprachgrenze führt, muss ich hier unterlassen. Das deutsche Gebiet Böhmens ist — gegenüber dem kompakten tschechischen — zerstückelt, wie aus der nachstehenden Aufzählung hervorgeht.

Das Hauptgebiet des deutschen Volkes in Böhmen nimmt den Norden und Nordwesten des Landes ein, es zieht sich von der Iser im Osten, wo der Jitschiner und Bunzlauer Kreis am Riesengebirge aneinander grenzen, in einem ununterbrochenen bald breiten, bald schmäleren Gürtel, oft mit scharfen Biegungen gegen Süden ins tschechische eingreifend, bis an die bayrische Grenze und an den Böhmerwald, da, wo die Bezirke Ronsperg und Taus an= einander grenzen. In dem letzteren tritt das tschechische Element am weitesten nach Westen, bis fast dicht an die bayrische Grenze vor und läßt nur einen äußerst schmalen deutschen Streifen übrig, der die Verbindung des großen nordwestlichen deutschen Gebietes mit dem südwestlichen deutschen und bayrisch = österreichischen Grenzdistrikte herstellt. Dieses Vordringen der Tschechen hinter Taus (die hier allein dialektisch geschieden von der Hauptmasse ihres Volkes in Böhmen sind) bezeichnet überhaupt den westlichsten Punkt der großen slavischen Völkerfamilie, die von hier bis zur Wolga und Kama in Rußland in ununterbrochener Folge sitzt. Der letzte tschechische Ort hier ist Kubitzen, nur eine halbe Stunde von der bayrischen Grenze. Dem Hauptgebiete der Deutschen in Böhmen gehören an: der nörd= liche und nordwestliche Theil des Bunzlauer Kreises, der bei weitem größere Theil des Leitmeritzer Kreises, nämlich der ganze Norden und die Mitte, der Saazer Kreis mit Ausnahme der östlichen Ecke, der Egerer Kreis vollständig, der nordwestliche Theil des Pilsener Kreises.

Wie im ganzen die Sprache der Deutschen in Böhmen sich als Ausläufer der nachbarlichen deutschen Mundarten darstellt, so herrscht in dem hier in Rede stehenden Hauptgebiete der Deutsch=Böhmen zunächst im Böhmerwalde die fränkische Mundart, die auch in den Egerer Kreis vordringt. Der südliche Theil des Egerer Kreises, sowie der damit in Verbindung stehende Theil des Pilsener Kreises gehören zum Bereich der benachbarten oberpfälzischen Mundart, der Norden des Egerer, Saazer und Leitmeritzer Kreises zu jenem des obersächsischen (meißnisch=thüringischen) Dialektes. Im deutschen An= theile des Jungbunzlauer Kreises herrscht schlesische Mundart. Größe und Einwohnerzahl dieses deutschen Hauptgebietes ist aus der fol= genden Zusammenstellung ersichtlich.

Die Bezirke Neuern, Neugedein, Klattau und Taus des Pil= sener Kreises bleiben hier unberücksichtigt, da sie der nachfolgenden Abtheilung der Deutsch = Böhmen im südwestlichen Grenzstreifen

zugerechnet werden müssen. Es entfallen auf das große deutsche Ge=
biet des Nordens und Nordwestens:

Vom Jungbunzlauer Kreise	30,74	Q.=M.	225,400	Einw.	
„ Leitmeritzer Kreise	45,83	„	370,300	„	
„ Saazer Kreise	49,19	„	216,900	„	
„ Egerer Kreise	75,86	„	352,200	„	
„ Pilsener Kreise	26,35	„	90,500	„	
Summa	227,97	„	1,255,300	„	

An den südlichen Theil des Böhmerwaldes, an Bayern und das
Erzherzogthum Oesterreich sich anlehnend, somit im Zusammenhange
mit dem Hauptgebiet des Deutschen, zieht sich von Nordwesten nach
Südosten ein immer breiter werdender deutscher Streifen an der böh=
mischen Grenze hin, der im Nordwesten, da, wo die böhmische West=
bahn den Böhmerwald durchschneidet, kaum eine halbe Stunde breit,
an der Stelle seiner größten Breite jedoch, vom Plöckelstein bis in den
Netolitzer Bezirk, 5 ½ Meile breit ist. Er ist bewohnt zum größten
Theile von Deutschen des bayrisch=österreichischen Stammes (im Nord=
westen von Franken), die im waldigen Gebirge wenigstens seit Ur=
zeiten angesessen sind. Dieser Theil des deutschen Gebietes fällt in
die südwestlichen Theile der Kreise Pilsen und Pisek und in den süd=
lichen Theil des Kreises Budweis. Bei diesem deutschen Streifen
kommen folgende Bezirke in Betracht: vom Pilsener Kreise: Taus,
Neugedein, Neuern, Klattau. Vom Piseker Kreis: Schüttenhofen,
Berg=Reichenstein, Winterberg, Prachatitz, Netolitz. Vom Budweiser
Kreis: Ober=Plan, Kalsching, Budweis, Krummau, Hohenfurth, Kaplitz,
Grazen, Schweinitz. Die Deutschen im Budweiser Bezirke stehen
theils mit der Hauptmasse in Verbindung, theils bilden sie um die
vorherrschend deutsche Stadt Budweis herum eine deutsche Sprach=
insel. Doch sind in dieser bereits viele gemischte Dörfer vorhanden.

Im Ganzen umfaßt dieser südwestliche deutsche Grenzstreifen 60,65 Quadratmeilen mit 193,700 Bewohnern.

In den zum Budweiser Kreise gehörigen beiden Bezirken Neu = bistritz und Neuhaus wohnen zahlreiche Deutsche. Sie sind ein vorgeschobener Ast des großen deutschen Sprachgebiets, das aus dem Erzherzogthum Oesterreich und Mähren über die böhmische Grenze tritt, und der in einer Länge von 5 Meilen (von Kainn an der österreichischen Grenze bis an die Grenze des tschechischen Bezirkes Kamenitz) sich in die Hauptmasse der Tschechen hineinerstreckt und in seiner größten Breite im Neubistritzer Bezirke gegen 2 Meilen breit ist. Die Deutschen dieses Theiles von Böhmen gehören dem bayrisch= österreichischen Stamme an. Sie zählen auf 7,60 Quadratmeilen 33,400 Bewohner.

Die an der mährisch=böhmischen Grenze mitten im tschechischen Sprachgebiete liegende deutsche Iglauer Sprachinsel hat von Norden nach Süden eine Ausdehnung von fast 6, von Osten nach Westen in ihrer größten Breite eine solche von fast 3 Meilen. Der kleinere Theil mit der Stadt Iglau liegt in Mähren, der größere, nördlichere in Böhmen in den Bezirken Polna und Deutschbrod des Tschaslauer Kreises. Auch diese Deutschen gehören dem bayrisch= österreichischen Stamme an. Der auf Böhmen entfallende Theil der Sprachinsel umfaßt 3,80 Quadratmeilen mit 15,000 Einwohnern.

Im Osten Böhmens, an Mähren grenzend, reicht ein Theil des Schönhengstler Landes in das tschechische Gebiet des Chrudimer Kreises hinein. Dieses etwa 20 Quadratmeilen große Ländchen ist eine deutsche Sprachinsel, welche im Norden durch einen an der schmalsten Stelle (beim tschechischen Dorfe Hermanitz) nur eine Stunde breiten tschechischen Gürtel von der Hauptmasse des deutschen Gebiets in Mähren und Schlesien getrennt ist. Man hält die Einwohner, deren Idiom auf den österreichisch=bayrischen Sprachstamm hinweist, und die sich vielfach durch alte Sitten und Gebräuche auszeichnen, für uraltdeutsche Insassen, die niemals von den Slaven aus ihren Sitzen vertrieben wurden. Während die größere Hälfte des Schön=hengstler Ländchens zu Mähren gerechnet wird, gehört die kleinere mit 9,8 Q.=M. und 54,500 Einw. zu Böhmen und zwar sind es die Bezirke Landskron (vorwiegend deutsch), Wildenschwert, Leitomischl und Politschka, in welchen wir die Deutschen zu suchen haben.

Gleichfalls im Osten Böhmens an die Grafschaft Glatz sich an=lehnend zieht ein schmaler deutscher Grenzstreifen hin, der allenthalben jedoch mit dem deutschen Hauptgebiet in Mähren und Schlesien im Zusammenhange steht. Er beginnt noch im Bezirke Landskron an der mährischen Grenze, geht durch die Bezirke Grulich (fast ganz deutsch), Senftenberg, Reichenau und Neustadt an der Mettau, reicht aber von der schlesisch=böhmischen Grenze im äußersten Fall (Bezirk Reichenau) nur 2 Meilen ins Innere, ist aber sonst fast überall weit schmäler. Dieser deutsche Grenzstreifen würde mit dem folgenden im Zusammenhange stehen, wenn nicht vom Bezirke Nachod aus das tschechische Sprachgebiet auf den Boden des deutschen Reiches hinüber, nach der Grafschaft Glatz, reichte, und zwar sind es 6 Ortschaften mit 3500 Einwohnern zwischen Nachod in Böhmen und Lewin im Glatzischen, welche rein tschechisch sind. Preußische Tschechen!

Der deutsche Riesengebirgsdistrikt, im Nordosten Böh=mens an das deutsche Gebiet preußisch Schlesiens sich anlehnend, fällt zum kleineren Theil in den Bezirk Königgrätz, zum größeren in den Bezirk Jitschin. Vom Kamm des Gebirges greift er weit in das Elb=thal hinein, die Elbe an mehreren Stellen nach Südwesten zu über=schreitend. In seiner weitesten Ausdehnung von der schlesischen Grenze im Bezirke Schatzlar bis nach Welchow im Bezirke Jaromjersch ist er über 5 Meilen breit, im Westen dagegen, bei Rochlitz, an der Grenze des Jitschiner und Bunzlauer Kreises erscheint dieses deutsche Terri=

torium nur eine Stunde breit, steht hier aber mit der großen nord=
westlichen Hauptmasse des deutsch=böhmischen Gebietes im Zusammen=
hang. Die Bewohner sind mit den deutschen Schlesiern eines Stam=
mes. In Betracht kommen hier die Bezirke Braunau (deutsch),
Königinhof, Jaromjersch und Politz des Königgrätzer Kreises, Trau=
tenau, Arnau, Neu=Paka, Hohenelbe, Schazlar, Marschendorf, Starken=
bach, Rochlitz des Jitschiner Kreises. Die Größe des hierher gehörigen
deutschen Sprachgebietes beträgt 25,91 Quadratmeilen mit 165,700
Einwohnern. Zu bemerken ist hier, daß die deutschen Theile im Be=
zirke Neu=Paka schon sehr vom tschechischen Elemente durchsetzt sind,
und daß die westlichen deutschen Dörfer dieses Bezirkes faktisch schon
eine Enclave bilden.

In den voranstehenden Angaben ist das von den Deutschen
Böhmens in Böhmen im Zusammenhange bewohnte Gebiet voll=
ständig enthalten, keineswegs ist aber die Zahl der Deutschen in
Böhmen damit erschöpft, denn in großer Anzahl wohnen sie noch
namentlich in den Städten des tschechischen Gebietes, bilden auch in
Prag eine völlige Sprachinsel. Man hat es angezweifelt, ob die
Deutschen der Hauptstadt wirklich eine Sprachinsel bilden, allein mit
Unrecht. Unsere Landsleute sind in Prag seit den ältesten Zeiten an=
gesessen, sie waren es, welche der Stadt den städtischen Charakter
gaben. Durch sie ist Prag die einzige große Stadt Böhmens über=
haupt — alle andern Städte sind klein, da das bürgerliche Element
bei den Tschechen nur zu schwacher Entwicklung kam. Zählt man
bloß die Köpfe, so ist Prag allerdings vorwiegend tschechisch, wägt
man aber die Stimmen, so stellt sich die Bedeutung des deutschen
Elements sofort klar an den Tag. Der Großhandel und die wichtige
Industrie der Stadt sind fast vollständig in den Händen der Deutschen,
wie dieses seit Jahren unzweifelhaft durch die Wahlen zu den Handels=
kammern dargethan wird, die in ihrer großen Majorität trotz un=

glaublicher Gegenanstrengungen der Tschechen d e u t s ch ausfallen.
Auch ist ebenso unstreitig der deutsche Theil der Prager Bevölkerung
der gebildetere und wohlhabendere. Genau dieselben Verhältnisse
herrschen in der gemischten Stadt P i l s e n, wo ebenfalls die Tschechen
numerisch überwiegen. Man findet noch Angaben, daß Beraun,
Laun, Kuttenberg, Kolin u. s. w. gemischte Städte seien: früher, wo
die Bestimmung der Nationalität in Böhmen nicht so genau wie
heute genommen wurde, war das der Fall, heute sind diese Städte
als ganz tschechisch anzusehen. Trotzdem ist die Zahl der durch das
tschechische Gebiet zerstreuten Deutschen noch bedeutend und sie fällt
kleiner oder größer aus, je nachdem man die durchweg deutsch redenden
Juden ihnen beizählt oder nicht. Es ist eine sehr niedrige Schätzung,
wenn wir die über das tschechische Sprachgebiet zerstreuten Deutschen
auf 51,000, darunter 30,000 in Prag annehmen.

Stellen wir nun die einzelnen von den Deutsch-Böhmen bewohn=
ten Hauptgebiete, Grenzstreifen und Sprachinseln zusammen, so er=
halten wir folgende Uebersicht:

	D.=M.	Einw.
1. Das Hauptgebiet im Norden u. Nordw.	227,97	1,255,300
2. Der südwestliche Grenzstreifen . . .	60,65	193,100
3. Neubistritz und Neuhaus	7,60	33,400
4. Böhm. Theil der Iglauer Sprachinsel .	3,80	15,000
5. Böhm. Theil des Schönhengstler Landes	9,80	54,500
6. Das an's Glatzische grenzende Gebiet .	6,90	39,800
7. Das Riesengebirgsgebiet	25,91	165,700
8. Zerstreute Deutsche	—	51,000
Summa	342,63	1,807,800

Dieser Zusammenstellung des Gebietes und der Anzahl der
Deutsch-Böhmen gegenüber wird es nun leicht, S p r a ch g e b i e t u n d
Z a h l der Tschechen zu constatiren.

Die Tschechen haben bei weitem den größeren Theil Böhmens inne, sie verbreiten sich über das ganze Innere, weichen aber den gebirgigen Gegenden fast allenthalben aus. Mit dem Gebiete ihrer Stammesgenossen in Mähren, und somit mit dem gesammten Slaventhum, hängen sie nur durch einen schmalen $14\frac{1}{2}$ Meilen breiten Gürtel zusammen, der im Südwesten von Neuhaus=Neubistritz, im Nordosten vom deutschen Schönhengstler Lande begrenzt, außerdem noch von der Iglauer Sprachinsel durchbrochen wird. Das tschechische Gebiet Böhmens, dessen Größe man erhält, wenn man die oben erwähnten deutschen Gebiete von dem Gesammtgebiet abzieht (somit 560,22 niederösterr. Q.=M.) präsentirt sich als ein großes, etwas verschobenes Viereck, das sich mit seiner Basis an die mährisch=österreichische Grenze anlehnt. Es schiebt einmal die Zunge von Taus (Domažlice) gegen die bayrische Grenze vor, tritt dann zwischen Grazen und Neubistritz in das Erzherzogthum Oesterreich über und geht auch durch das Flußgebiet der Mettau bei Nachod ins Glatzische. Während nun die Deutschen zahlreiche Sprachinseln im tschechischen Gebiete bilden und auch vereinzelt in großer Anzahl unter den Tschechen wohnen, ist dieses umgekehrt nicht der Fall, denn nur eine einzige tschechische Sprachinsel ist vorhanden. Sie besteht aus 9 theilweise gemischten Dörfern um die deutsche Stadt Mies (Bezirk Mies, Kreis Pilsen) herum. Die deutsche Sprache ist in diesen Dörfern jedoch sehr verbreitet und der größere Theil der Einwohner zweisprachig. Rein tschechisch ist der Kreis Tabor, fast ganz tschechisch der Kreis Prag, zu 93 Procent der Kreis Tschaslau (dem nur die deutsche Iglauer Enclave Abbruch thut). Es folgen mit einer Intensität von über 80 Procent der tschechischen Bevölkerung der Chrudimer und Piseker Kreis. Zwischen 80 und 50 Procent nimmt die tschechische Bevölkerung ein in den Kreisen Königgrätz, Jitschin, Pilsen und Budweis. Sie sinkt unter 50 Procent in den übrigen Kreisen und ist gar nicht vertreten im Egerer Kreis. Die Anzahl sämmtlicher Tschechen in Böhmen beträgt nach der Zählung von 1857 (approximativ) 2,810,700.

Stellen wir nun — ohne Rücksicht auf die Juden — die beiden Nationalitäten Böhmens nach Größe des Sprachgebiets und der Seelenzahl einander gegenüber, so ergiebt sich

Deutsch 342,63 Q.=M. 1,807,800 Einw.
Tschechisch 560,22 „ 2,810,700 „

Da nun Böhmen einen Flächeninhalt von 902,85 niederösterreichischen Q.=M. (943,71 geogr. Q.=M.) besitzt, so entfallen auf das deutsche Sprachgebiet 37,50 und auf das tschechische 62,50 Procent. Die Einwohnerzahl des gesammten Königreichs betrug nach der Volkszählung vom 31. October 1857: 4,705,500. Es entfallen somit auf die deutsche Bevölkerung 38,3 Procent; auf die tschechische 60 Procent.

Diese Zahlen gelten für die Volkszählung vom Jahre 1857. Seitdem hat sich Böhmens Bevölkerung, wie die Zählung von 1869 bewies, um 400,000 Seelen gehoben, doch ist anzunehmen, daß durch diese Vermehrung das relative Verhältniß zwischen Deutschen und Tschechen sich nicht änderte. Ficker berechnet, daß in Böhmen gegenwärtig 3,200,000 Tschechen und 2,000,000 Deutsche leben und dieses mag der Wahrheit am nächsten kommen.

Es ist mir in Böhmen passirt, daß mir plötzlich auf tschechische Anfrage die Antwort im nächsten Dorfe ausblieb oder umgekehrt. Und doch sind die Uebergänge keineswegs so schroff, wie es hiernach erscheinen möchte, denn mehr oder minder, wo nicht physikalische Hindernisse dazwischen treten, zieht entlang der Sprachgrenze eine Reihe gemischter Ortschaften, in bald schmälerem, bald breiterem Saume, bald mit vorherrschend deutscher, bald mit überwiegend tschechischer Bevölkerung. Sehr auffällig ist dieses Verhältniß in der südwestlichen Gegend bei Prachatitz, das wir als Beispiel hier aus-

wählen.*) Dort läßt sich von einer scharfen Scheidung der Landes=
sprachen gar nicht reden, weil es einestheils Dörfer mit gemischter
Bevölkerung giebt, wie z. B. Geisbühel, Grilling, Drislawitz, So=
letin, Kliftau, und weil es anderntheils an der Sprachgrenze Ort=
schaften giebt, deren Einwohner meistentheils beider Sprachen kundig
sind, z. B. Altprachatitz, Woftrow, Woffek, Gahau u. a. Die Stadt
Prachatitz selbst wird von der Sprachgrenze, so zu sagen, durchschnitten,
indem in der „unteren" Vorstadt alles wohnt, was von tschechischem
Element vorhanden ist. Dieses ist numerisch aber sehr unbedeutend.
Nachdem tschechische Ortschaften nördlich und östlich bis an die Thore
der Stadt reichen,. mehrere von ihnen dahin eingepfarrt und einge=
schult sind, und nachdem daher die Städter mit ihren Nachbarn
tschechischer Zunge in stetem Verkehr stehen, so ist es natürlich, daß
beinahe jeder Prachatitzer auch der tschechischen Sprache mächtig ist.
Zur Alleinherrschaft ist das Deutschthum in Prachatitz erst 1791
gelangt.

Steht auch, wie wir hervorgehoben haben, seit dem Ende des
17. Jahrhunderts im ganzen genommen die Sprachgrenze fest, so
sind doch immer noch bis zu dem heutigen Tage kleine Schwan=
kungen herüber und hinüber bemerkbar, die leise beginnend im Ver=
laufe von zwei Generationen ein Dorf für die eine Nationalität ge=
winnen, für die andre verlustig machen können. Schule und Kirche
sind hier je nach der in ihnen herrschenden Sprache von großem Ein=
flusse. Wir wollen einige Beispiele anführen.

Von den deutschen Enclaven im tschechischen Sprachgebiet sind
einige im Absterben begriffen oder bereits abgestorben. Es gilt dies
natürlich nur von den kleineren Sprachinseln, die eines festen Haltes

---

*) Vergl. Mitth. des Vereins für Gesch. der Deutschen in Böhmen.
IV. 77.

entbehren, während größere, wie z. B. die von Iglau, genügenden Halt besitzen, um dem tschechischen Elemente zu widerstehen. Deutsch= Nepomuk, im Bresnitzer Bezirke des Piseker Kreises, wurde 1727 auf der Prager erzbischöflichen Domäne Rožmital von dem damaligen Erzbischof Graf Ferdinand Kuenburg von bayrischen Kolonisten be= gründet. Gegen Ende des Jahrhunderts hatte die Zahl der fleißigen Leute, die den Wald urbar machten, sich derart vermehrt, daß sie ein zweites Dorf, Neu=Nepomuk oder Neudorf, gründeten. Beide haben heute gegen 500 Einwohner, die zu einer ganz tschechischen Kirche (Alt=Rožmital) eingepfarrt sind und hierdurch, wie durch den stän= digen Verkehr mit tschechischen Nachbarn und Wechselheirathen mit diesen sich allmählich tschechisirt haben. Nur die ältere Generation spricht noch ein wenig „bayrisch" und hat eine Ahnung, daß ihre Vorfahren aus dem Reiche kamen.

Um dem Ackerbau und den Gewerben aufzuhelfen, begünstigte der erleuchtete Kaiser Joseph II. auf alle Weise die Einwanderung der Deutschen aus dem „Reiche" in seine Staaten. Am großartigsten wurde die Kolonisation im Banate und Ungarn betrieben, aber auch in tschechische Gegenden verpflanzte er Deutsche. Schlesische Einwan= derer gründeten 1785 das Dorf Kowansko im Bunzlauer Kreise; auf der ehemaligen Kameralherrschaft Pardubitz entstanden die deutschen Dörfer: Gunstdorf, Weska, Kleindorf, Teichdorf (Deutsch= Lan), Sehndorf, Dreidorf (Deutsch=Platnitz), Trauendorf, Maidorf, Streitdorf und Deutsch=Jesuitschan. Je nachdem diese Dörfer nun deutsche Schulanstalten hatten oder tschechischen Schulen zugetheilt wurden, ist auch die Tschechisirung im Verlauf von beinahe einem Jahrhundert mehr oder minder bei ihnen vorgeschritten. Während nämlich die Gemeinden Gunstdorf, Weska, Kleindorf und auch Sehn= dorf noch als rein deutsch bezeichnet werden können, hat die Zahl der Deutschen in Teichdorf, Dreidorf und Trauendorf schon bedeutend

abgenommen. In Maidorf und Streitdorf ist die deutsche Bevölke=
rung schon in der Minderheit, in dem ehemaligen Deutsch=Jesnitschan
aber schon ganz verschwunden.

In Tschaslauer Kreise wurden 1788 durch deutsche Familien
aus der Gegend von Böhmisch=Leipa die Dörfer Karlshof und Libins=
dorf gegründet; in der Klattauer Gegend entstand das Dorf Schön=
willkomm. Auch diese Dörfer sind heute großentheils abgestorben,
aus denselben Gründen, die bei Deutsch=Nepomuk aufgeführt wurden.
Tschechischen Angaben (Čechy. Země a národ) entnehme ich noch
folgende Angaben. Im Eingehen begriffen sind die deutschen Kolonien
Dalkowitz und Ábel, welche zu Ende des 17. Jahrhunderts vom
deutschen Reiche aus besetzt worden waren, ferner jene der Bergleute
bei Příbram und die deutsche Bevölkerung auf den parzellirten Höfen
in Bilskow, Brtew, Lukawetz und Oberneudorf, die im 18. Jahr=
hundert in der Nähe von Hořitz angesiedelt wurden. Ein allmähliches
Vorgehen der deutschen Bevölkerung ist nur im nordwestlichen
Streifen zu bemerken. Noch zu Schaller's Zeiten (1780) war Pit=
schan bei Leitmeritz tschechisch; ebenso befanden sich im Mittelgebirge
mehr tschechische, nun germanisirte Dörfer, als jetzt. Walsch im Elboge=
ner Kreise war gemischt, jetzt ist es deutsch. Ebenso herrschte noch die
tschechische Sprache östlich von Kopain (Kopania) und Střezimeřitz bei
Jaromjersch, dann bei Stahlau und Raschen (Rašovice) bei Böhmisch=
Aicha. Noch im Jahre 1829 wurden bei Saaz vier gemischte Dörfer
erwähnt: Welichow, Dreihofen (Záhoři), Bezděkow und Rybňan, die
jetzt germanisirt sind. Auch im Süden von Manetin ist die deutsche
Sprache vorgedrungen. Dagegen ist — außer den oben erwähnten
Beispielen — ein Vorgehen des tschechischen Elementes na=
mentlich seit 1845 unter dem Einflusse tschechischer Geistlichen und
tschechischer Schulmeister an vielen andern Orten wahrnehmbar. An
der bayrischen Grenze bemerkt man dieses namentlich bei Drosau

(Stražov); in Krummau und der Budweiser Gegend soll sich die tschechische Sprache heben. Die Stadt Budweis ist aber trotz aller Gegenanstrengungen, die namentlich von Seiten des Bischofs Valerian Jirsik und der unter im stehenden Geistlichen betrieben werden, vorherrschend und mit Entschiedenheit deutsch. In den gemischten Dörfern um Neu-Paka hat das tschechische die Ueberhand; dasselbe findet bei Hennersdorf (Hořejši Branna) und Hüttendorf (Zalesni Lhota) statt. Auch in der Umgebung von Wildenschwert und Deutschbrob soll das Deutsche nach jener tschechischen Quelle an Boden verlieren. Bei Leitomischl ist das Dorf Strakole (Strakov) schon tschechisirt und Riedweis bei Königgrätz, früher deutsch, wird als gemischt angesehen.

Bei den Wechselwirkungen, die seit Jahrhunderten herüber und hinüber zwischen den beiden Nationalitäten Böhmens stattfinden, bei dem häufigen Verschieben der Sprachgrenze nimmt es kein Wunder, wenn man die Ortsnamen nicht als ein Kriterium der letzteren aufstellen darf. Innerhalb des deutschen Sprachgebiets liegt eine große Menge slavischer Ortsnamen, ja man kann sagen, daß diese die Mehrzahl bilden. Nichts destoweniger giebt es Gebiete — namentlich in den Gebirgen, wohin der Slave nie vordrang, mit rein deutschen Ortsnamen.

Beraun und Karlstein.

Die im Jahre 1862 eröffnete böhmische Westbahn führt ein großes Stück des Landes jetzt nahe vor die Thore Prags, und Gegenden, die bisher von den Bewohnern der Hauptstadt nur selten aufgesucht wurden, werden nun von neugierigen Touristen förmlich überschwemmt. Die Scharka, Roftok, Bubentsch u. s. w. haben ihr ausschließliches Privilegium verloren und der Strom wendet sich jetzt mit Vorliebe dem vernachläſſigten Westen zu, um in deſſen romantischen Thälern, auf alten zerfallenen Burgen und im frischen Grün der Laubwälder oder unter düstern Tannen die Reize der Natur zu genießen. Bis nach Pilsen, bis nach Taus (Domažlice), der tschechischen ultima Thule, geht der Zug, bis dahin, wo an der bayrischen Grenze der grüne Kamm des Böhmerwaldes, die Schumava der Tschechen, den Deutschen ein nicht beachtetes Halt zuzurufen scheint.

Früher war das anders. Vom Nachmittage bis zum andern Morgen fuhr man mit dem „Stellwagen", ehe man nach Pilsen gelangte, und eine solche Fahrt hatte auch ihre Reize. Inmitten der Stadt, in dem alten, weitläuftigen Gasthofe „beim Platteis", der in Prags Localgeschichte eine Rolle spielt, stand der überaus schmutzige Stellwagen zur Abfahrt bereit. Bis zur nächsten Station, dem Städtchen Beraun, fährt er fünf Stunden und wir haben Muße, die Mitreisenden kennen zu lernen. Das Aujezder Thor war damals noch nicht der stattliche Bau, der jetzt vor unsern Augen aufsteigt;

der Wagen rumpelte hindurch nach dem Smichow und bog dann nach der jetzt veröbeten Landstraße rechts ab. Sie beginnt hinter Koschiř allmählich zu steigen, bei Motol springt ein mächtiger Grün= steinfelsen in sie hinein, der oben mit einem Kreuze gekrönt ist. Ueberall, rechts und links, wohin das Auge blickt, Heiligenbilder; bald ist es St. Florian, der in voller Rüstung mit Hammer und Zange an dem Hause eines Schmiedes angebracht ist, bald Johannes von Nepomuk an einem Bächlein mit Palmenzweig, Kruzifix und dem Sternenkranze über dem Haupte. Die blondköpfigen Kinder, die in den Dörfern an der Landstraße umherspringen, grüßen mit: Gelobt sei Jesu Christ! — und das Alles auf althusitischem Boden.

Die Straße führt immer steiler hinan; der Kutscher, ein echter Vollbluttschecke, der nur wenige Worte deutsch spricht, flucht und wettert auf die Pferde. Die Reisegesellschaft ist recht gemischt; mir gegenüber sitzt ein Sohn Israels aus Pilsen, er ist noch vom alten Schlage und man sieht es ihm an, daß er strenggläubig ist und koscher lebt. Er kehrt heim von den Geschäften, die ihn nach Prag riefen. Dort hat er sich den neuesten „Tagesboten" gekauft, er zieht ihn aus der Tasche und beginnt zu lesen. Mein Nachbar zur Rechten ist ein junger tschechischer Student, der in die Ferien reist; er ist in National= kleidung und schießt wüthende Blicke auf den Juden, der nichts Böses ahnt und über den doch das Gewitter hereinbrechen soll: „Warum haltet Ihr Israeliten, so beginnt er seine Rede in wohlgesetztem Tsche= chisch, warum haltet Ihr es mit den Feinden des Landes? Lebt Ihr nicht von tschechischem Brote?*) Trotzdem left Ihr die schmäh= süchtigen deutschen Blätter, die von Verunglimpfungen unsrer Nation

*) Beliebte Redensart. Oni jim česky chléb, sie essen tschechisches Brot, ist ein Vorwurf, den jeder Deutsche oder Jude täglich unter den Tschechen hören kann, wenn er nicht mit ihnen in dasselbe Horn stößt.

wimmeln! Wollt Ihr nie echte und wahre Söhne des Vaterlandes werden?"

Der Jude steckte seinen „Tagesboten" in die Tasche, schaute den jungen „Wlastenec" (Vaterlandsfreund) über die Brille eine Weile an und begann dann in eigenthümlich accentuirtem Tschechisch: „Herr Student, Sie sagen da viel auf einmal. Unsere Vorfahren wohnen seit länger als 1200 Jahren in diesem Lande und sind eine Wohlthat für dasselbe gewesen. Denn da, wo Ihre Nation ein Bürgerthum nicht zu schaffen verstand, wo eine Lücke sich zwischen Hoch und Nie= drig zeigte, da traten wir und die von Euch herbeigerufenen Deutschen ein und bildeten das Mittelglied. Wir leben von unserer Arbeit und nicht von Ihrem Brode, wir lesen die deutschen Blätter und halten zu den Deutschen, weil auf ihrer Seite Cultur und Handel sind."

Der Streit zog sich in die Länge und drohte heftiger zu werden. Als daher zur rechten das Plänerplateau des weißen Berges auf= tauchte, warf ich die Frage hin, ob dort nicht die berühmte Schlacht stattgefunden hätte? Der Student war wohlbewandert in der Ge= schichte seines Vaterlandes, ließ den Streit mit dem Israeliten und sprach ebenso fließend deutsch mit mir, wie vorher mit dem Juden tschechisch. „Dort oben haben die Deutschen und Jesuiten uns den Schlag versetzt, den wir zweihundert Jahre nicht verwinden konnten. Will's Gott, so kommen jetzt andere Zeiten. Die Morgenröthe bricht an und Männer wirken für unser Volk, so edel und tüchtig, wie sie wenig Nationen aufzuweisen haben. Hat man uns nicht geknechtet? War unsere heilige Muttersprache nicht aus den Landesschulen ver= bannt? Kennen Sie die strengen Patente Kaiser Josephs, der uns mit Gewalt germanisiren wollte?"

Das Sündenregister der österreichischen Regierung ward bis auf die neueste Zeit herab fortgeführt und den Schluß machte ein Knall= effect: „Nicht einmal Telegramme dürfen wir in unsrer Sprache in unsrem Lande befördern, während den fremden Sprachen nichts in den Weg gelegt wird."*)

Was konnte ich erwidern? Mir fiel es nicht ein, die Regierung zu vertheidigen, zumal der Herr Studiosus nicht in den gewöhnlichen Fehler verfiel und die Deutschen mit der Regierung identificirte.

Unter diesen Gesprächen war das Dorf Lobenitz erreicht. Der Kutscher mußte Durst verspüren und das Schild mit den Worten: „Plzensko pivo", Pilsener Bier, war in der That zu verlockend. Wir machten Halt. Auf der Thürschwelle der Schenke lagerten einige herumziehende Slowaken, die uns mit dem katholischen Gruße empfingen. Die armen Bursche, welche einen weiten Weg aus ihrem elenden Karpathenlande hierher haben, sahen recht verhungert aus. Aber es waren schöne Gesichter unter ihnen, sie waren hoch und schlank gewachsen und die lang auf die Schultern herabwallenden kohlschwarzen Haare standen ihnen gut. Sie boten ihre kleinen Draht= arbeiten an und der tschechische Student, in dessen Busen das Gefühl der tschechoslavischen Stammverwandtschaft wach wurde, griff gerührt in die, wohl nicht überfüllte Tasche.

Drinnen in der niedrigen Schenkstube sah es recht schmutzig und verräuchert aus; es war voll und ein wirres Durcheinander herrschte. An einem Tische abseits saßen zwei zerlumpte Männer, der eine spielte die Harfe, der andere die Geige. Die schrillen Töne wurden von dem Gesang einiger tschechischen Rekruten begleitet, die mit Sträußen an den Mützen, die dampfenden Pfeifen im Munde, hier die letzten Kreuzer verjubelten, welche ihnen die Mutter mit auf den Weg gab.

---

*) Erst Ende September 1866 wurde vom österreichischen Handels= minister die Erlaubniß zum Telegraphiren auch in tschechischer Sprache ertheilt. Es ist geradezu unbegreiflich, wie man unter nichtigen Vor= wänden von seiten der Verwaltung diese Erlaubniß verweigern konnte. Briefe mit tschechischer Adresse waren ja erlaubt!

Morgen müssen sie in Prag sein, da kommt das deutsche Commando und die cultivirende Seife und Jan, Pepik, Tomasch und Waclav werden deutsch lernen, sie werden auf Schildwache stehen und „hol= berdo" (halt wer da?) schreien. Und kommen sie dann einmal wieder auf Urlaub in ihr heimathliches Dorf, so sind sie stolze Männer in der weißen Uniform mit buntem Kragen, sprechen gut deutsch und wundern sich, daß die Marianka und Janinka so dumm sind und blos „böhmisch" sprechen. Marianka und Janinka aber denken: so klug wie die wollen wir auch bald sein. Sie gehen nach Prag in Dienst. Und dann kommen sie wieder und können deutsch sprechen, aber auch ein Kindchen bringen sie mit. Der Pepik und der Waclav haben ausgedient; sie kehren heim und nun nimmt der Pepik die Marianka und der Waclav die Janinka und den Müttern und Kindern ist geholfen.

Für uns Deutsche ist ein regelmäßiger, sargförmiger Hügel in der Nähe von Lodenitz besonders bemerkenswerth. Hier stritten im elften Jahrhundert zwei Premysliden, Friedrich und Sobeslav mit= einander. Auf Friedrichs Seite standen deutsche Hilfstruppen. Sie wurden geschlagen. Dem gefangenen Führer der Deutschen schnitten die Sieger Nase und Ohren ab und begruben ihn lebendig, indem sie in ihren Helmen so viel Erde zusammentrugen, bis jener regel= mäßige Hügel entstand. Ich habe den Berg nicht näher untersucht, ob er ein künstlicher Tumulus oder nur ein Naturspiel ist. Aber die Gegend zeigt viele „Hünengräber" und auch die Hradischte, jene sonderbaren Ringwälle, die sich durch ganz Osteuropa hinziehen, finden sich häufig.

Es war schon dunkel, als der Stellwagen über die Brücke der Beraunka nach der alten Königsstadt Beraun hineinfuhr. —

So war die Fahrt auf der Pilsener Straße, über die damals Wagen an Wagen mit Eisen, Brettern, Holz und allen möglichen

Waaren dahinzogen. Jetzt ist es dort ziemlich still. Mit der West=
bahn erreicht man Beraun in einer Stunde und die Fahrt mit dieser
über Kuchelbad, Königsaal und durch das romantische Thal der Mies
ist bei weitem angenehmer.

Da lag das alte Städchen vor mir, freundlich, anziehend und
doch so bescheiden. Ringsumher treten die Berge in weiten Bogen
zurück und schließen eine fruchtbare Ebene ein, durch die wildschäu=
mend mit unregelmäßigen, bald sandigen, bald felsigen Ufern ein=
gefaßt, der Beraunfluß sich hindurchwindet. Fast alle Abhänge der
Berge sind kahl und von weißer glänzender Farbe, denn der ober=
silurische, versteinerungsreiche Kalkstein tritt häufig zu Tage. Weiter
nach Südwesten zu erhebt sich ein langgestreckter massiger Bergrücken,
es ist der Lisek oder Haselberg und stolz hinter diesem bis zu 1900
Fuß aufsteigend die Kruschnahora, jener erzreiche Höhenzug, auf
dem noch prächtige Buchenbestände an die einstige Herrlichkeit der
böhmischen Wälder erinnern, die sprüchwörtlich geworden, aber in
Wahrheit schon sehr verschwunden sind.

Beraun ist eine alte und zum Theil noch recht alterthümliche
Stadt, die in der böhmischen Geschichte eine Rolle spielte. Karl IV.,
jener Kaiser, dem Böhmen nicht genug danken kann, von dessen
Ruhme jede Scholle des Landes predigt, nannte auch Beraun „Verona
mea“ und die Bürger des Städtchens sind heute noch stolz auf das
Prädicat „Königlich“, das ihr Ort führt. Der Name soll weder
slavischen noch germanischen Ursprungs, sondern keltisch und mit
Brünn, Bern und Verona gleichbedeutend sein. Schon vom Flusse
her präsentirt sich der Ort sehr malerisch. —

Reste alter Stadtmauern, aus Backsteinen aufgeführt und mit
kleinen spitzdachigen Thürmen besetzt, von denen zierliche Giebel und
Fialen sich abheben, umgeben Beraun, das etwa 400 Einwohner
zählt. Hohe Kirchthürme und größere Bauten findet man freilich

nicht, aber die zwei alten Hauptthore, das „Prager" und das „Pil=
sener" erfreuen das Auge des Alterthumsforschers. Stattlich prä=
sentiren sich die hohen spitzbogigen düstern Einfahrten mit den
tschechischen Inschriften darüber, die uns ankündigen, daß wir uns
hier auf rein slavischem Boden befinden. Wir stehen bald auf dem
Ring, dem großen schlecht gepflasterten Marktplatze, der von nie=
drigen Häusern mit weiten rundbogigen Thoreinfahrten umgeben ist.
Hier und da tritt uns noch ein Erker entgegen oder ein zierlicher
Renaissancegiebel erhebt sich in die Luft. Inmitten des Platzes fehlt
auch er nicht, dem jeder echte Böhme Liebe und Verehrung entgegen=
trägt, der heilige Johannes von Nepomuk. Dort steht er auf dem
alten Brunnen, „hell glänzen die Sternlein ihm um das Haupt, daß
selig das Volk wird, das an ihn glaubt!" In der Rechten hält er
den Gekreuzigten, in der Linken den Palmzweig, unter ihm sprudelt
frisch das Wasser des Brunnens, von dem die Dirnen der Stadt
schöpfen, wo sie allabendlich ihr Stelldichein mit dem „Schamster"
haben. Außer dem Ring hat Beraun keinen Platz und nur wenige
kurze Straßen führen nach rechts und links; wenige Fabriken erheben
ihre hohen Essen in der Umgebung der Stadt, die im Ganzen von
einer armen Bevölkerung bewohnt wird. Die „Noblesse" wird meistens
durch Beamte vertreten, die in unverhältnißmäßig großer Zahl sich
hier aufhalten. Leuchtet uns doch überall der k. k. Doppelaar ent=
gegen, bald am Bezirksgericht, bald an der Post, den Tabakstraffiken
und der Gensdarmeriewache. Ist denn Beraun so gut kaiserlich?
Ach nein, wir lernen die Spießbürger kennen und finden bald, daß
sie nur „königlich" gesinnt, daß ihnen der Kaiser von Oesterreich nur
als „naše česky kral", unser böhmischer König gilt.

Ich stieg in einem Wirthshause am Ring ab, wo mich das
kokette „Stubenmädl" in wohlgesetztem Deutsch empfing und in ein
großes, nicht gerade sehr einladendes Zimmer geleitete. Auch an den

Wänden manifestirte sich das Tschechenthum; da hingen sie, alle die großen Führer der Nation von heute. Der greise Historiker Franz Palazky mit dem langweiligen Professorgesicht; Ladislaus Rieger mit dem deutschen Namen, dem grimmigen Auge und dem tschechischen Herzen; Klauby mit dem schönen blonden Vollbart, und dort end= lich in der Tschamara, dem schnurenbesetzten „Nationalkleide", Karl Havlitschek, der Journalist, der zu früh für die Tschechen in Folge der Quälereien, welche die Regierung an ihm verübte, dahinstarb. Sie alle thronten über meinem Bette und schienen mich zu fragen: „Was willst du deutscher Fremdling auf diesem slavischen Boden? Weißt du nicht, daß Böhmen nie zu Deutschland gehörte, daß wir mit euerm Lande nichts zu schaffen haben wollen? Ins Grab mit dem überlebten, altersschwachen Germanien! Unser ist die Zukunft, uns allein gehört sie, den jugendkräftigen Völkern slavischer Zunge."

Das waren schöne Auspicien für meine Nachtruhe; ich riß das Fenster auf und schaute auf den Ring hinaus, ob denn wirklich hier so gar nichts Deutsches zu finden wäre. Aber nein! Das Erste was ich erblickte waren einige barfüßige, zerlumpte Mitglieder der Berauner Straßenjugend, die sich an einem nationalen Spiel, Spatschek, er= götzten. Sie waren unermüdlich darin, ein kleines, etwa drei Zoll langes, an beiden Enden zugespitztes Hölzchen sich mit Stäben ein= ander zuzuwerfen. Meine Wiege stand nicht an der Moldau, Sazava oder Mies, ich bin daher auch nicht näher in die Mysterien des Spat= schek eingedrungen und kann dessen Regeln nicht verrathen; in den deutschen Gegenden Böhmens scheint aber dies Spiel nicht bekannt zu sein.

Die Töne eines Leierkastens schallten von der Straße herauf an mein Ohr; meist waren es national=tschechische Weisen, welche das alte zahnlose Weib dem Instrument entlockte, und wie höhnend er= klang es plötzlich:

Šuselka nám píše —

„Schuselka schreibt uns aus dem deutschen Reiche, daß wir den Deut=
schen zu Hilfe kommen sollen, denn sie haben Bauchgrimmen bekom=
men." — An Spottliedern auf uns fehlt es in Böhmen gerade
nicht; wenn sie auch nicht alle zur Orgel gesungen werden oder ge=
druckt sind, so gehen sie doch schriftlich von Hand zu Hand und er=
regen den Haß gegen alle „Frankfurter", wie man die Deutschen zu
nennen pflegt. Auch schöne Lieder, so etwa wie unsere „gedruckt in
diesem Jahr", verkauft die alte Hexe dort unten; drauf ist ein roher
Holzschnitt angebracht: ein zierliches Mädchen pflückt Aepfel von einem
Baume. Die Ausführung dieses xylographischen Werkes erinnert an
die Vignetten auf den Tabakspacketen von Nathusius — alles zeigt
an, daß diese Druckwerke auf einem sehr niedrigen Standpunkte
stehen; aber niedrig, sehr niedrig würden sie dem tschechischen Patrioten
schon um deßwillen erscheinen, weil sie nach der alten Rechtschreibung
und — horribile dictu — mit deutschen Lettern gedruckt sind, denn
groß und breit steht auf dem einen: „Nowa pjsen Mladencum a
pannam." Die Tschechen gebrauchen bei ihren Druckwerken jetzt stets
die lateinischen Lettern, und nur allerlei Volksschriften werden noch
mit deutschen Buchstaben gedruckt; die heranwachsende Jugend bedient
sich aber schon meistens der lateinischen Lettern.

Unten im Schenkzimmer waren die Lichter angezündet worden;
es wurde lebhaft, und die erbgesessene Bürgerschaft Berauns rückte
heran; der eine im gewöhnlichen Rocke, der andere in der neuerfun=
denen Tschamara. Auch ein junger Kaplan, in langem schwarzem
Rocke fehlte nicht. Ich ging auch hinab. Das „Stubenmädl", das
oben recht gut deutsch gesprochen hatte, antwortete mir hier unten
auf meine Fragen nach einer deutschen Zeitung kurz tschechisch: „Ne=
máme." Wir haben keine. Ich wußte also, von welcher Seite hier
unten der Wind blies, und ich mußte mich schon bequemen, mit

meinem gerade nicht sehr guten Tschechisch herauszurücken, wenn ich
mit den Herren verkehren wollte. Das Mädchen hatte Recht: nur
gut tschechische Blätter, wie die Narodni listy, der Pokrok und das
schmutzige Witzblatt Humoristicke listy lagen auf.

Die Gesellschaft vergrößerte sich immer mehr. Da war ein
Gerber, ein Klempner und auch der Herr „Purkmistr" (Bürger=
meister), seines Zeichens ein Müller. Sie alle waren Mitglieder des
Gesangvereines „Slawosch", dem vor kurzem die Jungfrauen des
Städtchens eine neue Fahne gestickt hatten; diese und der darauf an=
gebrachte böhmische Löwe bildeten das einleitende Gespräch, das sich
durch eine einfache Ideenverbindung bald von dem doppelgeschwänzten
Leu zur „česka koruna" wandte. Die „tschechische Krone" ist diesen
Leuten das politische Evangelium, ihr Eines und Alles. Der Kaplan
nahm eine Prise und erklärte, man dürfe mit der Vereinigung von
Böhmen, Mähren und Schlesien unter einem auf dem Hradschin thro=
nenden Könige sich nicht begnügen; preußisch Schlesien, die Lausitz, wo
100,000 slavische Brüder unter deutschem Joche seufzten, gehörten
von rechtswegen auch dazu*) und früher, zu den Zeiten Karls IV.
habe Böhmen bis an die Ostsee gereicht; man müsse auch ein Stück
Meer besitzen, schon Shakespeare habe von den Küsten Böhmens
im Wintermärchen gesprochen, und Berlin, Dresden und Breslau
dürften Provinzialstädte werden, die, wenn ihnen erst die Segnungen
slavischer Cultur zu Theil würden, allmählich erblühen könnten.

Der geistliche Herr trug dick auf, aber desto größer wurde sein
Ruhm als „Wlastenec". Er schrieb auch die Correspondenzen für die

---

*) Ein tschechischer Candidat der Rechte erbot sich bei seiner Doctor=
promotion am 7. Nov. 1866 öffentlich folgende These zu vertheidigen:
„Trotz des Länderpurificationssystems und Aufhebung des Lehenbestandes
besteht der Anspruch der Krone Böhmens auf die Lausitz noch immer
aufrecht."

Narodni listy und protestirte gegen den Namen „Pochmatow", den man der guten Stadt Beraun beigelegt hatte, um es zu einer Art tschechischen Abderas zu stempeln. Kein Schadenfeuer, keine Gassen= geburt, kein Diebstahl, keine Rauferei entgingen seiner gewandten Feder und Beraun glänzte daher unter den Correspondenzen der Narodni listy als treutschechische Stadt obenan. Man hatte der Politik genug gethan und weidlich auf die Deutschen geschimpft; wer hätte also den edlen Kämpen für Nationalität und Freiheit eine Er= holung verargen können? Frischer Dreikönigstabak, gewachsen auf Ungarns Fluren und verkauft in der kaiserlichen Traffik ward in die braungerauchten Meerschaumpfeifen gestopft und das Pilsener Bier im Glase erneuert. Dann gruppirte man sich zu einem „nationalen" Kartenspiel um die Tische. Die dabei gebrauchten Karten sind frei= lich die italienischen, aber das Spiel selbst „Schestadwacet" (Sechs= undzwanzig) scheint in Böhmen entstanden zu sein.

Ich war unschlüssig, wohin ich meinen Fuß weiter wenden sollte. Stromaufwärts nach Westen zu oder in entgegengesetzter Richtung? Die Wagschale schwankte. Ging ich nach Westen, so kam ich zunächst in die Eisenindustriegegend, dahin, wo zwischen roman= tischen Bergkuppen die Gichtflammen der Hochöfen gen Himmel lodern, wo die Eisenhämmer ihr gleichmäßiges Ticktack erschallen lassen, und schwarze rußige Gestalten in den großen Wäldern das Holz zu Kohlen brennen. Dort balzt noch der Auerhahn, streift das Wildschwein umher und bricht der stolze Zwölfender in die Saaten des armen Landmanns ein. Dort wühlt bei Tag und Nacht das geschäftige Volk der Bergleute in den Eingeweiden der Erde und fördert das Eisenerz, dort erhebt sich stolz zwischen waldigen Bergen die alte gothische Burg Pürglitz, das Křivoklat der Tschechen, wo in ein= samer, stiller Abgeschiedenheit Erzherzog Ferdinand von Oesterreich mit seiner schönen Philippine Welser wohnte, die ihm hier ihren

zweiten Sohn, Karl von Burgau, gebar. Dort zieht sich die wilde
Thalschlucht Dupoř hin, die noch wenig gekannt ist und an ihrem
Ausgang blicken die verwitterten Ruinen von Tjřow auf die Flu=
then der tannenumkränzten Mies herab. Einst war sie ein stolzes
Jagdschloß des faulen Wenzel, der, wie die Sage geht, beim Königs=
stuhl von Rhense für eine Tonne Asmannshäuser den Kaiserhermelin
in Rupprechts von der Pfalz Hände legte. Mehr nach Südwesten
erheben sich zwei andere sehenswerthe Ruinen, die viel von vergan=
gener Pracht und Herrlichkeit zu erzählen wissen: Totschnik und
Žebrak; dort liegt bei einem steilen Kieselschieferfelsen am Fuße des
Kruschnaberges das Dorf Hublitz, wo ein neuer Messias der
Tschechen, Josef Jungmann geboren wurde. Dort endlich er=
blicken wir zwischen Wäldern einsam und verborgen das Dörflein
Swata, in welchem die Reste einer Husitengemeinde aus dem sil=
bernen Kelche der Vorfahren noch heute das Abendmahl unter beiderlei
Gestalt nehmen.

Heute senkte sich mir die Wagschale zu Gunsten der entgegen=
gesetzten Seite. Also stromabwärts, hin zu dir, Tetin, zu euch, ihr
romantischen Felsen von Srbsko und zu dir, Krone aller Burgen
Böhmens, du unvergleichliches Karlstein!

Stromabwärts von Beraun beginnen die Flußufer wieder steil
anzusteigen und nur mit Mühe und vielen Kosten hat man einen
Durchgang für die Eisenbahn ausfindig gemacht. Ich folgte den
engen Pfaden, die sich durch die Kalksteinfelsen hinschlängeln und er=
reichte nach kurzem Marsche Tetin. Einige elende Bauernhäuser,
aus roh behauenen Holzbalken aufgeführt, repräsentiren jetzt das
Dorf, das einst eine bedeutende Stadt gewesen sein soll. So erzählt
wenigstens das Volk. Doch müssen wir uns mit den Berichten über
große alttschechische Städte sehr in Acht nehmen. Tetin war eine
Burg (grad), um welche die Wohnsitze (sedla, osady) der alten

Slaven angelegt waren. Hiervon weiß auch die beglaubigte Ge=
schichte zu erzählen, von der „großen Stadt" nimmt sie jedoch keine
Notiz. Noch stehen vier Kirchen in dem kleinen Orte, deren Grund=
mauern jedenfalls uralt sind. Die Sage breitet ihren Schleier über
Tetin aus: hier ward die heilige Ludmila, die Gemahlin Boriwoj's,
des ersten christlichen Herzogs von Böhmen, erschlagen, und alljähr=
lich ziehen am Tage der Heiligen von nah und fern die Landleute
gläubig herbei, um ihre Verehrung zu beweisen. Es ist gleichsam
als ob ein geheimnißvoller Zauber den Tschechen nach Tetin lockt;
dort steht er oben auf den hohen Bergen und schaut hinab in den
Strom, hinter sich in die fruchtbare Landschaft — und vom Schiff=
lein da unten, das auf den Wogen der Beraunka tanzt, klingen die
herrlichen Weisen tschechischer Volkslieder herauf:

Nad Berounku pod Tetinem
Ruže již se červena. —

Wir vernehmen deutlich die Worte; Melodie folgt auf Melodie,
eine gewaltiger und ergreifender als die andere — echte Kinder des
Volkes und der Natur, voll unendlichen Schmerzes, voll Sehnsucht
und tiefer Wehmuth; so ertönen sie in Mollweisen einschmeichelnd
und berauschend, doch nie zur Freude und Lust stimmend. Wie oft
habt ihr meine Seele ergriffen, ihr Lieder von hohen Bergen und
tiefen Thälern, wie oft lauschte ich, selbst ein Fremdling und ver=
lassen im Lande der Tschechen, dem Gesang vom treulos verlassenen
Mädchen, der Romanze von Břetislaw und Judith!

Ich stieg auch hinab zum Flusse und setzte mich in einen Kahn,
der langsam stromabwärts trieb. Die Felsen traten immer näher an
den Fluß heran, der sich in mannichfachen Krümmungen hindurch=
schlängelt. Da liegt das Dorf Srbsko und bei ihm ist der roman=
tischste Punkt an der Beraunka erreicht. Obstbaumgärten umgeben
die strohgedeckten Häuser, die in einer Schlucht zwischen den Bergen

erbaut sind und von keiner Straße, als der Wasserstraße der Beraun berührt, einen gänzlich abgeschlossenen Ort bilden, in dem man fern von aller Cultur unter tschechischen Böotiern verfauern kann, ohne etwas von dem Getümmel der Welt, dem Hasse der Parteien zu vernehmen.

Noch immer erblickt man Karlstein nicht, und doch müssen wir ganz nahe dabei sein. Zur Linken erhebt sich endlich auf einem Hügel das Dorf Budňan mit dem kleinen Palmatiuskirchlein, zur Rechten das einzelne Gehöfte Poutschnik und bei demselben ein gutes Wirthshaus. Dorthin lenkte ich den Kahn und dort sah ich zuerst, gleichsam eingerahmt wie ein Bild, die mächtige Burg, thronend auf einem schroffen Kalksteinfelsen und rings umgeben von höheren, steilen, kahlen Bergwänden, die wie Wächter das Kleinod in ihrer Mitte zu schirmen scheinen. Da steht Karlův týn mit dem massigen, viereckigen Hauptthurm, mit Erkern und zinnengekrönten Mauern, mit den vielen Nebengebäuden, die Paläste und Kapellen in sich schließen, halb erhalten, halb verfallen, zerstört durch Belagerungen, die Macht der Elemente und verständnißlose Restauratoren. Es ist ein wunderbar überraschender Anblick, den die Burg bei ihrem gleich= sam zauberhaften Hervorspringen auf den Beschauer hervorbringt und doch ein Bild vergangener Herrlichkeit, ein Zeugniß aus den großen Tagen der Tschechen, mahnend an den dahingeschwundenen Glanz der königlichen Herrlichkeit Böhmens — der nicht wieder kommen soll.

Auf einer Fähre setzte ich über den Fluß und schritt den in die Felsen eingesprengten Weg zur alten Burg hinauf. Was ist es denn, was uns bei Karlstein so unwiderstehlich anzieht, so ungleich mehr fesselt, als bei vielen andern Burgen? Warum treten andere Berg= schlösser, selbst unsere Wartburg, hier in den Hintergrund, obgleich sie in architectonischer Beziehung bei weitem Karlstein überragen? Es ist das unmittelbar überkommene Alterthum, der ursprüngliche

Inhalt, der uns freilich nur noch sehr lückenhaft in den erhaltenen Kunstschätzen entgegentritt. Die meisten Burgen unserer Zeit sind so sehr restaurirt, daß von dem Ursprünglichen nur wenig übrig blieb; das Innere ist mit Waffensammlungen und anderm archäo= logischen Inventar ausgeschmückt, das von allen Ecken der Welt zu= sammengekauft wurde und die Wandgemälde, welche z. B. die Wartburg schmücken, sind von modernen Meistern ausgeführt. Was wir aber auf Karlstein erblicken, ist unzweifelhaft echt, war von je hier an Ort und Stelle gewesen und ist zum Theil über 500 Jahre alt.

Nachdem Karl IV. den großartigen gothischen Veitsdom auf dem Hradschin gegründet hatte, beschloß er in demselben Jahre, in welchem die Prager Universität, die erste Deutschlands, gestiftet wurde, auch einen sicheren Platz für die deutschen und böhmischen Reichs= kleinodien zu schaffen. Der Meister, der den Plan zum Prager Dom entworfen hatte, Mathias von Arras, erhielt im Jahre 1348 den Auftrag, diese Burg zu bauen und Bischof Ernst von Pardubitz legte am Pfingstdienstage, den 10. Juni 1348, den Grundstein dazu. Beinahe neun Jahre währte der Bau und am 27. März 1357 ging von eben diesem Bischof die Einweihung vor sich. Die Burg trägt den Namen ihres Gründers; er ist ganz deutsch; denn es war in Böhmen schon von früherer Zeit her Sitte, daß selbst tschechische Adelige ihre Burgen mit deutschen Namen belegten, dafür zeugen Klingenberg, Schreckenstein, Rosenberg, Sternberg u. A. Im Grün= dungsinstrument kommt nur der Name „Karlstein" vor, ältere tsche= chische Schriften haben „Karlsstein" und die neuere Form „Karlův tyn" ist nur eine schlechte Uebersetzung, welche den deutschen Namen ausmerzen soll. In der Stiftungsurkunde heißt es: in castro nostro Carlstein quod funditus de novo construximus et nostrii proprii nominis adjectione pro nostra majori memoria, duximus appelandum, ut videlicet Carlstein a Carolo nominetur.

Damit die Burg nicht ohne Vertheidiger dastehe, wurden die zwei und zwanzig Karlsteiner Lehen gegründet, deren Besitzer zu jeder Zeit mit Roß und Reisigen herbeieilen mußten, um den heiligen Ort zu beschützen; denn zwei Kapellen mit einer Menge kostbarer Reli= quien barg das Innere, und wir können uns eines Lächelns nicht erwehren, wenn wir unter den Reliquien folgende angeführt finden: Pars de virga Aron, quae refloruit. Lapis magnus ubi Dominus fuerat a Diabolo tentatus: dic ut lapides panis fiant. Digitus St. Joannis B. quo monstravit Christum, dicens: ecce agnus Dei. — So ward Karlstein ein großes Reliquiar, zu dessen Ausschmückung die ersten Künstler der Zeit berufen wurden und an dessen Thoren die Wächter allstündlich warnend ausrufen mußten:

„Dále nod hradu, dále
At' té nepotka neštésti nenadále!"

„Fern von der Burg, fern, damit dich nicht unversehens ein Unglück überrasche!" Aber die Reliquien waren nur Ausschmückung der Burg, nicht um derentwillen war sie erbaut worden. Hauptsächlich war Karlstein dazu bestimmt, den deutschen und böhmischen Reichskleinodien, dann wichtigen Landesurkunden als eine sichere Aufbewahrungsstätte zu dienen. Sie ruhten in einer Nische der Kreuzkapelle hinter dem großen Altar, dort auch fand eine Zeitlang die ehrwürdige deutsche Kaiserkrone Schutz, die von Prag hierher geführt wurde, bis Karls Sohn, Kaiser Sigismund, sie 1420 nach Ofen flüchtete, damit sie den husitischen Banden nicht in die Hände fiele, welche dem Karlstein soviel Unbill zufügten.

Heute sind die Rufe der Mannen, die das Dále od hradu, dále ausriefen, verstummt und ein alter Kastellan mit klapperndem Schlüsselbund geleitet uns durch die veröbeten Hallen und erzählt Burgmärchen, die ihren Ursprung aus der berüchtigten böhmischen Chronik des Domherrn Hajek von Libotschan nicht verleugnen können.

Ein einziger künstlich ausgesprengter Weg führt durch zwei Eingangs=
thore in den Vorhof oder Zwinger, der von Kanzleigebäuden einge=
rahmt wird, und an diesen schließt sich die Burg, das Wohngebäude
Karls, mit langer, fünf Stockwerk hoher Front. In den hohen,
weiten Hallen sieht alles traurig und verödet aus; auf dem Gyps=
boden rascheln Mäuse hin und in dem Getäfel der mit Eichenholz
belegten Wände bohrt und nagt der Holzwurm. Man zeigt in diesem
Gebäude noch eine Statue des heiligen Nicolaus aus Lindenholz, die
Karl selbst geschnitzt haben soll; allein nach ihrem ganzen Habitus,
nach der Art des Faltenwurfes ist sie jünger. Es ist dieser Wohn=
palast des Kaisers der interesseloseste Theil der Burg, indem nur die
theilweise mit Wappen versehenen Rüstkästen der alten Lehnsritter
den Heraldiker einigermaßen anziehen können.

Von dem Wohngebäude führt ein überbrückender Bogen nach
der Collegiatkirche, die zugleich Dechanatswohnung war und deren
unterirdische Räume als Burgverließ und Gefängniß benutzt wurden.
Sie führen merkwürdiger Weise den Namen „Čerwenka", d. h.
Rothkehlchen, vielleicht nach dem ersten Bewohner, und wissen viel
von vornehmen Verbrechern, von Folter und Staatsgefangenen zu
erzählen; der Custos zeigt noch einen ausgemauerten Gang, durch den
die Gefangenen von einer der oben befindlichen Hallen herabgelassen
wurden. Mit mehr Wahrscheinlichkeit kann man diesen aber für einen
wälschen Kamin ansehen.

Ursprünglich war wohl nicht die Anlage von Kerkern und Ver=
ließen in der „heiligen" Burg beabsichtigt gewesen; allein schon unter
Karls Sohn und Nachfolger Wenzel ward sie entweiht und geschahen
dort profane Dinge. In dem Wohngebäude Karls auch geschah von
vier böhmischen Edeln (Burghard Strnad, Stephan Podufchka, Ste=
phan von Opotschno und Markolt von Worutitz), welche der Burg=
graf Hanusch nebst Spießgesellen 1397 niederstieß mit den Worten:

„Ei, Ihr Herren, Ihr ſeid es ja, die dem Könige rathen, nicht nach
Deutſchland zu gehen, — Ihr ſeid es, die ihn um das deutſche Reich
bringen wollen.''

Karlſtein hat dann ſpäter noch Scenen ganz anderer Art ſehen
müſſen, die ihm den heiligen Charakter gänzlich abſtreiften. In der
Gründungsurkunde war ausdrücklich hervorgehoben worden, daß kein
Weib in die heiligen Räume treten, geſchweige denn im Thurme
ſchlafen darf. Wenig mehr als 200 Jahre waren ſeit Gründung
der Burg vergangen, in der Karl betete und in frommer Abgeſchie=
denheit von der Welt lebte, als dort Liebesabenteuer ſpielten, die nicht
zu den ſittſamſten gehörten und eine Romantik anderer Art dort
Platz griff. Von 1600—1605 war Jan von Wreſchowitz Burg=
graf auf Karlſtein; ſeine ſchönen Töchter mögen den Aufenthalt dort
wohl etwas langweilig gefunden haben, ſie ſehnten ſich nach Aben=
teuern. Da erſcheint François de Baſſompierre, der bekannte
franzöſiſche Marſchall, der vollendete Hofmann auf der Burg. Ihm,
das weiß man, konnte kein Weib widerſtehen, die Zahl ſeiner galanten
Abenteuer iſt Legion; er vermählte ſich heimlich mit der Prinzeß von
Lothringen=Guiſe, und führte einen langen Proceß mit dem Fräulein
von Balzac, der er die Ehe verſprochen. Auf Karlſtein erſcheinen
und das Herz des ſchönen Burgfräulein Anna Sybilla von Wreſcho=
witz gewinnen war eins. Die „jeune dame d'excellente beauté,
en age de dixhuit ans'' hielt ihn in ihrem Kämmerlein verborgen
und verpflegte ihn da. Das alles im Karlſtein, von dem Karl be=
ſtimmt hatte: Ne in turri Castri Carlsteinensis, in quo Capella
dominicae passionis cum aliqua muliere, etiam uxore legitima
dormire seu jacere liceat.

Im zweiten Stockwerke des Palas befindet ſich die Kirche
Maria Himmelfahrt, in der noch heute Gottesdienſt abgehalten
wird, und in ihr fühlt ſich der Beſchauer ſchon dadurch zur Andacht

hingeneigt, weil er hier die ersten Kunstwerke aus der Zeit der Grün=
dung der Burg antrifft. Es sind Wandgemälde, welche Darstellun=
gen mit Versen aus der Apokalypse und eine Maria mit dem Christus=
knaben in Lebensgröße enthalten. Aber alles ist arg beschädigt, ver=
blichen und erregt den Zorn gegen die Vandalen, die hier gehaust
haben. Da ist der siebenköpfige Lindwurm, sind untergehende Städte,
allerhand Dämonen, Engel, Reiter und geängstigte Menschen; die
Gestalten sind ungemein lebhaft gehalten, es ist freie Bewegung in
ihnen und die Phantasie des Künstlers ist zu bewundern. Die Bilder
zeigen, nach Kuglers Urtheil, „einzelne großartig giotteste Figuren.“
— An der Wand rechts vom Hochaltar sind auch drei, noch ziemlich
gut erhaltene Wandgemälde angebracht, welche Scenen aus dem Leben
Karls darstellen. Auf dem einen ist der Kaiser mit seiner Gemahlin
Blanka abgebildet, wie er ihr ein Kreuz überreicht; auf dem zweiten
giebt er seinem Sohne Wenzel einen Ring, auf dem dritten betet er
an einem Altare. Die lebensgroßen Gestalten haben etwas Süß=
liches; sie sind ganz im Style der deutschen Schule ausgeführt und
als ihr Meister gilt, wohl nicht mit Unrecht, Nicolaus Wurmser
von Straßburg. Denn dieser Maler war 1359 herbeigerufen worden,
um die Schlösser des Kaisers auszumalen, (ut pingat loca et castra)
und dicht bei Karlstein erhielt er ein Gut zum Geschenke.

Von der Marienkirche führt eine eiserne Thür nach der Ka=
tharinenkapelle, die vielleicht einzig in ihrer Art dasteht. Sie ist
so klein, daß sie höchstens zehn Personen faßt und war das Sanc=
tuarium des Kaisers, der hier, ganz abgeschieden von der Welt, oft
Tage lang in Bet= und Bußübungen zubrachte. Und damit nichts
ihn in seiner frommen Versunkenheit störe, ließ er sich die Nahrungs=
mittel durch ein Loch in der Wand zuschieben. Das ist der Ort, von
dem der tschechische Patriot Rieger sagt: „Hier wohnte, hier betete,
hier vergaß zuweilen seiner selbst, aber nie seiner Böhmen, der ge=

liebste Karl!" Den Namen Katharinenkapelle ertheilte Karl mit
Rücksicht auf den Sieg, welchen er 1332 am Tage dieser Heiligen
beim Castell St. Felice erfochten; an demselben Tage war er auch
1355 durch die Tapferkeit seiner böhmischen Begleiter beim Ausbruch der Verschwörung des Gambacurta in Pisa aus den Händen
der Empörer befreit worden.

Alle Pracht, die man in damaliger Zeit verwenden konnte, wurde
in dieser Kapelle angebracht und obgleich vieles im Laufe der Zeit
verdarb oder entfernt wurde, so blendet sie doch noch heute den Beschauer. Von geschliffenen Halbedelsteinen funkeln die Wände, da
wechselt Karneol, Amethyst und Jaspis, die uns aus einer vergoldeten
Gypsunterlage entgegentreten. Die architektonischen Verhältnisse sind
überaus zierlich und reizend. Die Decke wird durch ein doppeltes
Kreuzgewölbe mit zierlichen Gurten gebildet, zwischen denen sich blaue
Sterne auf Goldgrund abheben, die Schlußsteine der Wölbung sind
silberne mit Edelsteinen besetzte Scheiben und durch die mit Glas-
malereien geschmückten Fenster fällt ein gedämpftes Licht in den kleinen
Raum, der auch der Malereien nicht entbehrt. An der Wand befinden sich sieben Köpfe böhmischer Landespatrone, über der Thür
Karl IV. selbst und seine Gemahlin Anna v. d. Pfalz. Der Altar,
vor dem der Kaiser betete, zeigt eine sehr schöne Madonna mit dem
Jesusknaben, offenbar italienische Arbeit, und vor diesen Karl und
eine seiner Gemahlinnen. Huldvoll neigt sich die Jungfrau zur
Kaiserin herab und bietet ihr die Hand, während der Kaiser die Hand
des Christkindes erfaßt.

Das ist das kleine Meisterwerk der Katharinenkapelle, welche
jeden Besucher mit Entzücken erfüllt, das aber bei weitem noch durch
die Kreuzkapelle überboten wird, die wir nun betreten. Sie liegt in
dem letzten und Haupttheile der Burg, einem 121 Fuß hohen viereckigen Thurme mit 13 Fuß dicken Mauern. Seine Architektur

erſcheint uns plump, aber mächtig; je weniger hübſch ſein Aeußeres,
deſto anziehender iſt das Innere. Die Ausſicht von der mit einer
Galerie umgebenen Spitze iſt keineswegs bedeutend, denn rings ver=
hindern die umgebenden Berge den freien Blick; nur nach dem Dorfe
Budňan und dem Fluſſe zu, kann das Auge etwas weiter in die
Ferne ſchweifen. An einigen alten, im untern Geſchoſſe aufgehängten
Glocken vorüber, gelangt man zu der engen Wendeltreppe, in der
uns zunächſt Wandgemälde italieniſchen Styls entgegen treten. Die
Beleuchtung iſt aber ſehr ungünſtig und der größte Theil der Bilder
iſt ſchon jetzt ſo beſchädigt, daß wohl dies Jahrhundert noch ihr
gänzliches Erlöſchen ſehen wird. Zum Glück wurden ſie vor dreißig
Jahren von zwei tüchtigen böhmiſchen Malern, Lhota und Kandler,
copirt. Die Darſtellungen behandeln die Einführung des Chriſten=
thums in Böhmen durch die Taufe des Herzogs Bořiwoj, die Ge=
ſchichte der heiligen Ludmila und des heiligen Wenzel.

Vorbereitet durch die andächtige Gemüthsſtimmung, welche durch
die Abbildung der Geſchichte dieſer Heiligen im gläubigen Sinne
entſteht, gelangt man im dritten Stockwerke zu der mit vier Thüren
und neunzehn Schlöſſern verwahrten Kreuzkapelle. Die tſchechiſche,
mit alten deutſchen Lettern angebrachte Inſchrift auf einer der Thü=
ren lautet: Pán Kryſtus, neymocnegſſi pán, racz techto klenotuw,
oſtrzihati ſam, až do neypoſlednegſſiho dne." (Herr Chriſtus, mäch=
tigſter Herr, wolle dieſe Kleinodien ſelbſt behüten, bis zum letzten
Tage.) Wir ſtehen nun an der Schwelle des heiligen Ortes, der
außer den Reichsinſignien ſo viele ſonderbare Reliquien barg, zu
deſſen Ausſchmückung alle Kunſt und Pracht verwendet wurde, deren
die damalige Zeit fähig war. Es gehörte zu den größten Vergünſtig=
ungen, daß dieſe Kapelle einem Fremden gezeigt wurde, da Karl ſelbſt
ſie nur mit bloßen Füßen betrat. In dem poetiſchen Gemüthe des
Kaiſers klangen die Sagen der alten deutſchen Rittergedichte wieder;

die Schilderungen der Kapelle des heiligen Gral im Titurel nahmen
bei ihm eine feste Gestalt an, und so ließ er denn nach diesen, wie
Sulpiz Boisserée zuerst nachwies, die Kreuzkapelle erbauen. Stand
doch der ganze Karlstein schon wie ein verkörpertes Gedicht da auf
dem marmorartigen blauen Kalkfelsen, der gleich Montsalwatsch

„Ueberall so michel
Ein Felse was,
Von Grunde nicht anders denn Onichel.“

Die Kapelle wird durch ein sieben Fuß hohes eisernes, noch
theilweise vergoldetes Gitter in gothischer Form in zwei Theile ge-
theilt. Von den Edelsteinen, die einst von der Wölbung über dasselbe
herabhingen, ist nur ein ein einziger Chrysopras übrig geblieben.
Die Wände sind wie in der Katharinenkapelle mit geschliffenen Halbedelsteinen ausgelegt, deren Zwischenräume mit vergoldetem Gyps
angefüllt waren, in den überall der Buchstabe K eingepreßt erscheint.
Kühne, weit gespannte Kreuzgewölbe bilden die Decke und aus ihr
heraus treten unzählige Sterne von vergoldetem Glas; in der Mitte
ist noch der runde Raum, den einst die aus reinem Gold gebildete
Sonne, und die sichelförmige Stelle zu sehen, den der silberne
Mond einnahm, genau so wie es in der Schilderung der Gralkapelle
heißt:

„Die goldfarbe Sonne
Und darzu der silberweiße Mane
Den beiden waren ihre Bilde dargereichet.“

Die herrlichen Fenster, von denen ein kleines aus Bernstein
und Amethysten zusammengesetztes Stück noch vorhanden ist, sind
verschwunden. Die Pracht ist vergangen, denn:

„Berillen und Kryftallen
Waren da für Glas gesetzet.“*)

_____

*) Der leider zu früh verstorbene tschechische Archäolog Ferdinand
Mikowetz hat diese Beziehungen der Kreuzkapelle in seiner Monographie
der Burg Karlstein näher auseinandergesetzt und wir folgen hier ihm.

In den Brustbildern, welche dicht gedrängt die obere Hälfte der
Wände ausfüllen, ist uns der schönste Kunstschatz Böhmens erhalten
worden. Es sind sogenannte Temperagemälde mit Leimfarbe auf
Holz und Gypsgrund gemalt, welche zahlreiche (139) Fürsten, Hei=
lige, Bischöfe, Mönche und weibliche Köpfe darstellen. Als ihr Mei=
ster gilt Theodorich oder Dietrich, Aeltester der Prager Maler=
innung. Da man für die Erhaltung dieser Kunstwerke in späterer
Zeit sehr besorgt war, so machen die Bilder jetzt einen noch ziemlich
frischen und dabei doch ehrwürdigen Eindruck. Der Prager verdiente
Kunstschriftsteller Dr. A. W. Ambros urtheilt über diese Gemälde
(Oesterreichische Revue 1863. VI. 327) folgendermaßen: „Von
Byzantinismus oder überkommenen Typen ist hier keine Spur. Der
Meister hatte offene Augen für die Natur; er hat seinen Kopftypus
der böhmischen (sic) Nationalphysiognomie entnommen, die, beiläufig
gesagt, durchaus nichts der russischen ähnliches hat, wie man ins=
gemein glaubt. Seine Köpfe sind höchst ansprechend, ungeachtet er
die Nase meist in eigenthümlicher Profilstellung gegen den Mund
vorschiebt. Aber wie treu, wie mütterlich, wie hausfrauenhaft ehren=
fest sehen diese Matronen darein, welche liebliche jugendliche Schön=
heit blüht in diesen blonden Mädchenköpfen (St. Margaretha, Ursula,
Agnes), wie würdige Priestergestalten sind diese Bischöfe, wie ritter=
lich diese Helden. . Sie gleichen einander alle wie Brüder und Schwe=
stern, und sind doch in einzelnen merkwürdig charakteristisch indivi=
dualisirt. Die Perle unter ihnen ist St. Ludmila, gradaus vor sich
hinblickend, ein Kopf von entzückender Schönheit, wie einst schon
Friedrich Schlegel bemerkte. In der Tiefe des Fensters über der
Thüre sind die Kirchenlehrer, an der Altarwand die Apostel ange=
bracht; die rechte Fenstertiefe nimmt eine Gesellschaft heiliger Frauen
und Jungfrauen ein. Ohne alle Mystik, ohne alle Ueberschwenglich=
keit steht die heilige Gesellschaft wie lebendig anzusehen da! Dem

Kunstfreunde aber macht sie die Kreuzkapelle zu einem wahren Kunst=
heiligthum." Die schön verzierten Rahmen, welche die Bildnisse von
einander scheiden, waren mit kleinen Oeffnungen versehen, worin
theils in kryftallenen, theils in goldenen und silbernen Behältern, die
Reliquien jenes Heiligen, welchen das Bild vorstellt, aufbewahrt
wurden. Was für ein Landsmann Theodorich gewesen — wissen
wir nicht; das seinem Namen jetzt gewöhnlich angehängte Prädikat
„von Prag" ist als Erfindung neuester Zeit zu bezeichnen, weder in
den Malerprotofollen, noch in dem kaiserlichen Gnadenbriefe, welche
Dokumente vollständig erhalten sind, kommt eine auf das Vaterland
Theodorichs bezügliche Andeutung vor. Der Meister gründete eine
Schule und scheint in seinem Alter nach Schwaben übergesiedelt zu
sein. Den Tschechen gilt Theodorich „von Prag" als der Stifter
einer nationalen Malerschule — mit welchem Grunde ist freilich
schwer einzusehen.

Noch stehen in der Kreuzkapelle zwei kleine Bilder aus der
Zeit der Gründung der Burg, die von dem Italiener Thomas von
Modena herrühren. Vielleicht waren sie Theile eines Altares, viel=
leicht Tabernakelthüren. Es ist eine außerordentlich liebliche, gut er=
haltene Madonna und ein verftümmelter Christus am Kreuze; unter
letzterem Bilde steht: Thomas de Mutina fecit. Diese Bilder sind
weit idealer gehalten, als die Bruftstücke Theodorichs und haben un=
verkennbar italienisches Gepräge.

In dieser Kreuzkapelle wurden auch früher die böhmischen
Krönungsinsignien aufbewahrt und da sie jetzt eine Rolle spielen, so
mögen sie an dieser Stelle näher erwähnt sein. (Vergl. meinen
Aufsatz darüber in der Allg. Ztg. 1871 Nr. 273.)

„Der König von Böhmen, so heißt es in einem tschechischen
Werke, wird bereits mit dem zurückgelegten vierzehnten Lebensjahre
großjährig, und kann daher schon von diesem Augenblick an den Thron

besteigen. Nach der Thronbesteigung läßt sich der König von Böh=
men auf der Prager Burg nach altherkömmlichem Gebrauch und
Ritus in feierlicher Weise krönen. Dieser Act war seit jeher in Böh=
men eine unerläßliche Nothwendigkeit und die eigentliche Gipfelung
der Königswürde, indem der König bis zu diesem Moment selbst in
Urkunden sich bloß den Titel eines Herrn und Erben des König=
reiches beilegte und, bevor er nicht gekrönter König geworden, weder
die königliche Gewalt, noch die Majestätsrechte ausüben, auch nicht
das große Reichsinsiegel führen konnte. Wenn gleich dieser geheiligte
Gebrauch diese seine beschränkende Rechtswirkung thatsächlich verlor,
wurde er dennoch bis auf unsere Tage immer in aller Form aufrecht
erhalten, und es ließen sich alle Inhaber des böhmischen Thrones
krönen, mit Ausnahme Kaiser Josephs I., welcher wegen der dama=
ligen Kriegsperiode und wegen der kurzen Dauer seiner Regierung
keine Zeit fand sich krönen zu lassen, obwohl er es wünschte; dann
mit Ausnahme Josephs II., welcher alle ererbten Rechte nicht sonder=
lich achtete, sowie er die Vornahme dieses Actus auch in Ungarn
unterließ."

In dem Patent vom 1. August 1804, in welchem Franz I.
den erblichen Titel eines Kaisers von Oesterreich annimmt, bestimmt
der vierte Artikel: „Bei den Krönungsfeierlichkeiten, denen sich unsere
Vorfahren als Könige von Ungarn und Böhmen unterzogen, hat es
auch für die Zukunft ohne alle Aenderungen zu verbleiben." Der
gegenwärtig regierende Kaiser versprach am 13. April 1861 der an
ihn abgesandten Deputation des böhmischen Landtags, sich feierlich
krönen zu lassen, er wiederholte 1865 dieses Versprechen und 1871
abermals. Wir werden also wohl die Krönung in Prag erleben.

Die böhmischen Reichsinsignien ruhen nun unter siebenfachem
Verschluß oberhalb der Wenzelskapelle in einem verborgenen Raume
des Prager Veitsdoms. Als Kaiser Karl IV. den Entschluß faßte,

sich und seine Gemahlin Blanca von Valois krönen zu lassen, und auf seinen Befehl die neue Krone dazu verfertigt werden sollte, traf es sich, daß das dazu bestimmte Gold nicht reichte. Karl war ab= wesend, und so hatte Blanca den Einfall, die alte goldene Krone des heiligen Wenzel zur Ergänzung mit in den Schmelztiegel wandern zu lassen. Karl war darüber untröstlich. Der Prager Bischof Ernst von Pardubitz rieth nun, die neue Krone bei den Reliquien des Hei= ligen aufbewahren zu lassen, ja er erwirkte eine Bulle des Papstes Clemens VI., welche jeden, der gegen diese Anordnung handeln werde, mit dem Banne bedrohte.

Diese böhmische Krone nun besteht aus einem goldenen Stirn= reif, aus dem sich vier Ornamente in der Gestalt mittelalterlicher Lilien erheben; über denselben kreuzt sich ein Doppelbogen, an welchem über dem Scheitel des Hauptes ein Kreuz angebracht ist. Sie ist reich mit Edelsteinen, Rubinen, Sapphiren, Smaragden, Balassen und Perlen besetzt. Ein ungeschliffener Sapphir vom hellsten Wasser, 40 Karat schwer, ziert die Stirnseite. Das Gewicht der Krone be= trägt 4 Pfd. 13 3/4 Lth. Der Habitus derselben ist ein ganz mittel= alterlicher und offenbar conform gehalten mit der älteren französischen Krone der Könige aus dem Hause Valois.

Stammt die Krone, die keine Wenzelskrone mehr ist, unzweifel= haft aus Karls IV. Zeit, so läßt sich dieses vom Reichsapfel, Scepter und Krönungsmantel keineswegs behaupten. Diese wurden zur Zeit Kaiser Rudolfs II. von italienischen Künstlern verfertigt.*) Das Gemach über der Wenzelskapelle darf nur auf ausdrücklichem Befehl des Landesfürsten, in Gegenwart von sieben Deputirten aus dem Herrenstand und unter Aufsicht des Erzbischofs und Statthalters,

---

*) Conservator Bock in den Mitth. der k. k. Centralkommission zur Erforschung und Erhaltung der Baudenkmale. II. Jahrg. Oktober 1857.

geöffnet werden. Das sogenannte Wenzelsschwert wird abgesondert von diesen Kleinodien im Prager Domschatz aufbewahrt. Nach der Ansicht des Conservators Bock bietet dieses Schwert keineswegs Anhaltspunkte für ein hohes Alter. Die Tschechen sagen: es stamme von dem Heiligen, also aus dem zehnten Jahrhundert. Nach allen Aeußerlichkeiten muß es aber in das Ende des fünfzehnten Jahrhunderts gesetzt werden. Bei der Krönung schlägt der neue König damit die St. Wenzelsritter.

Von Wenzel selbst stammt also bei allen diesen Dingen nichts mehr her. Aber die Tschechen halten daran fest, und der Glaube macht selig. Sanct Václav ist ihnen in Fleisch und Blut über-gegangen, er ist der Schutzpatron des Landes, und der 28. Septem-ber, sein Tag, ein allgemeiner Feiertag. Doppelt heilig erscheint sein Grab im Veitsdome. In den böhmischen Landrechten von 1404 steht die Verfügung: ebenso wenig wie ein des Todtschlags Beschul-digter ergriffen werden könne, wenn seine Frau ihn umarme, oder mit ihrem Kleid decke, oder er vor der Königin von Böhmen sich befinde, ebenso wenig darf er an dem Grabe des heiligen Wenzel auf dem Prager Schloß ergriffen werden.

Auf dem Roßmarkte (Wenzelsplatze) zu Prag, wo die plumpe Reiterstatue des Heiligen steht, tönen an seinem Tage, während seiner Oktave, die Litaneien der Tschechen zu ihm empor. Die Kapelle wölbt sich mit dem Schein purpurner Lampen über ihm, auf seiner Brust glänzt das Bild der Muttergottes von Alt Bunzlau, welches er bei sich geführt haben soll, als der wilde Boleslaw 935 ihn er-mordete. Dann ertönt das alte Wenzelslied, Svaty Václave, vevodo české země, heiliger Wenzeslaus, Herzog des Böhmerlandes, dessen Schlußstrophe von den Tschechen nicht ohne politischen Beigeschmack gesungen wird:

Heiliger Wenzeslaus,
Herzog des Böhmerlands,
Du unser Fürst,
Bitt für uns bei Gott
Dem heiligen Geist.

Wie schön ist des Himmels Reich!
Selig, wer dort gelangt
Zum ew'gen Heil,
In die helle Gluth
Des heil'gen Geistes.

Deinen Schutz erbitten wir,
Erbarm dich über uns.
Tröste die Traurigen,
Wehr alles Uebel ab,
Heiliger Wenzeslaus.

An der Auffrischung des Andenkens an den Heiligen arbeiten die tschechische Presse, Kirche und Schule gemeinschaftlich, und das ursprünglich rein kirchliche Lied, welches im Jahr 1343 vom Bischof Ernst von Pardubiz gedichtet worden sein soll, das unter Vorantragung der Wenzelsfahne bei Beginn der Schlachten gesungen wurde, es ist heute fast ein politisches geworden. Wenn der Tscheche singt: Zažeň vše zlé, Wehr' alles Uebel ab, so denkt er bei dem „Uebel" natürlich nur an die Deutschen. Wenzel im Bilde, auf einem Schimmel in voller Rüstung sitzend, mit der Herzogskrone auf dem Haupte, den Wimpelspeer mit dem alten vor=Ottokar'schen Wappen Böhmens, dem schwarzen Adler im weißen Felde, haltend, ist in jeder tschechischen Bauernhütte zu finden. Das ist der heilige Wenzel, der milde, fromme Fürst, der in Andacht und Bußübungen den größern Theil seines Lebens verbrachte und den Wein selbst kelterte, den er zum Abendmahl brauchte; er pflanzte ebenso den Weizen, drosch ihn, mahlte ihn und buck daraus die Hostien; in Altbunzlau ist noch die Kirche zu sehen, wo dies geschah.

An jene Wenzelskrone nun knüpfen die Tschechen ihr „histo=
risches Recht", wie die Ungarn an die Stephanskrone. Aber sie
können nicht läugnen, daß die Ordnung der staatsrechtlichen Ver=
hältnisse Böhmens wesentlich das Werk der Deutschen Kaiser ist.
Böhmen, nobile imperii membrum, das edle Glied des deutschen
Reichs, erlangte theils durch Heinrich IV., theils durch die Hohen=
staufen Friedrich I. und Friedrich II. die königliche Würde. Im Hin=
blick auf die Dienste, welche das ganze Volk der Böhmen dem deut=
schen Reiche leistete, ernannte Friedrich II. den Ottokar zum König
und übergab ihm taxfrei die Regalien. Später, zu Karls IV. Zeiten
und in den Urkunden dieses Kaisers, ist, wie Höfler nachweist, nir=
gends von einer St. Wenzelskrone die Rede, und die böhmische Krone
wurde nicht etwa in einem St. Wenzelsstein, sondern im Karlstein
neben den deutschen Reichsinsignien aufbewahrt.

Als nach Karls Hinscheiden sein Sohn Wenzel die Krone
Deutschlands und Böhmens trug, blieb der Karlstein unangetastet.
Der „faule Wenzel" zog die Jagd den Bußübungen und Staats=
geschäften vor und verlegte seinen Wohnsitz nach den nahegelegenen
Jagdschlössern Pürglitz, Tjrow und Totschnik. Aber schon sein Bruder
Sigismund vergriff sich an den Reichthümern des Karlsteines. Ewig
in Geldnöthen, dachte er wie Herzog Christian von Braunschweig,
der die zwölf silbernen Apostel zu Paderborn einschmelzen und zu
Thalern ausprägen ließ, mit den Worten: „Gehet hin in alle Welt
und prediget allen Heiden." Die echten Edelsteine wurden von Sigis=
mund durch unechte ersetzt, die silbernen Schilde, welche an den von
Theodorich gemalten Brustbildern angebracht waren, mit hölzernen
vertauscht, Sonne und Mond aus der Decke der Kreuzkapelle aus=
gebrochen und zu Geld gemacht. Auch die husitischen Stürme brachen
verwüstend über Karlstein herein.

Besonders während der Belagerung im Jahre 1422 hatte

Karlstein viel zu leiden. Damals zogen die Husiten vor das Schloß, um die Krone und die Reichsinsignien aus demselben zu holen, mit denen Prinz Siegmund Korybut gekrönt werden sollte. Allein der damalige Karlsteiner Burggraf Alesch Zdislaw Tluxa Wrabsky von Burenitz war nicht der Mann, welcher die Veste gutwillig übergeben hätte. Er vertheidigte sich mit vielem Geschicke und die Belagerer mußten abziehen. Ueber die Belagerung selbst ist uns ein interessanter Bericht aus jener Zeit erhalten geblieben, in einem Brief des damaligen Karlsteiner Dechanten. „In der Zeit," so lautet er, „als die Hussen lagen vor dem Karlstein mit Macht und mit fünf Bleyden und aus denselben Bleyden hohn sy als viel geworfen, als neun tausend Würf und zween und dreißig Würf mit Steinen. Item mit dem Gestankh hohn sy geworfen tausend Wäsill (Fäßchen mit Aas und Unrath gefüllt) vnd zwei vnd zwanzig Wäsill mit Feder hohn sy geworfen; item aus der großen Büchsen, die da heißet Pratschka (Pragerin, Pražka) hohn sy geschossen 6mal, da zerbrach sy. Item aus der Büchsen von Järmän (Jaromĕřka) schussen sie sieben Schusse, die zerbrach am achten Tage nach vnser Fraven Himmelvahrt mit Gottes Verhängnuss. Item aus der Büchse Richlitze oder Snel (die Schnelle) genannt, do schussen sy zu dem Brunnen zwey und dreißig Schuß und die zerbrach auch von Gottes Willen und also ist das Havs und Slos bewahrt mit Gottes Sorg und mit der lieben vnsren Fraven vnd mit olles Gottes Heiligen vnd mit dem Fleyß der strengen Ritter und Knecht."

Auch Feuersbrünste verwüsteten den Karlstein und schon unter Rudolf II., gerade 200 Jahre nach der Grundsteinlegung, mußten bedeutende Restaurationsarbeiten vorgenommen werden, um das Schloß vor gänzlichem Ruine zu bewahren. Der Kaiser selbst bestritt die bedeutenden Kosten aus eigenen Mitteln und noch jetzt prangt sein Name an mehreren Stellen der Burg. Allein bei dieser Restauration ging manches Ursprüngliche verloren und ungehörige Zuthaten im Geschmacke der damaligen Zeit wurden angebracht. Dann brauste der dreißigjährige Krieg durch das Land und der Karlstein litt wiederum. Die Schweden verwüsteten im Jahre 1648 mehre königliche Zimmer und hinterließen eine halbe Ruine; doch schon früher waren die böhmischen Reichsinsignien nach Prag überführt worden und so verlor die Burg ihre eigentliche Bedeutung, — um derentwillen sie Karl IV. erbaut hatte — die Hüterin der Krone zu sein. Dann verpfändete man den Karlstein und verkaufte ihn endlich 1702 für 100,000 Gulden an einen Grafen Kolowrat-Liebsteinsky, löste ihn jedoch später wieder ein und übergab ihn endlich dem abligen Damenstifte in Prag zur Nutznießung.

Halb erhalten, halb Ruine steht die berühmte Burg jetzt vor uns da, denn alles, was dafür in diesem Jahrhunderte geschah, ist nicht genügend, ja theilweise sehr ungeschickt ausgeführt. Im Jahre 1865 nahm sich der böhmische Landtag des verwaisten Karlstein an, und Gelder zu seiner Restaurirung wurden verwilligt. Der Plan zu denselben rührt vom Professor Friedrich Schmidt her.

Obgleich der Kaiser, welcher die Burg gründete, der Baumeister, welcher sie baute und ein großer Theil der Künstler, die sie ausschmückten, von Geburt keine Tschechen waren, so ist mir Karlstein doch immer wie ein Bild des Tschechenvolkes selbst vorgekommen. Es hatte Tage großer Vergangenheit, es blühte einst mächtig — aber die Stürme der Zeit verschlangen alles, bis auf wenige Reste. So war auch die Geschichte der Tschechen. Wie jener sich nicht wieder in alter Pracht, Bedeutung und Herrlichkeit erheben wird, soviel auch moderne Restauratoren daran arbeiten mögen, so auch diese nicht. Auch die Tschechen hatten große Tage. Sie sind vergangen und kehren trotz aller Anstrengungen nie wieder.

Die Tschechen und die Schule.

Das bekannte Wort: „Die preußischen Schulmeister haben Oesterreich bei Königgrätz geschlagen" ist variirt 1871 von den Franzosen wiederholt worden und auch die Engländer haben es sich hinter die Ohren geschrieben. Die deutschen Schuleinrichtungen sind als etwas zu vortreffliches bekannt, als daß wir hier eine Lanze für dieselben brechen sollten. Sie leuchten allen übrigen Völkern voran, ihre segensreichen Einflüsse liegen auf der Hand und das deutsche Volk hat seine hohe Culturstellung wesentlich ihnen mit zu verdanken. Wo die Culturverhältnisse zwischen Deutschen und Slaven abgewogen werden, wie ich es hier thue, ist auch ein vergleichendes Eingehen auf das Schulwesen und den Schulbesuch geboten, schon um zu zeigen, wie abermals in geradezu überwältigender Weise auf deutscher Seite das Uebergewicht ist; auf die Slaven selbst fallen dabei interessante Streiflichter, die ihr Anstürmen und Hetzen gegen die deutschen Schulen in Ländern, die sie mit den Deutschen zugleich bewohnen, als ein durchaus culturfeindliches Streben erscheinen lassen, wobei dann die Nationalität den Deckmantel hergeben muß.

Vor vier Jahren hat eine vom britischen Parlament niedergesetzte „Commission des Schulwesens" über das Unterrichtswesen in Europa und Nordamerika Bericht erstattet, und hier finden wir einige Anhaltepunkte. Nicht weniger als drei Jahre lang hatte man

Stoff gesammelt, der in 20 großen Bänden dem Parlament gedruckt vorgelegt wurde. Fachmänner waren nach Preußen, der Schweiz, Frankreich, Nordamerika entsandt worden, um den Zustand der dortigen Volks=, Mittel= und Hochschulen ins Auge zu fassen und mit den englischen zu vergleichen. Das meiste und unbedingteste Lob wird dem preußischen Schulwesen gespendet. Die Elementarschulen, sagen die Commissäre, seien gut und wohlfeil, die Lehrmethoden vortrefflich, und das ganze Unterrichtssystem sei den Bedürfnissen des Volkes angemessen. Ueber die Ergebnisse des Volksschulunterrichts in Preußen erhalten wir am besten Auskunft, wenn wir den „Bericht über die Schulbildung der im Ersatzjahre 1868—1869 eingestellten Ersatzmannschaften" zu Rathe ziehen. Aus diesem ergiebt sich, daß immer noch 3182 Mann oder 3,94 Procent der Gesammtsumme ohne alle Schulbildung waren. Die alten Landestheile nehmen hieran Theil in folgendem Maße:

Preußen	. .	1464 Mann	oder	13,26	Procent.
Posen	. . .	884 „	„	14,73	„
Pommern	. .	66 „	„	1,21	„
Schlesien	. . .	380 „	„	3,05	„
Brandenburg	.	51 „	„	0,65	„
Sachsen	. .	37 „	„	0,52	„
Westphalen	. . .	93 „	„	1,62	„
Rheinland	. . .	92 „	„	0,81	„

Betrachten wir diese Tabelle näher, so ergiebt sich eine rapide Abnahme der Schulbildung, je weiter wir nach Osten gelangen, und zwar hängt dieses unzweifelhaft mit der slavischen Bevölkerung im Osten Preußens zusammen: Posen, Preußen und Schlesien (hier kommen die oberschlesischen Wasserpolaken in Betracht) stehen am tiefsten in der Scala. Deutschthum und Schulbildung sind Begriffe, die sich gegenseitig decken, wo aber die slavische Bevölkerung auftritt, da zeigt sich sofort eine auffällige Abnahme der Schulbildung. Der Regierung kann die Verantwortlichkeit nicht in die Schuhe geschoben werden; diese sorgt gleichmäßig für ihre Staatsangehörigen deutscher wie slavischer Zunge. Aber die verrotteten Zustände in den ehemals polnischen Landen konnten auch in dem halben Jahrhundert seit Posen preußisch ist, nicht so schnell ausgetilgt werden, obgleich die Regierung dort redlich für Schulen sorgte.

Am erfreulichsten waren die Resultate in Berlin und Hohen= zollern, wo bei den frisch eingestellten Mannschaften nicht ein Fall von mangelnder Schulbildung sich ergab. Die neuen Provinzen weichen nicht ab von den übrigen rein deutschen Landschaften Preußens, und zwar mangelt die Schulbildung von den Ersatzmannschaften des Jahres 1868 bis 1869:

In Hannover . . . 73 Mann oder 1,08 Procent.

„ Schleswig=Holstein . 17 „   „   0,67   „

„ Hessen . . . 15 „   „   0,55   „

„ Nassau=Frankfurt . 8 „   „   0,45   „

„ Lauenburg . . . 2 „   „   0,31   „

Aehnlich stellen sich die Ergebnisse in den übrigen deutschen Ländern und der Schweiz, die bekanntlich viel Geld auf guten Un= terricht verwendet. Einzelne Kreise in Bayern, namentlich die alt= bayerischen Gegenden, stehen jedoch bedeutend zurück hinter Franken und der Pfalz, und die Thatsache ist nicht unbeobachtet geblieben, daß da, wo die ultramontanen Abgeordneten gewählt worden, die Schulbildung die mangelhaftere, die Zahl der Verbrechen die größere sei, gegenüber den Wahlbezirken, die liberale Abgeordnete stellen. Ein inniger Zusammenhang dürfte hier kaum zu leugnen sein.

Gehen wir nach Oesterreich, so drängt sich uns sofort wieder die Thatsache auf, daß die Schulbildung in dem vorwiegend deutschen

„Cisleithanien" verbreitet ist, und zwar in den ehemals zum
deutschen Bunde gehörigen Ländern, nicht aber in den jetzt wider=
natürlich mit dieser Reichshälfte vereinigten Ländern Galizien und
Dalmatien, die weder geographisch noch ethnographisch zur Westhälfte
der Monarchie gehören. Nehmen wir für Oesterreich=Ungarn wieder
die Armee zum Maßstabe, so ergiebt sich, daß von den 1865 und
1866 eingestellten Recruten des Schreibens kundig waren:

In Niederösterreich . . 83 ½ Procent.

„ Böhmen   60 ½   „

„ Mähren   .   45 ¾   „

„ Schlesien . . . 69 ½   „

„ Tirol . . . . 36 ½   „

„ Ungarn . . . . 25 ½   „

„ Croatien . . . 13   „

„ Siebenbürgen . . 8 ¾   „

„ Galizien . . . 4 ¼   „

„ Krain . . . .   3 ½   „

„ Dalmatien . . . 1 ¼   „

Wie beschämend für viele Kronländer ist nicht diese Tabelle!
Selbst das finstere Tirol mit seinen „schwarzen Tschechen" übertrifft
noch alle östlichen Länder, die mit ihrer vorwiegend slavischen, magya=
rischen und wallachischen Bevölkerung weit hinter den deutschen Theilen
Oesterreichs zurückstehen. Aber auch da, wo Deutsche und Slaven
gemischt unter einander wohnen, zeigt sich ein Vorherrschen der Volks=
bildung auf Seiten der Deutschen.

Dieselben Resultate gewinnen wir, wenn wir auf die Zahl und
Verbreitung der Volksschulen in Oesterreich eingehen. Wir verweisen
hier auf den vom ehemaligen Minister v. Stremayer herrührenden
„Jahresbericht des K. K. Ministeriums für Cultus und Unterricht
für das Jahr 1870" (Wien, Hof= und Staatsdruckerei 1871). Es

sind beschämende Daten, die hier ans Licht gezogen werden und der Minister muß selbst darthun, daß es die Geistlichkeit in Verbindung mit der staatsrechtlichen Opposition (1870 die Tschechen 2c.) ist, welche dem Volke sogerne „Steine statt des Brotes" reichen möchte. Was helfen alle Reformversuche bei der Opposition gegen die freisinnigen Schulgesetze! Es wird noch lange dauern, ehe Oesterreich sich zum deutschen Standpunkt der Volksbildung emporarbeitet. Während z. B. in Sachsen auf eine Quadratmeile acht Elementarschulen kommen, enthalten darauf in Oesterreich noch nicht drei (2,9); während in Sachsen 95 Procent der schulpflichtigen Kinder die Schule besuchen, ist dieses in Oesterreich nur mit 76 Procent der Fall und im slavischen Galizien hat mehr als die Hälfte der Gemeinden gar keine Schule. In diesem ruthenisch-polnischen Lande, aus dem die letzten deutschen Lehrer nun glücklich hinausgetrieben sind, das noch nicht den sieben= ten Theil der Einwohner Oesterreichs umfaßt, kommen dafür auch 23 Procent aller wegen Verbrechen verurtheilte, 37 Procent aller Mordthaten und 50 Procent aller Todesurtheile vor. Slavische Kultur! Auf je 100 schulpflichtige Kinder besuchen in Galizien 20, in Dal= matien 15, in der Bukowina gar nur 12 die Schule! Der „Volks= bildungsverein" für Galizien hat dem neuen Statthalter, dem Polen Goluchowski, 1871 im Sommer diese Verhältnisse auseinandergesetzt und um Abhilfe gebeten. Der polnische Magnat antwortete: Zur Ab= hilfe sei leider keine Aussicht vorhanden, denn dazu wären jährlich eine halbe Million Gulden nöthig, die zugleich fehle. Und solche Leute wollen über die Deutschen herrschen!

Höchst interessante Einblicke in die Verhältnisse des Besuches der Volksschule in Böhmen, gewährt uns die hierauf bezügliche Karte in Dr. A. Fickers statistischen Werkchen über die Bevölkerung des Königreichs Böhmen. Die stärkste Benutzung der Unterrichts= anstalten findet man auch hier, wie stets in Oesterreich, bei den

Deutschen.*) In den deutschen Leitmeritzer, Saazer und Egerer Kreise steht sie am höchsten, denn dort entziehen sich noch nicht einmal 2 Procent der Schulpflichtigen dem Besuche, während in den tschechischen Kreisen Tschaslau und Tabor 5, im Kreise Pisek gar 14 Procent die Schule nicht besuchen. Unter 56 Bezirken, in welchem der Schulbesuch vollständig ist, befinden sich 51 Deutsche, wogegen von 110 ganz oder vorwiegend tschechischen Bezirken nur 4 in die erste Kategorie des Schulbesuches entfallen!

Der aufgeklärte Absolutismus unter Maria Theresia und noch mehr unter ihrem Sohne Joseph II. suchte ganz Oesterreich über einen Leisten zuzustutzen und glaubte diesen Zweck am Besten durch die Schulen zu erreichen, in denen überall die deutsche Unterrichtssprache eingeführt wurde, namentlich in den Gymnasien und niedern Stadtschulen, gleich bei deren Reformirung und Aufhebung des Jesuitenordens. Die Absichten waren wohl löbliche, doch der Zweck, die Bildung des Volkes wurde verfehlt. Im Jahre 1774 wurde die deutsche Sprache in den Haupt- und im Jahre 1776 in den Volksschulen eingeführt. Im Jahre 1786 wurde verordnet, daß nur diejenigen in ein Gymnasium aufgenommen werden dürften, welche der deutschen Sprache mächtig wären; ohne Kenntniß der deutschen Sprache sollte Niemand ein Stipendium erhalten, ja nicht einmal ein Lehrling konnte in eine Zunft eintreten, ohne daß er des Deutschen mächtig war!

---

*) Dafür möge noch der Verkauf an Lesebüchern für die österreichischen Volksschulen der Beweis liefern. Von dem Volksschulbücherverlag wurden 1869 abgesetzt, 505,766 Bücher in tschechischer, 112,640 in italienischer, 155,581 in polnischer, 116,605 in kroatischer, 65,564 in slovenischer, 36,170 in serbischer, 13,346 in ungarischer, 12,409 in rumänischer, 11,681 in kirchenslavischer, 4189 in hebräischer Sprache. D. h. zusammen in den Sprachen der interessanten Nationalitäten 1,033,951 Stück — in deutscher Sprache aber fast ebensoviel, nämlich 951,007 Stück. Und doch machen die Deutschen nur den vierten Theil der Bevölkerung aus.

Trotz alledem machte das Deutsche nur äußerliche, keine organischen Fortschritte, und ein Geschlecht wurde herangebildet, das nicht Fisch, nicht Fleisch war. Die Wurzeln einer Sprache sind zäh und lassen sich nicht so leicht künstlich ausjäten. Obgleich damals in Böhmen von einem Nationalgefühl keine Rede sein konnte, ward das Volk nicht germanisirt, der günstige Zeitpunkt hierfür war schon mit dem 15. Jahrhundert vorüber. Aber diese Bewahrung der Nationalität unter den Tschechen, selbst in der ungünstigsten Periode, spricht nur dafür, daß das Volk als solches sich nicht wie ein Handschuh umkehren läßt und daß die ehemals slavischen Länder im deutschen Osten, so= wie die deutschen Theile Böhmens nur, oder allergrößtentheils, durch deutsche Kolonisirung, nicht aber durch Entnationalisirung der ursprüng= lichen Bewohner gewonnen wurden. Wir können der damals aus= gesprochenen Ansicht Pelzels nicht beipflichten, der da meinte, die tschechische Sprache würde ganz aus dem Lande· verschwinden und daß „Böhmen das Schicksal von Meißen, Brandenburg und Schlesien theilen und von der tschechischen Sprache nichts als die Namen der Städte, Dörfer, Flüsse übrig bleiben werde." Die Gegenwart hat nun das umgekehrte gesehen und wo die Tschechen die Mehrheit bilden, da sehen sie es auf völlige Unterdrückung der Deutschen ab, versuchen sich leidenschaftlich an der Tschechisirung der Schulen, und drängen ihr Idiom den Deutschen auf, wie weiland Kaiser Joseph II. ihnen das Deutsche aufzwang. Eingedenk der Thatsache, daß der Jugend die Zukunft gehört, haben es sich die Tschechen seit dem Jahre 1860 angelegen sein lassen, auf die Tschechisirung derselben hinzuwirken. Prag ist ohne deutsches Hinterland, und die Dienstmädchen, welche die Sprache der Kinder mehr bestimmen als die Eltern, bringen den deutschen Kindern eine fremde Sprache bei, so daß diese ihre Mutter= sprache erst dann erlernen, wenn sie bereits tschechisch denken und fühlen. Das hat den Deutschen viel Abbruch gethan und den Prager

Stadtrath auf Antrag Prof. Hamerniks zu dem Ausspruch veranlaßt, daß es in Prag keine deutschen Kinder gebe, folglich keine deutschen Schulen nothwendig seien (1862).

Das Anstürmen der Tschechen gegen die deutschen Schulen dauert fort und 1870 mußte die Regierung zwei deutsche Schulen Prags vor der gewaltsamen Schließung durch den Prager Stadtrath schützen.

Eine weitere Tschechisirungsmaßregel — Folge des Compromisses zwischen Adel und Tschechen — war die Annahme des sogenannten Sprachzwanggesetzes im böhmischen Landtage, das am 18. Januar 1866 unter dem unschuldigen Titel „Gesetz über die Durchführung der Gleichberechtigung beider Landessprachen im Schulunterricht" die kaiserliche Sanktion erhielt. Zwangsweise sollte also die tschechische Sprache in die Schulen rein deutscher Gegenden eingeführt werden. Alle deutschen Städte Asch, Eger, Karlsbad, Reichenberg, Nimburg, Aussig u. s. w. protestirten dagegen, allein dieser schändliche Zwang ward zum Gesetz erhoben und erst 1868 wieder beseitigt. Das Gleichberechtigungsprincip, auf welches die Tschechen sich berufen, findet an dem Principe der Cultur seine Schranke und die Trägerin der Cultur in Böhmen, wie in Oesterreich überhaupt, bleibt die deutsche Nationalität und Sprache. Diese Thatsache steht fest und alles was Magyaren, Tschechen, Polen, Rumänen, Serben u. s. w. in den Künsten und Wissenschaften in Oesterreich geleistet haben, verschwindet gegenüber den Leistungen der Deutschen. Mit dem Worte Gleichberechtigung wird ein arger Unfug getrieben, denn so gewiß nicht alle Menschen einander gleich sind, so wenig sind sich auch die Völker gleich. Es ist daher ein Unding, Ungleichartiges mit gleichem Rechte versehen zu wollen. Und warum verlangten die Tschechen diese Gleichberechtigung? Weil sie selbst deutsch verstehen oder nothwendigerweise lernen müssen, darum zwingen sie durch

Majorisirung widersinnigerweise die Deutschen sich mit dem Jdome des „herrschenden" Volkes bekannt zu machen. Nach tschechischer Auf=faffung ist das nur deren Schuldigkeit, denn die Deutschen sind nach dieser nur fremde Eindringlinge.

Der deutsche Unterricht in tschechischen Gegenden und Schulen ist so gut wir rasirt. Das ist Sache der Tschechen und geht die Deutschen nichts an; es kommt auf Rechnung der Tschechen, ob das Experiment gut oder schlecht ausfällt, aber bemerkenswerth ist es doch, daß jetzt schon in rein tschechischen Gegenden hier und da ein Schmerzensschrei nach deutschem Unterricht sich bemerkbar macht, trotz des nationalen Terrorismus. Das tschechische Blatt Národní listy brachte 1870 folgende Correspondenz aus der Stadt Rokytzan: „Der Director der hiesigen Haupt= und Unterrealschule Herr Wenzel Swietlik hat der Stadtvertretung in einer eigenen Zuschrift angezeigt, daß die Rokytzaner Lehrer dem Wunsche vieler Eltern ent=sprechend, täglich nach den Schulstunden die Kinder in der deutschen Sprache unterrichten. Das Gesetz vom 21. Januar 1870 untersage nun die Abhaltung der sogenannten Nachstunden von dem Zeitpunkte, als die Bezüge der Lehrer nach diesem Gesetze ihre Regelung erfahren haben. „Da mir aber," hieß es in der Zuschrift des Directors weiter, „der allgemeine Wunsch der hiesigen Eltern bekannt, so er=suche ich die löbliche Stadtvertretung zu erklären, ob sie es wünscht, das die Schüler der Rokytzaner Gemeindeschulen in der deutschen Sprache unterrichtet werden." — Diese Zuschrift kam in der Ge=meinderathssitzung vom 7. Dec. zur Berathung und es wurde be=schlossen, daß die Lehrer gegen eine bestimmte Remuneration die deutsche Sprache als außerordentlichen Gegenstand zu lehren haben.

Die Tschechen werden schließlich selbst ihr Bedürfniß am besten erkennen und jedes Hineinreden der Deutschen in ihre inneren An=gelegenheiten ist ein Unrecht. Ganz anders gestaltet sich die Sache

aber, wo es sich um gewaltsame Tschechisirung deutscher Anstalten
handelt, wo die Tschechen, ihre Mehrheit (in Prag, Pilsen ɔc.) miß=
brauchend, der deutschen Minderheit den deutschen Schulunterricht zu
verkümmern suchen und verkümmert haben, obgleich diese Minder=
heit, was die Intelligenz betrifft und das Steuerzahlen, über
ihnen steht.

Von bedeutender Tragweite in jenem zweisprachigen Lande ist
auch das Verhältniß zu den Hochschulen, der polytechnischen An=
stalt und der Universität. Beide Institute stehen nicht auf der
Höhe der Zeit und können mit verwandten technischen Schulen und
Universitäten Deutschlands den Vergleich nicht aushalten; die nationale
Wirthschaft hat sich nicht gedeihlich für deren Blüthe erwiesen. Ist
es doch tüchtigen deutschen Lehrkräften aus dem Reich kaum zu ver=
denken, wenn sie Berufungen nach Prag ablehnen, wo sie als Aus=
länder der Tschechenhetze verfallen, pöbelhaften tschechischen Mißhand=
lungen ausgesetzt sind und von der Presse verhöhnt werden.

Ein Zusammenwirken deutscher und tschechischer Professoren an
derselben höheren Lehranstalt hat sich als durchaus unmöglich gezeigt
und die Deutschen haben daher das Princip für diese Anstalten auf=
gestellt: völlige Trennung, jeder schalte und walte in seinem Hause
nach eigenen Kräften. An der polytechnischen Schule waren die Zu=
stände höchst bedauerlicher Art geworden, wie aus einer Denkschrift
der deutschen Professoren hervorgeht, welche als einziges Mittel um
das Uebel zu beseitigen eine Trennung des Lehrpersonals in einen
deutschen und tschechischen Lehrkörper verlangte.*) Die Tschechen

---

*) Damals, im Januar 1866, schrieb das tschechische Blatt Národni
ſty die Petition sei „ein landesverrätherischer Versuch, den Frieden
ɩſchen beiden Stämmen in Böhmen zu stören." Die polytechnische An=
. befinde sich in einem „wohlgerathenen Entwicklungsgang", was diesen

widerstrebten jedoch dem, ohne irgend stichhaltige Gründe anführen zu können, und erst als die Deutschen auf dem Landtage die Mehr= heit hatten, führten diese eine Trennung durch.

Warum die Tschechen eine Trennung nicht wollen, liegt auf der Hand. Ihre Absicht ist die vollständige Tschechifirung der An= stalten, womöglich auf dem 1409 von Hus eingeschlagenen Wege, der schon einmal dazu führte, daß die Deutschen die Universität ver= lassen mußten. Darum verlangen aber die Deutschen bei Zeiten völlige Trennung, um für sich arbeiten zu können. Es würde zu weit führen die tschechische Universitätsfrage hier zu verfolgen, die bereits im März 1866 unter dem unschuldigen Titel „Durchführung der Gleichberechtigung beider Nationalitäten an der Prager Uni= versität" auf Riegers Antrag verhandelt wurde, wir wollen nur zur Charakteristik der tschechischen Bestrebungen in dieser Sache an= führen, was vom Verfassungsvereine der Deutschen in Böhmen (27. März 1871) an den Club der liberalen deutschen Reichsraths= abgeordneten in Wien berichtet wurde. Es heißt da: „Die Durch= führung des Dualismus in Betreff der Vorträge bei Festhaltung der Einheit in Betreff des Senats und der Professorencollegien, kann von den Deutschen nicht acceptirt werden. Es schließt den Ruin der deutschen Universität als unabwendbare Con= sequenz in sich ein." —

Um dies sich deutlich zu machen, braucht man nur zu erwägen,

---

aufhalte, sei „jener schnöde Theil von Fremden, der sich nicht zur Ver= breitung der Aufklärung, sondern aus gieriger Gewinnsucht hier nieder= gelassen hat; dieselbe Gattung von Leuten, die den Namen eines ehrlich gebildeten Deutschen bei den Russen und Polen, bei den Dänen und Schweden, in England, Frankreich und Italien, ja selbst in der Türkei in Verruf gebracht hat!" —

daß die zahlreichen deutsch vortragenden und zu tschechischem Vor=
trage nicht befähigten Professoren, welche der tschechischen Nationalität
und Partei angehören, von ihren Lehrkanzeln nicht verdrängt werden
könnten. Es würden daher die Vertreter dieser Partei (denn daß die
tschechisch vortragenden Professoren ihr sämmtlich angehören würden,
versteht sich von selbst) in allen jenen Collegien die entschiedene Mehr=
heit bilden. Und zwar in solcher Weise und unter solchen Verhält=
nissen, daß sie in der Lage wären, eine Aenderung dieser Sachlage
zu ihren Ungunsten für immer unmöglich zu machen. Was dies
aber bedeute, wird man nicht verkennen, wenn man erwägt, daß es
der Partei entschieden mehr darum zu thun ist, nationalen Heiß=
spornen Sitz und Stimme in Universitätsangelegenheiten zu ver=
schaffen, als die Lehrstühle mit tüchtigen Vertretern der Wissenschaft
zu besetzen, daß jene aber ihre agitatorischen Gewohnheiten mit dem
Einzuge in die Aula ebensowenig abstreifen dürften, als die Bande,
welche sie an die leidenschaftliche, wohl disciplinirte und die weit=
gehendsten Anforderungen an ihre Mitglieder stellende Partei knüpfen.
In dieser Sachlage würde es sich u. A. begründen, daß tüchtige Ge=
lehrte aus dem Auslande, beziehungsweise den nicht zu den Ländern,
der Wenzelskrone gehörigen Gebieten nicht berufen werden würden,
und wenn man sie ja berufen wollte, nicht mehr gewonnen werden
könnten. Es würden ferner die deutschen Professoren, welche bei der
Habilitirung tschechischer Doctoren durch die Sprache, in welcher die
Vorlagen erfolgen würden, von jedem Einflusse ausgeschlossen wären,
auch bei der Habilitirung deutscher Doctoren als Minorität einen
entscheidenden Einfluß nicht üben können. Es würde ferner nur
denjenigen unter ihnen gestattet sein, in Ruhe ihrem Berufe obzuliegen,
und es würde nur denjenigen deutschen Docenten die Aussicht auf
ein ihren Verdiensten entsprechendes Vorankommen geöffnet sein,
welche Garantien dafür zu bieten in der Lage wären, daß von ihrem

7*

Deutschthume eine ernstliche Anwendung nicht zu besorgen sei. Es ist daher zu behaupten, das die Beibehaltung eines gemein= samen Senates und gemeinsamer Professorencollegien, gegenüber der unaufhaltsam sich vollziehenden Zweithei= lung in allen sonstigen Beziehungen, nur die Bedeutung und den Zweck einer vollständigen Lähmung des deutschen Elementes, das ist, den natürlichen Consequenzen nach, einer vollständigen Tschechifirung der Universität, haben könne. —

Eine eingreifende Verbesserung der bestehenden Verhältnisse und ein wirksamer Schutz gegen die drohende vollständige Tschechifirung der Universität dürfte aber unter den gegebenen Verhältnissen nur dadurch sich erreichen lassen, daß man die zur Verfügung stehenden tschechischen Lehrkräfte an einer zweiten selb= ständigen Hochschule mit tschechischer Unterrichtssprache sammelt.

Wie überall, wo dieses irgend nur durchführbar ist, erscheint es auch hier bringend geboten, durch eine völlige Loslösung des deutschen Elementes von dem tschechischen den Deutschen die unter unseren Verhältnissen allein wirksame Garantie für alle Eventualitäten der Zukunft zu schaffen. Eine Wendung zum Besseren wird hier überall nur dadurch herbeigeführt werden können, daß man den das tschechische Volk leitenden Kreisen Gelegenheit giebt, sich in ganz einseitig natio= naler Weise zu entwickeln. Wenn die bei einer vollständigen na= tionalen Isolirung in Anbetracht der geographischen Lage der von dem tschechischen Volke bewohnten Landstriche unausbleibliche Witzigung eingetreten sein wird, dann wird sich in natürlicher Gegenströmung von innen heraus ein Triumph des Deutschthums und der von ihm vertretenen Tendenzen anbahnen, welcher im Stande sein dürfte, die Uebel wirklich zu heilen, welche ein überstürztes Preisgeben des deut=

schen Staatsgedankens und ein plan= und zielloses Experimentiren am Staatsorganismus mit sich gebracht hat."*)

Während die Tschechen Sturm liefen gegen die deutsche Hoch=schule in Prag im besonderen und gegen die deutsche Bildung im Allgemeinen, wandte die russische Regierung ihre Aufmerksamkeit speziell dem deutschen Unterrichtswesen zu, dessen Resultate auf der Hand lagen. Man wollte wieder einmal von den Deutschen profitiren und sandte 1863 eine Anzahl russischer Pädagogen durch Deutsch=land, um unsere Volksschulen und Universitäten zu studiren und nach ihrem Muster russische Anstalten zu errichten. Unter den Abgesandten befand sich Pigorow, der sich in Heidelberg niederließ und im „Golos" — dem berüchtigten Organe der Deutschenfresser — da=mals über die deutschen Hochschulen vernehmen ließ, wie folgt:

„Ich gestehe, beginnt Pigorow, daß es kein löbliches Gefühl war, welches mich bei dem Besuche der deutschen Universitäten beschlich — es war der Neid. So oft ich mir auch wiederholte, daß man den Deutschen mit dem Russen, den Greis mit dem Jünglinge nicht vergleichen könne, daß jedes Volk und jedes Alter sein Gutes habe: der Neid ließ sich nicht beschwichtigen, nachdem ich acht Universitäten besucht — auf einem so kleinen Raume, daß der Weg zwischen den am entferntesten von einander liegenden per Eisenbahn in zwanzig Stunden zurückzulegen ist. — — Deutschland verdankt der Decen=tralisation seiner Universitäten sehr viel. — — Neben der De=centralisation und Autonomie charakterisirt die deutschen Universitäten

---

*) Mehr über die Prager Universität und die in Frage stehende Tschechisirung in folgenden beiden Schriften: „Die Universitätsfrage von Dr. Constantin Höfler" (Prag 1866. Verlag des Vereins für die Ge=schichte der Deutschen in Böhmen) und „Bericht über die nationalen Ver=hältnisse an der Prager Universität. Von Dr. Philipp Knoll. (Prag 1871. Verlag des Verfassungsvereins der Deutschen in Böhmen.)

noch: die Freiheit der wissenschaftlichen Forschung und die Lehrfreiheit. Auch diejenigen Regierungen, welche liberalen Bestrebungen nicht hold sind, setzen diesen Freiheiten keine Schranken, obgleich sie fast alle das Recht der Wahl der Professoren haben. Auch die ängstlichste Regierung hat sich überzeugen können, daß in Deutschland nichts der Verbreitung gemeinschädlicher Irrlehren mehr hinderlich ist, als gerade die Freiheit der wissenschaftlichen Forschungen, die von den Kurz= sichtigen so eifrig verfolgt wird. Man ist hier durchdrungen davon, daß die Wahrheit nur dann furchterregend wird, wenn es verboten ist, sie auf der Landstraße zu suchen. Selbstverständlich mußten in den Augen der Staatsmänner und Theologen vor allen Dingen die Forschungen der Philosophie, der Geschichte und der Rechtskunde ge= fährlich erscheinen. Diese Wissenschaften konnten allenfalls für Pulver= keller unter Staat und Kirche gelten und die Freiheit der wissen= schaftlichen Analyse war hier am schwersten zu gewähren. Aber bei einer solchen Anschauungsweise, die übrigens im protestantischen Deutschland kaum durchzuführen war, ließ man eine ganze Reihe von Wissenschaften unbeachtet, die vollkommen conservativ und folglich sehr unschuldig erschienen — die Naturwissenschaften. — — — Allein zum Schaden der staatlichen und kirchlichen Orthodoxen sind es jetzt gerade diese Wissenschaften, welche in ihren, wenn auch ent= fernteren und mittelbaren Schlußfolgerungen, sich durchaus nicht so conservativ und schuldlos zeigen. — — Wir finden — so schließt Pigorow's vorurtheilsfreier und liberaler Bericht — unter den deut= schen Professoren Bekenner aller denkbaren, auf wissenschaftlichem Boden erbauten Doctrinen, und sehen zugleich, daß bei aller Freiheit der Forschung eine falsche, vor der wissenschaftlichen Kritik nicht be= stehende Lehre nie tiefe Wurzeln auf den Universitäten gefaßt hat."

Wir wollen hier ganz absehen von den russischen Universitäten, an denen manche tüchtige Kräfte wirken und nur noch — nach russi=

schen Quellen die Daten beibringen, welche den heutigen Zustand der russischen Volksbildung charakterisiren, die beharrlich von den Tschechen als nachahmenswerthes Muster aufgestellt wird. Ein Fortschritt ist in Rußland nicht zu leugnen, aber es wird noch eine geraume Zeit vergehen müssen, ehe gedeihliche Wirkungen der Schulbildung sich zeigen. Zum Belege, auf welcher tiefen Stufe das slavische Rußland noch in dieser Beziehung steht, geben wir einmal die Verbreitung der Kenntniß des Lesens und Schreibens in der russischen Armee (nach dem Dezemberheft der Militärzeitschrift Wojenny Sbornik 1869), dann die Uebersicht des Schulbesuchs in den Kreisen des Moskauer Gouvernements (nach dem statistischen Jahrbuche dieses Gouvernements 1869), da gerade diese Kreise für Rußland einen Durchschnitt repräsentiren.

Nach dem Wojenny Sbornik konnten in den drei Jahren 1867, 1868 und 1869 von allen in die Armee eingestellten Rekruten nur 9 Procent, resp. 9,5 und 9,8 Procent lesen und schreiben, während die Aushebung von 1866—1867 der preußischen Armee 96,2 Procent des Lesens und Schreibens kundiger Soldaten zuführte. Namentlich seit Beendigung des orientalischen Krieges war man in der russischen Armee ernstlich darauf bedacht, das Bildungsniveau der Soldaten zu heben, und gelangte nach Verlauf der zehn Jahre zu dem Resultate, daß, wie Herr Bobrowsky, Verfasser des in Rede stehenden Artikels, angiebt, 1866 in der Gesammtzahl aller Truppentheile 24 Procent, 1867 25 Procent und 1868 28 Procent als des Lesens und Schreibens kundig bezeichnet werden konnten. Uebrigens haben diese letzteren Ziffern nur einen bedingungsweisen Werth, da unter der Rubrik „des Lesens und Schreibens kundig" häufig Soldaten figuriren, die kaum den Proceß des Lesenlernens überwältigt haben und den Sinn des Gelesenen noch nicht aufzufassen im Stande sind. Gegenwärtig kann etwa der vierte Theil der ganzen russischen Armee lesen und schreiben. In den Special=Waffen=gattungen und in den Lehrabtheilungen ist dieses Verhältniß günstiger (30 bis 50 Procent), in der Infanterie, welche die Hälfte der ganzen Armee bildet, können ein Viertel der Soldaten lesen und schreiben, in der Cavallerie und den Localtruppen, welche ein Drittel der Armee bilden, schwankt diese Zahl zwischen $1/7$ und $1/5$. Trotz dieser offenbar nicht günstigen Ausführungen lassen sich doch in dieser Hinsicht ent=schiedene Fortschritte nicht verkennen. Die Armee, die jährlich 50 bis 90 Tausend des Lesens unkundige Rekruten aufnahm, hat während des Decenniums von 1857 bis 1867 gegen 160 bis 180 Tausend Soldaten im Lesen und Schreiben unterrichtet, d. h. jährlich etwa den fünften Theil der des Lesens unkundigen Rekruten.

Woher soll aber die Bildung bei den Rekruten kommen, wenn es mit den Volksschulen Rußlands noch so kümmerlich bestellt ist, daß auf die 13 Kreise des Moskauischen Gouvernements (mit Aus=schluß der Stadt Moskau, die 415,000 Einwohner zählt) in 950 Kirchspielen mit 1,295,823 Menschen im Jahre 1869 noch nicht mehr als 399 Schulen kamen? Man stelle sich vor, daß in den drei Kreisen Bronnitzi, Bogodorsk und Klin zwischen 5100 und 5400 Menschen erst eine Schule, im Kreise Možaisk gar 7300 Menschen erst eine Schule besitzen!

Aber diese Zahlen sind zu allgemein gehalten, stellen wir, nach dem statistischen Jahrbuche, erst die Lernenden im Verhältnisse zur Bevölkerung der dreizehn Moskauischen Kreise zusammen, so erhalten wir noch ganz andere erschreckende Zahlen. So sieht es um „Mütter=chen“ Moskau herum aus; das sind die blühenden Culturland=schaften, welche die Tschechen gegenüber dem „greisenhaften“ Deutsch=land als Ziel und Muster hinstellen, nach denen sie sich sehnen.

| Kreise. | Schüler | | Ueber= | Verhältniß zur |
	Knaben.	Mädchen.	haupt.	Bevölkerung in %
Serpuchow . . .	2059	410	2469	$2\frac{1}{3}$
Bronnitzi	1281	402	1683	$1\frac{1}{8}$
Kolomna	—	—	1498	$1\frac{2}{5}$
Moskau	1245	204	1449	$1\frac{1}{4}$
Rusa	1216	163	1379	$2\frac{1}{15}$
Dmitrowsk . . .	952	156	1108	$\frac{9}{10}$
Bogodorsk . . .	963	130	1093	$\frac{2}{3}$
Swenigorodsk . .	832	166	998	$1\frac{1}{4}$
Klin	810	125	935	$\frac{9}{10}$
Wereja	634	123	757	$1\frac{1}{2}$
Wolokolamsk . .	710	33	743	1
Podolsk	462	96	558	$\frac{2}{3}$
Možaisk	330	90	429	$\frac{2}{3}$

15099

Man beginnt nun bedeutende Summen auf den Volksschul=
unterricht zu verwenden und Pädagogen auf das Land zu senden,
welche den Dorfschulmeistern die besten Lehrmethoden zeigen sollen.
Wie lange aber wird es noch dauern, ehe wir Früchte sehen!

Slavische Annectirungen.

Es war ein schöner Maitag des Jahres 1859, als ich zum ersten Male in das Thal des Beraunflusses trat, das damals noch fernab von den Eisenbahnen lag und nur selten von Fremden be= sucht wurde. Je mehr man sich dem mittlern Laufe dieses schönen Waldstromes im Herzen Böhmens nähert, desto romantischer wird die Gegend. Ringsum säumt dichter Wald die Ufer ein, plätschernd strömt die Fluth über breit gezogene Wehre hin, welche dem Wasser Kraft verleihen, die zahlreichen Eisenwerke zu treiben; alte verwitterte Ruinen schauen herab auf den Strom, der belebt ist von zahlreichen Flössen, die den Holzreichthum der Gegend zur Moldau hinabführen. Immer weiter rücken die Dörfer auseinander, immer ärmer wird das Culturleben; aber die Naturschönheiten werden reicher. Zunächst fesselt unsern Blick das Eisenwerk Althütten, das, wie der Name schon besagt, aus alten Zeiten stammt; auch fand ich in einem alten tschechischen Urbarium des Berauner Kreises die Bemerkung, daß die „hut' stara za Berounem", die alte Hütte bei Beraun, im Jahre 1553 ihrem Besitzer einen Reingewinn von 1500 Gulden abgeworfen habe. Jetzt mag sie das hundertfache ergeben.

Drinnen kocht das Eisen in den Puddelöfen, hoch schlägt die rothe Lohe aus den zahlreichen Essen und leichtbekleidete, schwarz= russige Gesellen bringen das weißglühende Metall aus den Oefen unter die unaufhörlich schwirrenden Walzen, aus denen es zu Schienen

ober Blech geformt hervortritt. Die Tschechen sind treffliche Eisen=
arbeiter. Leicht und geschickt wissen sie sich alle nöthigen Handgriffe
anzueignen und verspricht man ihnen bei dem schwierigen Werke noch
Bier, dann sind sie auch ausdauernd. Von Altersher mußten sie
die Eisenerze auf eine einfache Weise zu bearbeiten und die tschechische
Sprache besitzt für die verschiedenen Zustände des Metalles: Gußeisen
(litina), Schmiedeeisen (železo) und Stahl (ocel) eigene Ausdrücke.
Wir behelfen uns da mit den Zusammensetzungen. Fragt aber ein=
mal nach den Bezeichnungen für die technischen Vervollkommnungen
im neuern Hüttenbetrieb und ihr hört sofort nur deutsche Namen:
die Gicht, die Formen, das Gestell, der Tümpel beim Hochofen, die
Hämmer, das Poch= und Quetschwerk, das Gezähe, alles wird, nur
ein wenig verunstaltet, deutsch benannt.

Die Leute sind gefällig, mittheilsam und nach gethaner Schicht
im Hostinec (Wirthshaus) mögt ihr sie ausfragen, nach ihren socialen
und nationalen Ansichten. Sie gehören zu den Vorgeschrittenen und
schwören auf das Programm der Ultras. Das macht sie aber für
die Romantik nicht unzugänglich, das Volkslied und die Sage finden
bei ihnen eine gute Stätte. So erzählen sie denn auch, in ihren
Eisenöfen habe — die Zeit läßt sich nicht mehr bestimmen — der
böse Jäger Robert seinen Tod gefunden, Robert, „dem längst von
böser Schadenlust die giftige Seele schwoll". Aber er hatte es ver=
dient, denn wer Andern eine Grube gräbt, fällt selbst hinein. Robert
aber wollte — den frommen Knecht Fridolin umbringen, denn hier,
nur hier ist der echte Schauplatz vom „Gang nach dem Eisenhammer".
Die Gegend ist dazu auch wie geschaffen; ein Halbstündchen strom=
aufwärts erhebt sich stolz Schloß Nischburg; dort war der Grafensitz
und Althütten gegenüber liegt im Dorfe Stredonitz die Liborius=
kapelle, wo Fridolin als Ministrant dem Priester diente.

Wie kommt die Sage hierher? Läßt sich nun auch im allge=

meinen das Dasein gleicher Sagen und Märchen bei Deutschen und
Tschechen nicht immer auf Entlehnung des einen Volks vom andern
schließen, so ist dies doch im vorliegenden Falle in der That so ge=
wesen, denn als vor etwa zwanzig Jahren die neue Liboriuskapelle
an Stelle der alten, eingerissenen erbaut wurde, fand der einweihende
Priester in seiner Predigt es für gut, Schiller's „Gang nach dem
Eisenhammer" hierher zu verlegen und unsern Dichter nach dem
„tschechischen" Stoffe arbeiten zu lassen. Seitdem erst ist die Ge=
schichte vom Fridolin im Beraunthale bekannt und ein Wirthshaus
bei den nahen Eisenhochöfen trägt das stolze Schild „Beim Fridolin".

Die Sache ist an und für sich harmlos, sie fällt aber in das
Gebiet weniger harmloser und systematischer geistiger Annectirungen.
Der Gegenstand ist zu charakterisch, als daß ich nicht näher darauf
eingehen sollte.

Wie wir im Privatleben gar oft solchen begegnen, die über die
Grenze von Mein und Dein sich dreist hinwegsetzen, so auch im
Völkerleben. Große, reiche Nationen pflegen sich über ihr geistiges
Eigenthum leicht zu verständigen; man feilscht und mäkelt nicht um
Pfennige. Der Streit, ob Karl der Große ein Deutscher oder ein
Franzose gewesen, ist jetzt ein ziemlich müssiger; politisch genommen
gehört er beiden Völkern. Uns fällt es nicht ein, den in Mömpel=
gard geborenen Curier, oder Ney, Bassenstein, Kleber zu Deutschen
machen zu wollen, so wenig wir die Franzosen Chamisso in ihren
Literaturhimmel versetzen; auch die Schotten, welche genug große
Männer die ihrigen nennen, reclamiren Friedrichs II. General Keith
keineswegs für sich.

Anders schon gestaltet sich das Verhältniß zwischen Irländern
und Engländern; hier steht ein armer, unterdrückter Mann gegenüber
dem reichen und freien. Sehen wir ab von den Liedern Ossians,
die, gleichviel ob echt, ob unecht, einst die ganze gebildete Welt in

Aufregung versetzten, was bleibt da noch übrig, was die keltischen
Briten den germanischen an die Seite setzen könnten? Das Ueber=
gewicht der Engländer mußte von irischen Patrioten ausgeglichen
werden. Vor etwa zehn Jahren hat ein Irländer ein ziemlich lang=
weiliges Buch geschrieben, um zu beweisen, daß Shakespeare aus
Wales gebürtig war; das Hauptargument darin lautete echt irisch,
daß nur ein Kelte solches Genie besitzen konnte. Odilon Barrot
wurde in der Zeit seines Ruhmes von irischen Blättern O'dillon Ba=
rott geschrieben; General Cavaignac hieß ursprünglich Cavanagh, und
Papst Pius IX. aus der Familie Mastai Ferretti hatte einen Massay
O'Ferraghty zum Großvater, während Garibaldi kein andrer als der
leibliche Enkel jenes Garrett Baldwin ist, der zur Zeit der Unruhen
von 1789 glücklich nach Italien entkam und seinem irischen Namen
einen mehr südlichen Klang zu geben suchte.

Ein Sprichwort sagt: „Es geht den Menschen, wie den Leuten".
In einem ähnlichen Verhältnisse, wie die Iren zu den Engländern
stehen, befinden sich auch die Slaven zu den Deutschen; hier wie da
wiederholt sich dasselbe, und so finden wir denn auch bei den uns
zunächst wohnenden Polen und Tschechen denselben Annectirungstrieb.
Als mildernd für denselben wollen wir gern anerkennen, daß alle
neuen Bewegungen anfangs leicht über die Schranken schlagen und
daß der brausende Uebermuth der Jugend nicht immer genau die
richtigen Grenzen einhält. Das Culturleben der slavischen Völker ist
— trotz allem was man dagegen vorgebracht hat — doch noch sehr
jung, und da sind ja Ausschreitungen nicht zu streng zu beurtheilen.
Das Streben, es dem Besseren, Höheren gleich zu thun, ist immer
anerkennenswerth, nur dürfen die Mittel hierzu keine verwerflichen
sein; man muß aus dem Eigenen heraus schaffen und nicht zum
geistigen Diebstahl greifen. Nirgends macht sich eine größere Annec=
tirungssucht breit als gerade unter den Slaven, vorzüglich aber unter

den Tschechen, trotzdem wir von ihnen tägtäglich versichern hören:
Wir wollen nichts von Euch Deutschen, Ihr habt uns nur Uebles
gebracht; wir sind stark genug, auf eigenen Füßen stehen zu können.

Die Eingriffe der Tschechen in frembes geistiges Eigenthum sind
nicht erst von heute; dieses Bestreben ist schon ein altes, nicht nur
wir Deutschen wurden geplündert, nein, man staune! — auch die
alten griechischen Dichter wurden zu Slaven gestempelt. Weilanb
Kaiser Rudolfs II. Kanzler, Johann Jacob Curtius (geb. 1554),
war ein gewaltiger Slave und im patriotischen Uebereifer binbicirte
er alles große und herrliche seiner Nationalität. Nach ihm war
Anakreon nicht zu Teos in Jonien, sondern in der Umgegend von
Leitomischl geboren; auch das berühmte Buch des Thomas a Kempis
„von der Nachfolge Christi" stammte nicht von diesem, sondern von
einem Slaven her. Das Geschichtchen vom Jan Kuttenberger, welcher
die Buchbruckerkunst erfand, das wir unten näher besprechen werden,
war ihm gleichfalls schon bekannt. Curtius belegte alle seine An=
sichten mit gelehrten Gründen, die ihn jedoch keineswegs vor dem
Fluche der Lächerlichkeit bewahren konnten.

Sein Nachfolger wurde der Erfinder des Panslavismus, der
Slowake Jan Kollar. Der für alles Slavische hochbegeisterte Mann
hatte weite Reisen unternommen; wo er hinkam und etwas Gutes
sah, mußte er gleich den slavischen Ursprung desselben nachzuweisen.
Berüchtigt geworden ist in dieser Beziehung seine „Reisebeschreibung
über eine Reise nach Oberitalien und von da über Tirol und Bayern,
mit besonderer Berücksichtigung auf slavische Lebenselemente, beendet
im Jahre 1841" (Pesth 1843). Das Resultat der antiquarischen
Untersuchungen Kollars findet sich S. 204 in folgenden Worten zu=
sammengezogen: „Mit einem Worte, Geschichte und Geographie,
Sprache und Sitten und tausend andere Veranlassungen und Um=
stände liefern den unumstößlichen Beweis, daß schon in der Urzeit,

vor den Römern und Kelten, nicht nur in ganz Oberitalien, in der
Lombardei und im Venetianischen, sondern auch in der Schweiz, in
Tirol und einem Theile Bayerns, in Rhätien und Noricum Wendo=
slaven wohnten, und daß der Baum des italienischen Lebens
seine Wurzel in slavischem Boden hat."

Nach Kollar sind u. A. folgende italienische geographische Namen
slavischen Ursprungs: Bobio, Belluno, Brenta, Brescia, Como,
Cremona (vergl. Kreml, Kremen = Feuerstein), Garda, Ancona
(slavisch Jakin), Genua (slav. Janova), Lecco, Legnano, Lugano
(vergl. Luh = Sumpfwiese), Malghera, Mantova, Modena (Mutina,
deutsch Muttersdorf, Ort in Böhmen), Padua, Ravenna, Rubano,
Savoyen, Ticino, Treviso (slav. Trebiš), Venetia, Vicenza u. s. w.

Wie mit den Italienern, sprang Kollar auch mit den Deutschen
um. Was groß, gut und schön in Deutschland, das wurde zur
größeren Ehre der Slaven von ihm feierlich und in seiner Weise
wissenschaftlich in Besitz genommen. So ist der Hansabund ihm
nach Wort und Sache urslavisch. Das Wort Hansa kommt nämlich
von der slavischen Wurzel anžiti, wázati binden. Uza, auza oder mit
dem Rhinesmus Anza, Hanza ist bei Kollar Einheit oder Bund von
Handelsstädten; das h im Worte Hansa ist blos Aspiration. Hier=
her gehört nach ihm auch das italienische Compagno, Compagnia,
slavisch Kompan, von der Wurzel Kopa, mit dem Rhinesmus Kumpa
d. i. Gesellschaft; ferner Kamerad. Es gehört das germanische Lodis=
man, Lotse vom slavischen lod' (Schiff); das deutsche Wort Waare,
vom slavischen Towar (Waare); das deutsche Kram, Krämer von
chrám hierher u. s. w. „Daß der größte Theil dieser Wörter von
den Slaven, welche hier auf dem jaderischen (adriatischen), dort auf
dem baltischen Meer Handel und Schifffahrt trieben, schon in uralter
Zeit zu einigen benachbarten, vorzüglich italischen und germanischen,
von Krieg und Fang sich nährenden Völkern übergangenen ist, ist

daraus zu ersehen, daß das Wort Hanza den Gothen schon im vierten
Jahrhundert bekannt war, denn Ulfilas braucht es im Jahre 360 in
der Uebersetzung des Evangeliums des Markus, indem er sagt: Hanza
mitila manageins d. i. eine große Menge Volkes. Dieses Wort
Hansa erborgten die Gothen von den Slaven, sowie auch andere
gleichfalls von Ulfilas gebrauchte Ausdrücke z. B. dulgs, slav. dluh,
Schuld; plats, slav. plat', Bezahlung; sinopeis, slav. Župan, Herr;
skosl, slav. kuzlo, lange Kleidung.

Kollar ist der Typus der slavischen Annectirungssucht, die sich
am besten in der folgenden Geschichte widerspiegelt, welche Kollar im
Jahre 1835 passirte. Damals kam er nach Bamberg; vor dem
Haupteingange der alten Domkirche lagen ein paar steinerne Figuren,
welchen Kollar seine volle Aufmerksamkeit zuwandte. „Kaum erblickte
ich die Denkmäler, erzählt er, so hüpfte mir das Herz vor Freude,
denn ich schloß schon aus der äußern Gestalt, daß dieses ein slavisches
Werk sei.“ Er ging weiter und fand mit seiner kühnen Phantasie, daß die
Gestalten zwei ungeheure steinerne Götzen in Löwengestalt vorstellten,
daß sie nur ein Bild des slavischen Gottes Tschernebog sein konnten,
ja, daß sie mit Runen bedeckt seien, welche den Namen der Götzen
ausdrückten. Kollar brachte sogar den historischen Beweis bei. Bischof
Otto von Bamberg, der Apostel der pommerschen Slaven, hatte die
drei Häupter des Götzen Triglaw an Papst Calixtus gesandt und er
war es auch, der diese Prachtexemplare des schwarzen Gottes nach
Bamberg brachte. Wie alle Entdeckungen Kollars von der slavischen
Welt mit Freuden begrüßt wurden, so auch diese. Schafařik, bei dem
wir sonst ein ruhiges Urtheil finden, schrieb im Jahre 1837 in der
„Zeitschrift des böhmischen Museums“ eine zustimmende gelehrte Abhandlung zu Kollars Behauptung und erhob darin die Runen auf
den Bamberger Götzen zu den einzig wahren Mustern slavischer
Schrift.

Wie löste sich nun die wunderbare Entdeckung? Die Deutschen
scheinen sich nicht viel darum gekümmert zu haben; ihnen waren die
slavischen Runen jedenfalls zu unverständlich. Die Enthüllung blieb
einem Slaven vorbehalten. Im August 1851 kam ein gelehrter
Pole, Dr. W. Cybulski, nach Bamberg und untersuchte dort die
Kollar'schen Götzen. „Schamröthe trat in meine Wangen, als ich
diese Götzen, ein Gebilde der rohsten und gröbsten Art, fand." Das
sind Cybulski's Worte. Seine Untersuchung kommt im Wesentlichen
dann auf folgendes hinaus: in der Lebensbeschreibnng des heiligen
Otto ist von diesen Götzen nirgends die Rede; dieselben sind weiter
nichts als zwei rohe steinerne Löwen, die aus demselben Materiale
wie die Domkirche bestehen und mithin aus demselben Steinbruche
wie diese stammen dürften. Um der Sache die Krone aufzusetzen
zeigte Cybulski, daß die Kollar'sche Runenschrift gar nicht existire,
daß sie lediglich ein Phantasiegebilde Kollars sei, dessen hyperslavisches
Auge zufällige Scharten und unregelmäßige Risse für Runen ansah!

Die Tschechen sind durch solche Erfahrungen keineswegs ge=
witzigt worden, sie fahren in der alten Art und Weise fort. Be=
kanntlich erwuchsen ihnen auf dem Gebiete der Künste keine großen
Männer; sie haben keine Componisten, keine Maler, keine Bildhauer,
die bahnbrechend aufgetreten wären und die daständen neben den
Heroen anderer Völker. Um dem Mangel abzuhelfen und die fühl=
bare Lücke auszufüllen, begann man sinnreiche Raubzüge in die Kory=
phäenwelt der Nachbarvölker anzustellen. Zu bemerken bleibt hier=
bei, daß jedesmal, wenn eine solche Razzia gelungen und Todte oder
Lebendige glücklich annectirt waren, der Glaube an deren geistigen
Besitz unter den Tschechen auf keinerlei Weise auszurotten war;
mochte auch ein Einzelner den kühnen Feldzug eröffnen, er wußte
gewiß, daß ihm die Nation folgte, denn für diese gab es keine Er=
fahrungen wie die mit den Bamberger Götzen. Bei Schilderung

der Burg Karlstein erwähnten wir bereits die zwei schönen Tempera= gemälde des Tommasino von Modena. Da man zur Bervoll= ständigung einer „alttschechischen Malerschule" noch einiger Meister bedurfte, so wurde Thomas ohne Weiteres annectirt. Grund dafür: der Maler schrieb sich de Mutina (denn so lautet der alte lateinische Name für Modena), und da nun im Klattauer Kreise ein tschechisches Dorf Mutina liegt, so mußte der Künstler dort geboren sein. Quod erat demonstrandum. Nur allein der berühmte Slavist Abbé Dobrowsky belächelte diesen Wahn und Seroux b'Agincourt bewies später die italienische Abkunft des Künstlers (Mikowetz, die Burg Karlstein S. 20).

In der Musik ist man nicht anders verfahren wie in der Malerei. In Prag kann man vielfach ein Tableau sehen, auf welchem die berühmten Männer des tschechischen Volkes zusammengestellt sind. Da es an einem Manne fehlte, welcher darauf die Musik würdig vertreten hätte, so ward Gluck zum Tschechen gestempelt. Arme Oberpfalz! Du hast dir einen deiner größten Söhne rauben lassen müssen, nur weil er längere Zeit in Prag lebte. Als des Meisters „Armida" auf der tschechischen Bühne vor einiger Zeit aufgeführt wurde, da ward auch die „Streitfrage" wieder laut und als die Natio= nalität Glucks nicht bestritten werden konnte, (er ist bekanntlich 1714 zu Weidenwang geboren) da entdeckte man, daß wenigstens sein Lehrer (Tschernohorsky) ein Tscheche gewesen. Auch Karl Maria von Weber, bekanntlich zu Eutin geboren, ward im Jahre 1861 „als dem Wesen seiner Musik nach" zum Tschechen gemacht und warum? weil er im Freischütz einige tschechische Volksweisen (darunter den „Jungfernkranz") benutzt hatte und Eutin (Utin) vor 600 Jahren noch slavisch war. Nicht nur bei einer, sondern bei mindestens einem Dutzend der schönsten Melodien zu deutschen Volksliedern wurde mir in Böhmen begreiflich zu machen gesucht, daß sie den Tschechen ent=

lehnt seien. Mit diesen musikalischen Entlehnungen verhält es sich bekanntlich sehr eigenthümlich und es dürfte sehr schwer sein, bei dieser oder jener Melodie das ursprüngliche nationale Eigenthumsrecht nach= zuweisen. Absolut neue Melodien werden ja überhaupt nicht mehr geschaffen, die Urtypen bestanden schon in den frühesten Zeiten und wanderten in immerwährenden Umbildungen durch die Jahrhunderte und von Volk zu Volk. Vor allem beanspruchen die Tschechen die schöne Melodie des „Gott erhalte Franz den Kaiser"; Haydn hat sie ihnen entlehnt. Wie wir aber aber zu unserer Ueberraschung in Wilhelm Tapperts „Musikalischen Studien" fanden, enthält der Krönungsmarsch in Meyerbeers Propheten tonisch genau dasselbe Motiv wie Haydns „Gott erhalte Franz den Kaiser" und diese beiden stammen, wie noch 27 andere tonisch ganz gleiche, nur rhythmisch veränderte Tonweisen, von einem Prozessionale des vierzehnten Jahr= hunderts ab. Der slavische Ursprung dieses letzteren wäre also zu= nächst nachgewiesen und dann dürfen die Tschechen der Melodie des „Gott erhalte Franz den Kaiser" sich als der ihrigen rühmen.

Es ist nicht möglich, alle die vielen Sünden anzuführen, die von Seiten der Tschechen in dieser Beziehung begangen wurden. Aber was soll man dazu sagen, wenn der Mann, dessen Geist das deutscheste Gepräge an sich trägt, wenn Lessing zum Slaven gemacht wird? „Denn" sein Name ist von Lesni, Waldmann, Förster, abzu= leiten, und sein Geburtsort, Kamenz, ward ehedem von den Wenden bewohnt. Ressel, der Erfinder der Schiffsschraube, von deutschen (sächsischen) Eltern in Chrudim geboren, er muß jetzt zur Glori= ficirung des Tschechenthums mit beitragen helfen!

Was bisher mitgetheilt wurde von Anakreon, Thomas a Kempis, den Bamberger Götzen, Thomas von Modena, Gluck, Karl Maria von Weber, Lessing, Ressel und Fridolin, es verschwindet gegenüber dem kühnen Griffe, welcher der Kulturnation der Tschechen die Er=

8*

findung der Buchdruckerkunst vindiciren sollte. Was wäre uns
armen Deutschen schließlich noch übrig geblieben! Die Polen hatten
sich Kopernikus schon annectirt, die Holländer sahen in Lorenz Koster
den eigentlichen Erfinder der Buchdruckerkunst und nun kamen die
Tschechen und nahmen uns Gutenberg in persona mit Haut und
Haaren, wie der Teufel den Faust holte! Ein Lächeln bestrafte die
Deutschen, welche im Jahre 1840 das vierhundertjährige Jubiläum
der Buchdruckerkunst feierten; ehrten sie dadurch doch einen tschechischen
Mann, dessen segenbringende Erfindung der jüngst verstorbene übrigens
um Böhmens Archäologie sehr verdiente Professor Vocel in Prag in
dem schwülstigen Gedichte, „das Labyrinth des Ruhmes" auch poetisch
verherrlichte. Dort flüchtet nach der verhängnißvollen Schlacht bei
Lipan der Husitenjüngling „Jan" nach Mainz und erfindet dort
die beweglichen Lettern. Vocel folgt nur der Tradition und den
historischen Beweisen. Was es aber mit diesen, einer seltsamen
Verkettung von Truggebilden, Hypothesen und anmaßenden Behaup=
tungen auf sich habe, darüber wollen wir dem Leser einige Rechenschaft
geben.*)

Thomas Mitis, um das Jahr 1570 Lehrer an der Prager
Universität, hatte den literarischen Nachlaß des Latinisten Bohuslav
von Hassenstein zu ordnen. Mit Bezug auf ein Gedicht desselben,
welches die deutschen Erfindungen des Schießpulvers und der Buch=
druckerkunst feierte, bemerkt er: „Ich habe aus dem Munde unseres
Landsmannes, des Dichters und Chronisten Martin Kuthenus aus
Kuttenberg gar oft vernommen, daß der Erfinder des Buchdruckens
oder doch wenigstens deren Gehilfen Böhmen gewesen seien, da die
Böhmen, durch geweckten und erfindungsreichen Geist hervorragend,

---

*) Nach den Mittheilungen des Vereins f. d. Geschichte der Dentschen
in Böhmen. IV. S. 66 f.

ehedem sehr zahlreich nach Mainz zu kommen pflegten, theils um der Studien willen, theils zur Erlangung geistlicher Weihen." Dies ist der vielverheißende Embryo, aus dem der slavische Gutenberg all= mählig erwuchs. Obschon Kuthens Einfall aller Begründung und Beglaubigung entbehrte, so fand er doch in Böhmen vielfachen Anklang; man schrieb ihm nach, die Gutenbergsgestalt streifte die nebelhafte Hülle ab und gewann nach und nach Fleisch und Blut. In den 1675 zu Prag in tschechischer Sprache gedruckten „Alten Denkwürdigkeiten Kuttenbergs" heißt es schon: „die Tschechen sagen, Johannes Faust sei aus Kuttenberg gebürtig und sei durch irgend einen Zufall (vielleicht im Jahre 1421 als so viele Bergknappen aus Kuttenberg um des katholischen Glaubens willen vor den Husiten ins Reich flohen) nach Straßburg gekommen; hier habe er die ge= biegenste aller Künste erdacht, hierauf dieselbe in Mainz ans Licht gefördert und sich statt Johann Faust von nun an Johann Kutten= berger geschrieben und genannt, um seiner Heimath Ehre und Ruhm zu gewinnen."

Man sieht den Fortschritt, der Schneeball wächst allmählig zur Lawine, und als daher im Jahre 1740 in Prag das 300jährige Gutenberg=Jubiläum gefeiert wurde, konnte Pater Pretlyk in seiner tschechischen Festpredigt dreist behaupten, daß der Erfinder der Buch= druckerkunst als Kuttenberger Stadtkind dem Lande Böhmen ange= höre. Da aber die Deutschen diesen Wink so wenig beachteten, daß sie 100 Jahre später abermals eine Säcularfeier in Scene setzten, so entschloß sich der tschechische Gelehrte Wrt'atko, ihnen gründlich zu zeigen, welchem hartnäckigen Wahn sie huldigten, wenn sie Guten= berg noch immer als einen der Ihrigen ansahen und verherrlichten. Gutenberg, so setzte Wrt'atko auseinander, hieß ursprünglich Johann Stiastny, was soviel als glücklich oder Faustus bedeutet. Dieser Stiastny war aus Kuttenberg gebürtig, widmete sich in Prag den

Wissenschaften und kam durch seine tiefen Einblicke in die Geheimnisse der Natur beim Volke unter dem Namen Dr. Faust in den Ruf eines Zauberers. In der Neustadt Prag steht jetzt noch das Fauſt'ſche Haus. Als er nach dem Ausbruche der Huſitenkriege plötzlich aus Prag verſchwand, erzählte ſich das Volk, der Teufel hätte ihn zer= riſſen: er aber war gen Straßburg gezogen, dort reifte die große Erfindung im Stillen, bis Stiaſtny, welcher jetzt, eingedenk der Heimat, ſich Joannes Kutenbergenus nannte, ſie in Mainz den Blicken der ſtaunenden Welt preisgab.

Welche Verwirrung! Der Mainzer Goldſchmied Fuſt, der ſpätere Zauberer Dr. Fauſt, ein fingirter Stiaſtny und unſer Guten= berg alles zuſammengebraut und durcheinander gewürfelt von dem tſchechiſchen Gelehrten Wrt'atko und ſeiner Nation als Angebinde dargebracht zur vierhundertjährigen Jubelfeier der Buchdruckerkunſt! Er ſollte aber nicht der letzte ſein, der für den tſchechiſchen Guten= berg focht; das letzte Wort gehörte dem Pater Karl Winarizky, wel= cher im Jahre 1847 zu Brüſſel eine Broſchüre veröffentlichte, welche den Titel führt: Jean Guttenberg né en 1412 à Kuttenberg, in= venteur de l'imprimerie à Mayence en 1450. Hier tritt uns nun eine Wandertheorie entgegen, in welcher die Mainzer Gensfleiſch nach Kuttenberg ziehen und dort entſproß aus der Familie ein ge= wiſſer Mlabota, b. i. der Junge, — unſer Gutenberg. In Kutten= berg erhielt er den erſten Anſtoß zu ſeiner Erfindung, dort, in ſeiner Vaterſtadt, ſah er die Prägung der Münz=Legenden, die Glockenin= ſchriften, die ihn zur Erfindung der Buchdruckerkunſt führen mußten. Der geiſtige Löwenantheil bleibt den Tſchechen, und wie viel Einzel= heiten Winarizky auch anführt (am 18. November 1445 ward ein Joannes de montibus Cutnis in Prag zum Baccalaureus grabuirt und dieſer war natürlich Niemand anders als Gutenberg), ſeinen ganzen Dichtungen fehlt nichts als — die Erweislichkeit.

Etwas vorsichtlicher als Kollar, und mit diesem in Bezug auf Gründlichkeit und Gelehrsamkeit überhaupt nicht zu vergleichen, ist der Pole Joachim Lelewel verfahren, der gerne den Slaven die Entdeckung Amerikas vindiciren oder doch wenigstens den Anstoß dazu vindiciren möchte. Colon hielt sich nämlich im Jahre 1477 in Island auf und dort trat ihm ein Pole Johann Szkolny oder Scolnus (also Johann aus Kolno) entgegen, der im Jahre 1476 Labrador und die Hudsonsstraße besucht haben sollte und zwar im Auftrage des Königs Christian II. von Dänemark (Lelewel, Géographie au moyen-âge IV. 106). Aber die ganze Unternehmung ist durchaus unverbürgt, so großen Werth auch Lelewel darauf legte, wie denn schon Humboldt in seinen kritischen Untersuchungen auf das ungenügende dieser slavischen Auseinandersetzung hinwies. Und wäre auch der polnische Steuermann bis Labrador gelangt, hätte seine Fahrt und angebliche Entdeckung etwa größere Rückwirkungen gehabt, als die weit frühern der Normannen nach Helluland, Mark= land und Weinland? Gleich jener ist sie für die eigentliche Ent= deckung Amerikas ohne Folgen geblieben, aber sie ist unverbürgt und wurde nur in Scene gesetzt — abermals zur größeren Ehre der Slaven.

Eine Widerlegung aller slavischen Fabeln ist, gegenüber den klaren Zeugnissen, nicht nöthig. Die Tschechen glauben natürlich doch was sie wollen. Fahren sie in der angegebenen Weise fort, dann wird die Zahl der großen Männer, die sie besitzen, die Menge der wichtigen Erfindungen, die sie gemacht haben, bald die aller andern Nationen übertreffen. Die Buchdruckerkunst und die Schiffs= schraube gehören ihnen schon. Sie wissen auch, daß ein Mährer Namens Diwisch, also ein Mann ihrer Nation, schon vor Franklin den Blitzableiter erfand, doch die undankbare Welt steht noch an, dies allgemein anzuerkennen.

Die Gerechtigkeit erfordert es, zu sagen, daß den Tschechen auch
einige große Männer abhanden gekommen sind, die ursprünglich ihrer
Nationalität angehörten; so Wallenstein (Valdštyn) und der Feld=
marschall Rabetzky (Hradecky), die beide aus alttschechischen Ge=
schlechtern stammen und im gewöhnlichen Laufe der Anschauung für
Deutsche genommen werden. Ein anderer großer Mann aus dem
böhmischen Adel Bohuslav von Hassenstein (†˙1510) aus der
Familie der Lobkowize, welcher dem Geiste seiner Zeit gemäß meist
lateinisch schrieb und den man gern für einen großen Tschechen aus=
giebt, erklärt ausdrücklich in einem Briefe an seinen Freund Adel=
mann in Eichstädt: „Ich gebe mich ohne Anstand für einen Deutschen
aus, und ich bin stolz darauf, einer zu sein." Sein patriotisches
Gefühl hat er am tiefsten in dem Gedichte „Deutschland an Italien"
ausgesprochen, in dem es heißt:

Beizuzählen mein Volk den Barbaren wagest, o Rom, Du?

Setze Deutschland zurück, was deutscher Witz je erfunden,
Was bewahret Dich denn vor dem barbarischen Joch?

Graf Kaspar von Sternberg, aus dem Geschlechte der
Diwisch, endlich, der große Naturforscher, welcher eine sehr stark
ausgesprochene Heimatsliebe für Böhmen besaß und viel für das
Land that, der sich jedoch selbst in einen Gegensatz zu den „echten
Tschechen" brachte, spricht sich in seinem Briefwechsel mit Goethe
über die von ihm begründeten deutschen Naturforscherversammlungen
dahin aus, daß diese gewissermaßen den Mangel einer Hauptstadt
in Deutschland ersetzen müßten und fügt hinzu: „Der Himmel gönne
dem wissenschaftlichen Streben in unserm deutschen Vaterlande
noch lange Friede und Ruhe." (Briefwechsel zwischen Goethe und
Graf Kaspar von Sternberg S. 179.) Er hat sich also auch unter
die Deutschen gerechnet.

Auch einen bedeutenden Künstler haben die Tschechen durch Entnationalisirung verloren, den Kupferstecher Wenzel Hollar (geb. zu Prag 1607, gest. 1677). Im Prager Landtage fanden im Jahre 1862 große Debatten wegen Ankauf einer Sammlung der Kupferstiche dieses Meisters statt, wobei seine Nationalität keine geringe Rolle spielte. Als ich das britische Museum zu London be= suchte, habe ich mir die dort ausgestellten Werke Hollars deßhalb genau angesehen. Sein von Meysens gestochenes Portrait zeigt eine entschieden slavische Physiognomie; die Unterschrift unter demselben führt uns biographische Notizen in französischer Sprache vor; die Stiche englischer Lustschlösser, Ansichten von Tanger in Afrika, Portraits nach van Dyk, Holbein, Thierstücke nach Barlow, Trachten= bilder englischer Frauenzimmer zeigen englische Inschriften, in dieser Sprache ist auch ein Autograph Hollars aus dem Jahre 1652 abgefaßt, in dem er Sir William Dugdale meldet, daß er von Sol= daten verhaftet und nach Hicks's Hall abgeführt worden sei. Deutsch endlich sind die Unterschriften der schönen von Hollar herrührenden Ansichten Prags — etwas tschechisches konnte ich von ihm nicht auffinden; er scheint Böhmen ganz vergessen zu haben.

So ein verlorener Slave war auch Kaiser Justinians ausge= zeichneter Feldherr Belisar. Wie neuere slavische Geschichtsforscher nachweisen, war er einer der ihrigen, weil er im slavisirten Dar= danien geboren wurde und sein Name weder griechisch noch römisch klingt und nur vom slavischen Belitscharj abgeleitet werden kann. Daß Kaiser Justinian übrigens ein Slave war, ist eine bekannte Thatsache.

So ist denn die Erfindung der Buchdruckerkunst und vieles andere, auf welches wir Deutschen uns stets etwas zu Gute thaten, uns von den Tschechen in majorem gloriam ihrer Nationalität plötzlich unter der Hand wegescamotirt worden. Das genügte aber dem Heißhunger noch lange nicht. Auch die Reformation ist slavischen Ursprungs. Dem national gesinnten tschechischen Geistlichen, der in seiner Stellung Hus gegenüber sich noch immer nicht zurecht finden kann, und ihn lieber in zwei Wesen, ein natio= nales und ein reformatorisches spalten möchte, um das erstere ans Herz zu drücken und das zweite zu verdammen, dann dem griechisch= orthodoxen Popen — diesen beiden ist die Entdeckung vom slavischen Ursprunge der Reformation allerdings nicht ganz genehm, aber die anderen alle, sie nehmen sie dankbar an, im Vollgefühle, daß, gleich= viel auf welchem religiösen Standpunkte man auch stehen möge, in der Reformation doch eine weltgeschichtliche That ersten Ranges vor= liege — eine solche aber konnte nothwendigerweise nur von den Slaven ausgehen. Was darüber gesagt werden kann, was durch viele populäre Schriften und Journale dann, namentlich unter den Tschechen, weiter verbreitet wurde, ist in Jordans „slavischen Jahr= büchern" 1844. S. 147 ff. zusammengefaßt worden. Schon im Jahre 680 — damit beginnt die slavische Reformation bereits! — erhob die Kirchenversammlung Klage wider die Slaven, daß sie beim Gottesdienste alle Bilder wegließen. Ueberhaupt war in den slavi= schen Gegenden an der untern Donau der Hauptsitz der von der Gesammtkirche abweichenden Sekten; die Slaven arbeiteten zuerst für die Einführung der Volkssprache in der Kirche, sie erreichten dieses schon im neunten Jahrhundert, die Deutschen durch Luther erst im sechszehnten; somit besaßen sie schon sieben Jahrhunderte vor uns ein Hauptergebniß der Reformation. Im zwölften Jahrhundert stiftete Basilii — man merke wohl auf den Namen, denn hier be= gegnen wir dem Urvater aller Reformatoren! — unter den Bulgaren die reformatorische Sekte der Bogomili oder Gottliebenden; er durch= reiste „halb Europa" im Mönchsgewande und streute den Samen

seiner reformatorischen Ideen aus. Von dieser reformatorischen Ur=
zelle oder Monade gleichsam empfingen die Albigenser ihre ketzerischen
Ansichten. „Daß die Anfänge der Reformation von den Bulgaren
nach dem Westen, zunächst nach Italien und Frankreich gekommen
seien, darauf deutet auch der Schimpfname Bugerone, französisch
bougre, d. i. Bugar — wie sich die Bulgaren iu ihrem Dialekte
selbst nennen und von den ihnen westlich benachbarten Serben genannt
werden —. Benoit sagt (Histoire des Albigeois et des Vaudois)
ausdrücklich: „On les (die Albigenser) appeloit aussi Manichéens,
Gazari (Chazaren) et Bulgares." Nach demselben Zeugen war
die Sekte der Bogomili schon längst vor Waldo — von welchem
die Waldenser benannt wurden und dessen Name, ein bei den
Slavo=Bulgaren ganz gewöhnlicher Vorname, Wlad, ist vorhanden,
und hielt sich in den italienisch=französischen Thälern auf, um vor
Nachstellungen sicher zu sein."

Aus diesem reformatorischen bulgarischen Protoplasma sind
nun schon die Albigenser und Waldenser geworden; auf Benoits
Zeugniß hin hätte man erstere aber vielleicht auf die Chazaren zu=
rückführen können, was auch nicht übel gewesen wäre. Wie dem nun
auch sein möge, jetzt wird die Sache leicht und Schlüsse folgen auf
Schlüsse. Der reformatorische Samen ist durch den Slaven Basilii
ausgestreut worden, bei Waldensern und Albigensern ist er auf=
gegangen und die Ketzer Peter Abonus, Savanarola, Peter Brufsyani
trugen unbewußt den slavischen Gedanken der Reformation in das
fünfzehnte Jahrhundert hinein. Das slavische darin mochte freilich
schon etwas romanisch verwässert sein — aber die Auffrischung war
nahe. „Nachdem die Lehre der Bogomili, sagt unser Slave, nun
aus den Donauländern durch Italien, Frankreich bis nach England
einen großen Halbkreis um Deutschland herum beschrieben hatte, das
von demselben noch keine Ahnung zu haben schien, fügte es das

Schicksal, daß in Folge der Verbindung des böhmischen Fürsten=
hauses mit dem englischen, ein junger Tscheche, Hus von Husinetz,
nach England kam und dort mit Wikleff, einem der berühmtesten
Lehrer, bekannt wurde." Die slavische Reformation ist nun fertig,
denn daß Luther nur ein Nachbeter des Hus, ohne alle selbständige
Schöpferkraft gewesen, das steht nach tschechischer Auffassung ja fest,
darüber ist weiter nicht zu streiten. Höchstens hat Luther das vor=
handene Feuer nur etwas anzufachen vermocht.*) Sehr hübsch bild=
lich dargestellt habe ich diese Idee in einem Graduale aus dem
sechzehnten Jahrhundert gesehen, welches auf der Prager Bibliothek
aufbewahrt wird. Es hat tschechischen Text und war für die utra=
quistischen Bürger der Kleinseite Prags hergestellt worden. Die
Randarabeske eines Blattes zeigt nun die Verbrennung des Hus.
Oben schlägt Wiclef Feuer, unter ihm entflammt Hus eine Kerze,
dann folgt Luther, der eine Fackel schwingt. Leider fehlt Basilii,
die bulgarische Urmonade der Reformation, von welcher Jan Kantor,
der das Graduale vollendete, unbegreiflicherweise keine Vorstellung
gehabt zu haben scheint.

Der Beweis ist hergestellt, die Reformation ist slavischen Ur=
sprungs. „Es ergiebt sich aber auch," schließt unser Slave, „wie

---

*) Luther hat keinerlei Anregungen den Utraquisten zu danken gehabt,
wie dieses B. Czerwenka „Geschichte der evangelischen Kirche in Böhmen"
(2 Bde. Leipzig und Bielefeld, Velhagen und Klasing 1869, 1870) nach=
weist, und zwar mit Luthers eigenen Worten, der 1520 an Georg Palatin
schrieb: „Wir sind alle, ohne daß wir es wußten, sogar Paulus und
August, im eigentlichen Sinne des Wortes Husiten. Sieh, in welche
Wunderlichkeiten sind wir ohne irgend einen Führer und Lehrer
aus Böhmen gelangt." In dem Kapitel „Die evangelische Bewegung
unter König Ludwig" Bd. II. S. 149 behandelt Czerwenka ausführlich
die Beziehungen Luthers zu Böhmen.

einseitig und ungerecht die handeln, welche die ganze Reformation nur Luther zuschreiben und sie nur als Werk der deutschen Nation betrachten. Die Verdienste der Slaven sind in dieser Hinsicht älter, beträchtlicher, theurer — Basil, Hus, Hieronymus gaben ihr Leben dafür hin — als die der Deutschen. Die Slaven pflügten und säeten, Luther und die Deutschen waren blos die Schnitter. Was nun besonders den Lieblingsausdruck „die deutsche Reformation" be= trifft, so können wir nicht umhin in Erinnerung zu bringen, daß unter den wichtigsten der Reformatoren Trebon, Staupitz (Stupichy) Slaven waren, daß Luther selbst in einem früher von Slaven bewohnten Orte geboren war (!), daß er den meißnisch=deut= schen Dialekt, gerade denjenigen, der sich unter dem Einflusse eines noch bis ans Ende des vierzehnten Jahrhunderts slavisch sprechenden Volksstammes entwickelt hatte und freilich infolge dessen noch für den schönsten (!!) der Deutschen gilt, zu seiner Uebersetzung der Bibel wählte, und daß dieser Dialekt eben durchdrang, weil er der glatteste war, daß mithin (!) die Reformation eine Gabe und Frucht der slavischen Nation und der Boden, auf dem Luthers Füße einst ein= herschritten, einst den Wenden, Sorben, Plonen, Chuticen und anderen Slavenstämmen gehörte, die aber von den Deutschen ver= drängt und ausgerottet wurden."

Though this be madness, yet there is method in't.

Uebrigens steht die Sache fest und wir erlauben uns nur eine bescheidene Frage: Was haben denn die Slaven mit ihrer Refor= mation angefangen? Schafařik hat uns eine Vertheilung der Slaven nach den Religionen gegeben. Da finden wir denn, daß 75,828,000 der griechischen und der römischen Kirche angehören, und daß nur anderthalb Millionen (meistens Slovaken und Wenden) Protestanten sind; 800,000 genießen das Glück, Mohammedaner zu sein. Das Volk, von dem „ursprünglich die Reformation ausging", liefert unter

allen europäischen Nationen einzig und allein Anhänger des
Propheten.

So bleibt denn schließlich gar wenig für uns Deutsche übrig.
Unsere armen „unterdrückten und beraubten" Nachbarn — sie haben
den Löwenantheil für sich genommen. Es ist nur zu verwundern,
daß wir überhaupt glaubten, etwas hervorragendes auf geistigem
Gebiete besessen zu haben. Wir sind geistige Bettler. Das beweist
uns die russische Zeitung Golos (Nr. 41. 1870) in einem Artikel,
der die Slaven als Gegenstück in den Himmel hebt. „Wir bewun=
dern, heißt es dort, den Genius der Semiten auf dem Gebiete reli=
giöser Schöpfungen, den der Griechen auf dem Gebiete der Wissen=
schaften und Künste, den Genius der Römer auf dem Gebiete des
Rechts und der Politik; wir bewundern den begeisterten Schwung
des Spaniers und Italieners, das gesellschaftliche Talent und den
Geschmack des Franzosen, die schöpferische Kraft und die Erfindungs=
gabe des Engländers. Was kann dagegen der Deutsche für
sich beanspruchen? Was ist an ihm genial, was ideal, was vol=
lendet? Ist sein Glaube nicht abstract und sein Unglaube kühl?
Seine Philosophie phantastisch und seine Poesie philosophisch? Seine
sociale Existenz, sein Feudalismus, sein Junkerthum, sind sie nicht
die Negation der Menschenrechte, die organisirte Gewaltthat? Können
seine gute militärische Disciplin, seine gute Bewaffnung, seine In=
tendantur dem deutschen Volke den Beinamen eines göttergleichen
(sic) eintragen? Können seine Mäßigkeit und Accuratesse, sein kaltes,
herzloses, maschinenartiges Ausführen dessen, was ihm befohlen
wird, selbst auf Kosten der geheiligten Gefühle der Großmuth und
des Mitleids mit dem Unglück, können sie dieses Volk erhöhen und
und Liebe erregen? Können seine Arbeitsamkeit und Pünktlichkeit
den Mangel an schöpferischer Kraft und Humanität ersetzen? Wir
haben mit unseren eigenen Augen die Kehrseite des Germanismus

gesehen, und wenn trotz alledem oder gar eben deshalb die Deutschen das nachahmungswürdige Ideal der Politik und Kultur bleiben, wo soll dann der Glaube an die Menschheit, an ihren Fortschritt, an den Einfluß der Bildung auf Charakter und Leben der Völker noch ferner ein Unterkommen und Schutz finden? Nein, möge die geschichtliche Vorsehung die Slaven vor dem Wege der Entwickelung bewahren, auf dem sie den Deutschen ähnlich werden könnten."

Hufitifches und Kirchliches.

An einem herrlichen Pfingſttage wanderte ich allein mit einem alten Mütterchen über die Kruſchnahora, einen herrlichen mit Buchen beſtandenen Berg im Pürglitzer Bezirke. Die Alte kam von einem fernen Dorfe und hatte ſich früh aufgemacht, um rechtzeitig in dem Dörfchen Swata einzutreffen, wo am heutigen ·Tage huſitiſcher Gottesdienſt ſtattfinden ſollte. Denn dort hat ſich noch, unbekümmert um die Stürme, welche alle Reſte des Proteſtantismus von Böhmens Boden fortfegten, eine kleine huſitiſche Gemeinde erhalten, zu der an hohen Feiertagen ein Geiſtlicher aus Prag zum Predigen kommt. Wegen der zähen Hartnäckigkeit, mit welcher dieſe Leute an ihrem alten Glauben feſt halten, nennt ſie das tſchechiſche Landvolk Berani, Böcke. Auch die Alte gehörte zu ihnen und ſie wußte mir viel von den Leiden zu erzählen, die ehemals die Gemeinde zu erdulden gehabt, wie dieſe aber trotz aller Verfolgungen im alten Glauben der Väter ausgeharrt und heimlich Gottesdienſt gehalten habe, wobei das Abend= mahl aus einem uralten Kelche geſpendet und das Evangelium aus einer alten Bibel vorgeleſen worden ſei. Kelch und Bibel ſind er= halten worden; ſie .ſtammen aus dem 16. Jahrhundert und werden jetzt wieder öffentlich gebraucht.

So ragt das Huſitenthum mit einzelnen Aeſten in die Gegen= wart der Tſchechen noch hinein — aber im ganzen hat das Jahr 1620 hier einen Bruch hervorgebracht, den man künſtlich zu über=

brücken versucht, bei dem der Katholicismus und das Nationalgefühl der Tschechen in Zwiespalt gerathen. Die Religionsverschiedenheit steht in Böhmen jetzt außerhalb jedes Zusammenhanges mit der Nationalität; es ist dort nicht wie in Polen, wo der Protestantismus gleichbedeutend mit niemecka wiara, mit dem „deutschen Glauben" ist. Die Zahl der Lutheraner und Reformirten im Lande beträgt etwa 100,000 und die meisten derselben, namentlich die Lutheraner, stammen von später Eingewanderten ab. Daher sind auch die Lutheraner vorzugsweise Deutsche, die Reformirten Tschechen. Auch unter sie ist der Nationalitätenhader gefahren und im Juni 1871 haben sich die reformirten Tschechen von der Generalsynode in Wien losgesagt, obgleich letztere gern ihre Forderung der vollen Parität der tschechischen Sprache bei den Verhandlungen zugestanden hat. Die Tschechen der Augsburger Confession haben einen solchen Umweg nicht einmal für nöthig gehalten, sondern sie haben, mit Berufung auf die schon vollzogene Abtrennung ihrer Landsleute helvetischer Confession, nicht bloß ebenfalls für sich eine gesonderte Organisation verlangt, sondern auch die vorgeschlagene gemeinsame Behandlung der Schul- und interconfessionellen Angelegenheiten mit der Begründung abgewiesen, daß dieselbe doch in jedem Falle nur von kurzer Dauer sein könne. Der Bruch zwischen deutschen und tschechischen Protestanten ist damit ein vollständiger geworden. Ueberhaupt giebt es kein Gebiet mehr in Böhmen, auf dem jetzt beide Nationalitäten zusammen wirkten und das ist vorderhand auch rein unmöglich, so lange die Tschechen auf ihren Majorisirungsgelüsten bestehen und den Traum der „herrschenden Rasse" weiter träumen.

So gering auch die Zahl der Reformirten in Böhmen unter den Tschechen heute ist, sie können doch noch einmal eine Rolle spielen, indem der Husitismus an sie anknüpft, der von einer großen Partei wieder auf den Schild gehoben und im nationalen Interesse ausgebeutet wird. War ja, trotz allem was man dagegen sagen mag, der Hufitismus wesentlich eine nationale Revolution, gegen die Deutschen gerichtet und zwar mit Erfolg. Wie sehr sind durch einseitige Dar= stellungen über Hus und seine Reformation die Begriffe bei uns ver= wirrt worden! Konnte doch noch der verdiente Reisende J. G. Kohl, als er nach Böhmen kam, sich darüber wundern, daß Hus kein Deut= scher, sondern ein Tscheche sei. „Ich hatte Hus, bevor ich nach Böhmen kam, immer für einen ehrlichen Deutschen genommen," schreibt er. Hören wir dagegen die eigenen Worte des Mannes, bei dem die Auflehnung gegen die mittelalterliche Hierarchie erst in zweiter Linie stand. Hus hatte es bei König Wenzel durchgesetzt, daß 1409 die Deutschen von der Prager Universität vertrieben wurden und von der Kanzel verkündigte er frohlockend das große Ereigniß: „Kinder, gelobt sei der Allmächtige, so schrie er, daß wir die Deutschen aus= geschlossen haben, daß wir erlangt haben, für was wir unsere Kräfte einsetzten und daß der Sieg unser ist." Noch kräftiger drückte sich der Magister Jessenitz aus, wenn er rief: „Die Deutschen, die heutigen Verschwörer, seien schlimmer, als die Juden und Pharisäer gewesen, indem sie nicht blos gegen Christus, sondern auch gegen das König= reich Böhmen und die Prager Universität sich verschworen hätten; mit Recht habe Wenzel diese Verschwörer verwiesen." Oder war nicht folgender Ausspruch so recht bezeichnend: „Die Tschechen dürften in Böhmen nicht der Fuß, sondern das Haupt sein; nicht dürfte das Brot den Hunden vorgeworfen werden, das Karl seinen Böhmen ge= geben, und das denselben gehöre; den Fremden gehören die Brosamen, den Einheimischen die volle Tafel, die tschechische Nation dürfe nicht die Magd der Deutschen sein."

An dieses Husitenthum knüpfen die Tschechen heute wieder an. Hus wird wieder gefeiert wie in alten Tagen und der 6. Juli ist ein Feiertag geworden, der neben dem Nepomuk= und dem Wenzelstage steht.

Der 6. Juli, der Tag, an welchem Hus im Jahre 1369 ge=
boren und 1415 in Konstanz verbrannt wurde, hieß früher in tsche=
chischen Kalendern památka mistra Jana Husi, Gedächtnißtag des
Meisters Johann Hus, und wurde allgemein als Feiertag begangen.
Viele Urkunden sind nach ihm datirt und selbst in Prag hielt noch
Ende des sechzehnten Jahrhunderts das Volk so streng auf die fest=
liche Feier dieses Tages, daß der Abt des Klosters Emaus, Paul
Horský, auf das ärgste verfolgt wurde, weil er ein Mal am Tage
des Hus im Weingarten arbeiten ließ. Die Utraquisten verfaßten
deshalb das nachstehende Spottlied auf ihn:

> A ten Slovanský opat
> Dal na vinici kopat
> Na svátek Jana Husi
> Za to do pekla musi
> Věčně se trápiti.*)

Da selbst Ermordungsversuche das Leben des Abtes bedrohten,
legte dieser seine Würde nieder und ging in ein anderes Kloster.
(Schaller, Prag. IV. 78.)

Schon 1866, während die Preußen Prag besetzt hielten, be=
gannen die husitischen Demonstrationen der Tschechen. Als die bis
dahin verbotenen Dramen Kajetan Tyls: „Žižkas Tod“ und „Johann
Hus“ aufgeführt wurden, drängte sich das Publicum mit großem
Enthusiasmus in das tschechische Theater und begrüßte jubelnd die
Husitenfahne mit dem Kelch; aller Augen hingen an der Žižkagestalt,
die in porträtähnlicher Maske auftrat. Das Haus war stets über=
füllt. Von der Theatercensur waren diese Stücke verboten und da
diese während der preußischen Besetzung nicht in Wirksamkeit war,
so übernahm es der Prager Erzbischof, die Schauspieler vor der Auf=

---

*) Ach der slavische Abt ließ im Weingarten hacken am Feiertage
des Jan Hus. Dafür muß er sich ewig in der Hölle abquälen.

führung ſolcher „tendentiöſer" Stücke, wiewohl ohne Erfolg, abzu=
mahnen.

Gleichzeitig begannen Jeſuitenhetzen. „Na Jeſuiti", riefen die
Tſchechen und warfen dieſen die Fenſter ein. Zahlreiche Gemeinden
verlangten die Entfernung des Ordens aus Böhmen und im Land=
tage ſtellten die Jungtſchechen an den Statthalter eine Interpellation,
in welcher es heißt:

„Es ſind beinahe hundert Jahre verfloſſen ſeit der Zeit, daß
der Orden der Jeſuiten faſt aus allen katholiſchen Ländern Europas,
als ſchädlich und mit dem allgemeinen Wohle unverträglich, ver=
wieſen und ſelbſt vom Papſte Clemens XIV. durch die Bulle vom
13. Auguſt 1773 als ein dem Frieden der katholiſchen Kirche ge=
fährlicher Orden aufgehoben wurde. Seit jener Zeit war auch unſer
Vaterland frei von Jeſuiten. — Erſt vor einigen Jahren kamen
wieder die Jeſuiten in das nördliche Böhmen, wo ſie ein Knaben=
ſeminar errichteten; während der letzten Kriegsereigniſſe hatten ſich
einige aus Italien ausgewanderte Jeſuiten in Prag feſtgeſetzt und es
verbreitete ſich das Gerücht, daß ſie geſonnen ſind, ſich auch noch in
andern Orten Böhmens niederzulaſſen. Dieſes Ereigniß erſchreckte
und beunruhigte insbeſondere die Gemüther der Bevölkerung des
Königreichs Böhmens, um ſo mehr, je lebhafter bei uns noch das
Andenken an die frühere unheilvolle Wirkſamkeit des Ordens der
Jeſuiten iſt. Die allgemeine Indignation und Erregung der Ge=
müther iſt um ſo begründeter, je mehr zu befürchten iſt, daß der
Orden der Jeſuiten wieder die Erlangung der Schule und der Er=
ziehung der Kinder nicht ohne Erfolg anſtreben wird, und je allge=
meiner bekannt es iſt, daß die geiſttödtende, der Aufklärung und dem
Fortſchritte feindliche Thätigkeit der Jeſuiten eben in dieſer Richtung
die gefährlichſten Folgen nach ſich ziehen kann."

Dieſes Auftreten konnte Verwunderung erregen. Wußte man

doch, daß die reactionäre Bureaukratie des abſolutiſtiſchen Syſtems von Bach und die Thun'ſche Concordatspolitik ihre hingebendſten, thätigſten und geſchickteſten Werkzeuge unter den Tſchechen gefunden hatte. Tſchechiſche Beamten ließen und laſſen ſich zu allem gebrauchen; Böhmen lieferte ſie in Unmaſſe und ſie wurden ein förmlicher Export= artikel für die übrigen Kronländer, namentlich Ungarn, wo ſie, als Deutſche angeſehen, dem deutſchen Namen nur Schimpf und Schande einbrachten. Woher nun dieſes huſitiſche und jeſuitenfeindliche Auftreten? War der Katholicismus unter den Tſchechen bedroht? Schwerlich; denn wenige Wochen darauf, nachdem man den Jeſuiten die Fenſter eingeworfen hatte, lag Prag auf den Knieen vor den Reliquien des heiligen Johannes von Nepomuk, die von Salzburg zurückkehrten, wohin man ſie höchſt unnützer Weiſe vor den Preußen geflüchtet hatte. Es war die jungtſchechiſche Partei, die immer kräftiger ihr Haupt hebend, auch in religiöſen Dingen eine freiere Richtung an= ſtrebte, während die bei weitem ſtärkere alt=tſchechiſche Partei ein ent= ſchiedenes Bündniß mit den Ultramontanen abgeſchloſſen hatte. Da aber in den huſitiſchen Demonſtrationen vorzugsweiſe ein nationaler Kern enthalten war, da ſie zuerſt, wie das ganze Huſitenthum, im deutſchfeindlichen Sinne aufgefaßt werden mußten, ſo beförderten die Alttſchechen die huſitiſchen Neigungen eher, als daß ſie ihnen ent= gegentraten und ſelbſt die katholiſche Geiſtlichkeit verhielt ſich lau. Hin und wieder ertönte ein Stoßſeufzer oder die oberſten Kirchen= hirten warnten. So ſchrieb die tſchechiſche katholiſche Zeitſchrift Bla= hověſt: „Manche unſrer Vaterlandsfreunde ſcheuen ſich nicht, die katholiſche Religion, die durch 200 Jahre die einzige Zufluchtsſtätte der tſchechiſchen Nationalität und Sprache war, zu ſchmähen, indem ſie unabläſſig den unglücklichen Verirrten und Verſtockten Hus und den fanatiſchen Burgen= und Kirchenzerſtörer Žižka hochpreiſen. Sehen

ſie denn nicht ein, daß ſie das Volk, indem ſie es ſo verführen, zu
Thaten zu verleiten ſuchen, welche unſer Vaterland an den Rand
des Abgrundes gebracht?"

Dergleichen half aber nicht und ein paar Jahre lang wurde
nun, zumal während der Zeit des ſog. Bürgerminiſteriums, huſitiſch
demonſtrirt und die Gelegenheit hierzu wurde, wie gewöhnlich bei
den Tſchechen, an den Haaren herbeigezogen. Auf der Stätte, auf
der Hus verbrannt worden war, hatten die Konſtanzer ein einfaches
Denkmal errichtet, zur Erinnerung an das große Ereigniß, daß aber
dieſer Stein einmal zu einer deutſchfeindlichen Demonſtration benutzt
werden ſollte, hatten ſie ſich nicht träumen laſſen. Und doch zum
— 453. Jahrestage von Hus Feuertod wallfahrtete ein Tſchechen=
haufe in Komödiantentracht nach der alten deutſchen Stadt, wo die
Biedermänner, die noch vor einem Jahre auf dem Moskauer Panſla=
viſtencongreſſe unterthänig vor den Füßen des Zaren erſtorben waren,
in heuchleriſcher Weiſe mit Freiheitsphraſen um ſich warfen. Freilich,
die Moskauer Pilgerfahrt zu rechtfertigen, verſuchte auch der Polen=
ſchwärmende Tſcheche Fritſch nicht, der viel vom Freiheitsſtreben der
Tſchechen und von Verſöhnung mit den Deutſchen redete. Freiheit
und Tſchechen! Ehrliche Verſöhnung mit den Deutſchen und —
Tſchechen!

Ein Jahr darauf am Tage, an dem Hus vor 500 Jahren ge=
boren, wieder eine große Husfeier in Pankraz bei Prag. Man ſingt
das Huſitenlied, trägt die ſchwarze Fahne mit dem rothen Kelche
voran und ruft: Nieder mit den Papiſten! Es war nicht ſo böſe
gemeint, die Alttſchechen aber heckten den wahrhaft abenteuerlichen
Gedanken aus, daß auf dem bevorſtehenden Concil der Prozeß des
Hus nochmals revidirt werden möchte. Man wünſchte eine Frei=
ſprechung nach fünfhalbhundert Jahren um das Huſitenthum und
die tſchechiſche Nationalität in völligen Einklang zu ſetzen. Wäre

Hus kein Ketzer mehr, dann könnten die Tschechen ihn ruhig als
Heiligen verehren, ohne daß der Clerus darob zürnen würde. Allein
die Alttschechen drangen nicht durch, denn den Jungtschechen war der
Gedanke zuwider, auf einem Concile „für den großen Reformator
um Gnade betteln zu müssen."

Mit noch weit mehr Spektakel ward die Husfeier von den
Jungtschechen in Husinetz an der Planitz begangen, wo der Refor=
mator vor 500 Jahren das Licht der Welt erblickt hatte. Freilich
Victor Hugo, Garibaldi, George Sand, Mazzini und ähnliche Tages=
helden, die man eingeladen, erschienen nicht, aber an slavischen Brü=
dern fehlte es nicht; aus Moskau war der Panslavist Buhtev, aus
Belgrad Giorgiewitj, aus Posen Romanowitsch herbeigeeilt: Hus,
der Slave, war gefeiert. Welch bescheidener historischer Sinn
herrschte übrigens nicht unter den Festtheilnehmern: sie ließen sich die
500 Jahre alte Chalupe zeigen, in der Hus geboren worden sein
soll und den engen klausenartigen Raum, in dem sein Kindergeschrei
ertönt. Jetzt schmückt ein Reliefbild des Reformators „Geburtshaus".

Hus ist das Symbol der Nationalitätenhetze geworden, sein
ganzer Cultus gegen die Deutschen gerichtet und es steht protestan=
tischen Deutschen, wie z. B. dem Pfarrer Krummel, schlecht an, in
der einseitigen, unhistorischen Darstellung des Husitenthums zu ver=
harren und mit den Tschechen zu liebäugeln. Wie Hus auch pan=
slavistisch ausgebeutet wird, darüber wollen wir das russische Blatt
„Golos" citiren — dann wird es hoffentlich auch dem blindesten
klar werden, was Hus war und wie er gegen uns als ein Streiter
noch immer ins Feld geführt wird. Hus sei zwar, sagt das russische
Blatt, ein Tscheche von Geburt gewesen, indeß seinem Geiste, seinem
Wirken nach, war er Panslavist; der rothe Faden, der durch sein
ganzes, vom echten Slaventhum erfülltes Leben ging, ist „der Kampf
mit dem germanischen Element gewesen, das damals wie jetzt der

Todfeind des Slaventhums war." Hus sei zu einer Zeit geboren worden, wo gerade die kräftigste Germanisirung der Tschechen begonnen habe. Wider das deutsche Element habe er gekämpft und gegen dasselbe sei seine ganze Thätigkeit gerichtet gewesen; mit seinem slavischen Herzen wie auch mit seiner tschechischen Stimme habe er für tschechische Sprache und Volksthümlichkeit geprebigt. Niemals habe er seine Person von dem Volke getrennt und sich selbst einen Eingeborenen des allerchristlichsten Königreichs Böhmen genannt. Die Lehren Wiclefs habe er nur zur größeren Ehre des Tschechenthums vertheidigt, das sich zu allen Zeiten durch sein Festhalten an dem rechten Worte Gottes ausgezeichnet habe. Das in ihm so stark entwickelte Gefühl des Volksbewußtseins machte ihn zum Feind der Feinde seines Vaterlandes, der Deutschen, die er von der Prager Universität, wo sie in der Ueberzahl waren, und vom Prager Rathhaus, in dem alle Rathsherren bereits Deutsche waren, vertrieb. Voll eifriger Liebe zu seinem Vaterlande, in dem nationalen Bewußtsein der höheren Stellung des Slaven über den Deutschen, drang er bei König Wenzel auf energische Maßregeln zur Unterdrückung des deutschen Elementes und veranlaßte es, daß die Deutschen aus Prag vertrieben wurden, weshalb (!) ihn auch später die Deutschen (?) zum Tode verurtheilten und auf dem Scheiterhaufen verbrannten. Hus bewies es durch seinen Tod, daß die Deutschen die Todfeinde des Slaventhums sind — in Konstanz, einer deutschen Stadt, wurde Johann Hus von Deutschen verbrannt und ein Deutscher, Johann Hofmann, schrieb eine Apologie seiner Verurtheilung.

Der Russe hat in vielem sehr recht. Ein Commentar hierzu ist nicht nöthig, und blos unsere protestantischen Husschwärmer deutscher Nationalität mögen sich derlei Thatsachen zu Herzen nehmen und von ihren falschen einseitigen Urtheilen abstehen.

Der Gegensatz zwischen Katholizismus und Husitenthum wird·

den Tichechen noch zu thun machen. Interefjant ift es, mit tichechijchen Geiftlichen auf dem Lande über diejes Thema fich zu unterhalten und den Widerfpruch, in den der geiftliche Herr babei geräth, ift oft ergötzlich anzuhören. Faft durchweg ift der tichechijche Landgeiftliche ein eifriger Anhänger der nationalen Partei. Er trägt eine Ticha= mara, freilich nicht in der Weife, wie die Prager Studenten, aber fein Priefterrock ift mit Schnüren befetzt; auch der Schmuck feines Zimmers trägt ein national=tichechijches Gepräge. Neben dem Bild= niffe des Papstes und des Prager Erzbijchofs hängt ein alter Kupfer= ftich, das Portrait des berühmten Abbé Dobrowsky, welcher zu Ende des vorigen Jahrhunderts an der Spitze der flavijchen Sprach= forscher ftand, und deffen rein wiffenjchaftliche Thätigkeit als der Ausgangspunkt aller heutigen tichechijchen Bewegung angejehen werden muß.

Sonft ift die häusliche Einrichtung des Geiftlichen eine jehr einfache, ja faft dürftige; er klagt über die schlechte Stelle und wird bitter, als ich ihm dagegen das große Vermögen der Kirche in Böhmen vorhalte. „Ja, jehen Sie, was Sie da fagen, ift ganz richtig; aber die bedeutenden Einkünfte kommen nur dem hohen Clerus zu Gute, uns niedrigen Geiftlichen bleibt wenig. Wer es zum Prager Domherrn, oder zum Canonicus bringt, der kann den Statthalter auslachen. Ein Prager Canonicus in der Portion hat jährlich über 12,000 Gulden, der Vorstand über 30,000 Gulden. Ein Fremder glaubt das kaum und doch ift dem fo."

Diefer Unterschied in der materiellen Stellung der böhmijchen Geiftlichkeit erklärt manches, und wenn man die Stimmen der hohen und niedrigen Herren mit einander vergleicht, fo findet man einen tiefen Riß. Die junge Geiftlichkeit drängt auch in kirchlicher Be= ziehung vorwärts, während die ältere conjervativ bleibt. Bei der erfteren wirkt das Nationalgefühl modificirend auf den Katholicismus, bei der letzteren dagegen steht die römische Gewalt und die Erhaltung der katholischen Kirche in ihrer alten Form als erste Regel da. Nirgends mehr, als bei der tschechischen Geistlichkeit, kann man den Bruch beobachten, welcher seit der Schlacht am weißen Berge über das Volk gekommen ist. Als Katholik verabscheut der Geistliche Žižka, Hus und all' die Consequenzen, welche aus ihrem Auftreten erfolgten; als nationalgesinnter Mann dagegen schlägt ihnen sein Herz zu und er verdammt heimlich die Deutschen und Jesuiten, welche den Katholicismus mit Gewalt und List wieder einführten. Viele Geistliche haben sich diesem Dilemma gegenüber eigene Formeln zurechtgelegt, aber sie kommen nicht heraus. Allgemein ist die Miß= stimmung gegen das Coelibat, dessen Einführung im 11. Jahr= hundert durch Gregor VII. schon damals unter den verheiratheten Geistlichen Böhmens starke Proteste hervorrief.

Ein förmlicher Widerspruch gegenüber Rom herrscht auch bei einem Theil der national gesinnten Geistlichkeit in Bezug auf die lateinische Liturgie, und der Wiedereinführung der slavischen ist einer der Lieblingswünsche vieler jüngeren Clerifer. Wenn auch die Böhmen das Christenthum zuerst von den Deutschen (im Jahre 845 wurden bereits 14 böhmische Herzoge oder Lechen am Hofe König Ludwigs zu Regensburg getauft) erhielten, so ist doch die eigentliche Ausbreitung der christlichen Lehre den beiden aus Kon= stantinopel abgesandten Brüdern Cyrill und Methud zuzuschreiben, welche im Jahre 873 den böhmischen Herzog Bořiwoj in Mähren tauften. Von da an wurden alle heidnischen Hindernisse in Böhmen überwunden und man erkannte den Papst als das Oberhaupt der katholischen Kirche an. Aber ein wesentlicher Unterschied bestand zwischen der deutschen und der böhmischen Kirche, erstere besaß die lateinische, letztere die slavische Liturgie, welche von Cyrill und Methud mit Genehmigung des Papstes in den östlichen Ländern

eingeführt worden war. Als aber Böhmen dem Regensburger
Sprengel zugetheilt wurde, fand bereits lateinische Liturgie Eingang
und eine Zeit lang bestanden beide nebeneinander, namentlich zur
Zeit Wratislaws. Je mehr der Einfluß der Deutschen auf Böhmen
sich entwickelte und die Wirksamkeit der Regensburger Bischöfe eine
größere wurde, desto mehr breitete sich auch die lateinische Liturgie
aus, deren gänzliche Durchführung in Böhmen nur im Interesse der
Kirchengewalt und der Päpste sein konnte. Als daher das Prager
Bisthum errichtet wurde, ordnete eine Bulle Johanns XIII. ausdrücklich die Erhaltung der lateinischen Liturgie an.

Ein Hauptcultusort des slavischen Gottesdienstes blieb jedoch
noch für einige Zeit das Kloster an der Sazawa, das zur Zeit
Herzog Udalrichs errichtet wurde. Die Mönche wurden daraus verdrängt, aber auch wieder (1064) von Wratislaw II. zurückgerufen,
bis dreißig Jahre darauf ihre gänzliche Ausweisung erfolgte. In
diesem Kloster war der heilige Procop († 1053) erster Abt, von dem
das glagolitisch geschriebene Evangelium herrühren soll, welches als
Texte du sacre in Rheims aufbewahrt wurde und auf das die
französischen Könige den Krönungseid ablegten. In Frankreich selbst
gab man diesem Manuscript ein weit höheres Alterthum und knüpfte
daran fabelhafte Sagen; auch bedurfte es langer Zeit, ehe man
erkannte, in welcher Sprache dieses Evangelium geschrieben war.

Eine zweite, viel später gegründete Stätte des slavischen Gottesdienstes war Kloster Emaus bei Prag. Noch jetzt wallen am Oster-
montag Tausende aus Prag dorthin. Der Hügel, auf welchem sich
jetzt dieses Stift erhebt, hieß in ältester Zeit na Morani, nach der
Todesgöttin. Es war ein großer heidnischer Begräbnißort. Bereits
im neunten Jahrhundert stand an der heidnischen Grabstätte eine
kleine christliche Kapelle; eine noch größere Weihe erhielt der Hügel,
als Karl IV. auf ihr ein Kloster für den slavischen Ritus gründete,

weshalb man ihn seitdem auch na Slovanech, bei den Slaven, nannte. Der Kaiser berief Benediktiner aus Kroatien und Dalmatien, machte ihnen den Gebrauch der slavischen Liturgie zur Bedingung und versorgte sie mit Büchern, indem er theils alte mit großen Kosten aufkaufte, theils sie für das Kloster besonders abschreiben ließ. Papst Clemens VI. bestätigte schon 1345 die Stiftung, obgleich der Bau erst drei Jahre später begann. Er dauerte viele Jahre und soll nach der Tradition noch einige Heller mehr gekostet haben, als die schöne Moldaubrücke. Bei der Einweihung um Ostern 1372 wurde das Evangelium von dem Spaziergang Christi nach Emaus gelesen; daher der Name Emaus für das Stift. Um die Messe in slavischer Sprache zu hören, strömte das Volk haufenweise herbei. Das Baseler Concil, auf welchem die Tschechen darum nachgesucht hatten, den Gottesdienst in der Volkssprache abhalten zu dürfen, verbot dagegen das Absingen aller tschechischen Lieder. In der Husitenzeit wurde das Kloster utraquistisch; gleichwohl wurde die Zahl der Mönche immer geringer und 1635 mußte der letzte slavische Abt, Adam Benedikt Bavorovský, mit seinen zwei Ordensbrüdern das Kloster räumen.

Von Seiten der Tschechen wird der Untergang des slavischen Gottesdienstes vielfach als ein nationales Unglück betrachtet, und die urslavisch gesinnte Partei unter ihnen beklagt zugleich damit den Untergang der glagolitischen Schrift, deren Beibehaltung sie gerne im Gegensatz zu den abendländischen Völkern gesehen hätte. Es erscheint jedoch noch immer sehr fraglich, ob die Glagolica ursprüng= lich ein slavisches Alphabet gewesen sei; wenigstens meint Dr. Hanusch (Versammlung der böhmischen Gesellschaft der Wissenschaften 16. April 1866), daß diese Schrift aus denselben unslavischen Elementen her= vorgegangen sei, die der armenischen und äthiopischen Schrift zu Grunde lagen. Die Prager glagolischen Fragmente, sowie das

Fragment des „Johannes-Evangeliums" weisen hinreichend nach, wie stark der slavische Dialekt, den die christlichen Bekehrer anfangs in Böhmen verbreiteten, von der heimischen tschechischen Sprache abwich. Dies förderte die Ausbreitung des lateinisch-germanischen Christenthums, so daß selbst die Auffrischung der glagolischen Liturgie unter Karl IV. den vollständigen Sieg desselben in religiöser, politischer und privater Hinsicht nicht aufzuhalten im Stande war.

Nichtsdestoweniger erbaut sich ein Theil des jüngeren tschechischen Clerus an dem Gedanken der Wiedererrichtung des slavischen Gottesdienstes und nationale Bestrebungen nach allen Richtungen hin bleiben für den tschechischen Geistlichen characteristisch.*) Er ist daher vermöge seines Einflusses ein wichtiges Werkzeug für die tschechische Bewegung, und seine Wirksamkeit als nationaler Agent auf dem Lande unter den Bauern ist sehr hoch anzuschlagen. So viel auch die deutsche Presse aufklärend gewirkt hat und vor den verkappten Tschechen warnte, hier und da haben diese doch das deutsche Landvolk zu ultramontanen d. i. tschechischen Wahlen veranlaßt. Man unterschätze doch die Macht dieser Leute nicht. Kämpft der Deutsche für und mit dem Fortschritt, so tritt der tschechische Geistliche für die

---

*) Am 26. September 1869 ward zu Malin ein tschechisches Tabor abgehalten, das in einer Resolution das Verlangen aussprach, daß künftighin der Gottesdienst in der Volkssprache abgehalten, die Religion von dem anhestenden äußerlichen Formenwesen befreit, die Theilnahme der Laien an den kirchlichen Synoden gestattet und die Gebahrung mit dem Kirchenvermögen einer weltlichen Aufsicht unterstellt werde. Diese Beschlüsse wurden den böhmischen Bischöfen vor deren Abreise zum Concil mitgetheilt und um deren Verwirklichung nachgesucht. Würden sie nicht gewährt, dann seien für die kirchlichen Zustände Böhmens große Gefahren zu gewärtigen, insbesondere wird hervorgehoben, daß „selbst eine Entzweiung der tschechischen Geistlichkeit eintreten könnte zum unersetzlichen Schaden nicht allein der Kirche, sondern auch der tschechischen Nation."

Schwächen des Landvolks in die Schranken, die er genau kennt. Er steht seit langem mit den Bauern im Verkehr, er bekümmert sich nicht erst seit gestern um sie wie der Staat oder die Liberalen. Als es dem Bäuerlein schlecht ging auf Erden, als es mit Roboten gequält wurde, da war es nur der Geistliche, der zu ihm stand, bei dem er sich Trost holen konnte, der ihm den Himmel zeigte. So etwas haftet fest und zudem ist der Geistliche aus dem Bauernstande meist selbst hervorgegangen und immer bei seinen Bauern, denen er nicht genug vorpredigen kann, wie gut und ehrlich die Tschechen es mit ihnen und der Kirche im Sinne haben.

Die Hingebung der tschechischen Geistlichkeit an ihre Nationalität kann, so schmerzlich sie uns Deutsche auch berührt, nur als eine Lichtseite aufgefaßt werden, der allerdings auch wieder viele Schatten= seiten gegenüberstehen; doch solche, die ihr nicht speciell als böhmischer Clerus zukommen, sondern die wir im allgemeinen an den Geist= lichen aussetzen. Der Bildungsgrad ist unter dem geistlichen Stande ein ungemein verschiedener, und man trifft unter den Kaplänen sehr häufig auf Leute, die rein in das bäuerliche Leben zurückgefallen sind, wenn sie als Seminaristen auch je sich über dasselbe empor= geschwungen hatten. Da der Zudrang zum geistlichen Stande in Böhmen ein keineswegs sehr großer ist, im Gegentheil abgenommen hat, so suchte man denselben durch Erlassung der Maturitäts= examina zu heben und als auch dieses nichts half, zog man Klostergeistliche herbei. Man würde übrigens irren, wollte man an= nehmen, daß der Einfluß der Geistlichkeit sich in Böhmen tiefer in das Privatleben der Landbevölkerung erstrecke, als dies in andern katholischen Ländern der Fall ist. Der Bauer unterscheidet sehr genau zwischen der geistlichen Würde und der Person, und wenn auch die Achtung vor letzterer zuweilen sinkt, so läßt er doch die erstere nicht darunter leiden.

Der böhmische Bauer geht regelmäßig in die Messe, er hält die Fasten, geht häufig zur Beichte und versäumt selten eine Gelegenheit, seine Religiosität an den Tag zu legen. Daß er in seinem Glauben auch leicht aufgestachelt und aus der gewöhnlichen Ruhe herausgerissen werden kann,*) beweisen am besten die Missionspredigten der Jesuiten, die auf den Bauern nicht minder zündend wirken, wie auf den bigotten Adligen. Bei den Kirchen, oder auf freien und erhabenen Orten findet man in den meisten Dörfern ein weithin sichtbares Crux missionis, als Zeichen, daß hier die Jesuiten vor einer ungeheuren Volksmenge ihre tief eingreifenden Predigten hielten, deren Mahnungen, nicht immer der besten Art, mächtig auf die Gemüther wirkten. Zur Zeit dieser Missionspredigten ist die weibliche Bevölkerung namentlich wie toll, sie läuft den frommen Vätern von Ort zu Ort oft meilenweit nach, um die kitzlichsten Dinge und heikelsten Fragen, die sich oft um sexuelle Verhältnisse drehen, wiederholt zu hören. Daß die Missionspredigten auch manchmal gut gewirkt haben, soll durchaus nicht geläugnet werden; Diebstähle waren vielleicht auf acht Tage lang aus dem Kreise der Zuhörer verbannt und Mancher erhielt geraubtes Gut zurück. Dann verschwand jedoch die Wirkung bei den meisten, mit Ausnahme der toll gewordenen Weiber. In früherer Zeit mußten die gefallenen Mädchen längere Zeit bei den Missionskreuzen knieen und Buße thun, nachdem sie vorher in der Kirche öffentlich von der Kanzel beschämt worden waren, wobei man ihnen einen Strohkranz auf das

---

*) Von jeher war der tschechische Bauer auf dem Gebiete der Religion leicht entzündbar. Schon 1505 schrieb Bohuslaw von Hassenstein: „seine Ungebundenheit in Religionssachen sei ohne Grenze, man streite ohne Unterlaß über Glaubenssachen; Greis und Jüngling, Mann und Weib beschäftige sich mit Bibelauslegung und eine Sekte dürfe sich nur zeigen, um sogleich Anhänger zu finden."

Haupt ſetzte. Noch heute erhält das Kind einer Gefallenen (Padla) nicht den üblichen Nachſegen nach der Taufe.

Die tſchechiſche nationale Partei arbeitet der Ultramontanen in die Hände und umgekehrt. Beide ſind innig verbunden und die höchſten Kirchenfürſten des Landes begünſtigen aus dieſem Grunde eifrig die Ausbreitung tſchechiſcher Sprache, tſchechiſcher Geſinnung. In den Seminarien, namentlich in jenem zu Budweis, wird eifrig an der Tſchechiſirung der Zöglinge gearbeitet. Hier iſt der durch und durch deutſchfeindliche Biſchof Valerian Jirſik am Ruder, der die Leitung der geiſtlichen Bildungsanſtalt durchweg fanatiſchen Tſchechen anvertraut. Man ſtelle ſich nun unter dieſen deutſche Alumnen vor, denen deutſche Geſinnung zum Verbrechen angerechnet wird! Wie kann es da Wunder nehmen, wenn deren Zahl und damit die Zahl deutſcher Geiſtlicher ſich verringert, oder wie andere, den offenbaren Vortheil vor Augen, ſich tſchechiſiren. In der Bud= weiſer Diözeſe werden in rein deutſchen Gegenden ſehr viele Pfarr= ſtellen mit Tſchechen beſetzt, und die Gefahr iſt vorhanden, daß die deutſchen Geiſtlichen dort ganz verdrängt werden. Zum Beweiſe entnehmen wir folgende Stelle der Prager „deutſchen Volkszeitung" (Nr. 16. 1871). „Es befinden ſich in faſt allen größeren deutſchen Orten des ſüdlichen Böhmens, mit Ausnahme jener, wo die Stifts= geiſtlichen von Hohenfurt die Seelſorge verſehen, nur tſchechiſche Geiſtliche. Die Prälatur von Krummau, die Pfarreien der Städte und Märkte Kaplitz, Gratzen, Kalſching, Beneſchau, Ober= plan, Zettwing, Böhmiſch=Reichenau, Neu=Biſtritz, Win= terberg und vieler anderer größerer Orte ſind ganz oder theilweiſe mit Tſchechen beſetzt. — Und wie lange, wird es dauern, ſo iſt die geſammte Geiſtlichkeit der Budweiſer Diözeſe tſchechiſch. So befinden ſich beiſpielsweiſe unter den etlich dreißig Alumnen des I. Jahr= ganges im Budweiſer Klerikal=Seminar heuer zwei, ſage zwei

Teutfche, und auch diefe zwei dürften aus den oben angeführten
Gründen, bevor fie die weiteren drei Jahrgänge beftehen, den Ab=
fchied nehmen. Und fo geht es fort — zum großen Vergnügen
Sr. ultratfchechifchen Excellenz. Und wie fieht es mit der Wirk=
famkeit der tfchechifchen Geiftlichen in deutfchen Pfarreien aus? Sie
können wohl durch die Bank kaum halbwegs richtig deutfch fprechen
— aber das fchadet nichts."

Und dabei wagen tfchechifche Heuchler noch über „Germanifirung"
zu klagen! Das Element, welches in Böhmen, in Oefterreich fyfte=
matifch an feinem Volksthum gefchädigt wird, ift nur das das deutfche.

Juden und Tschechen.

O hätt' ich eine Zauberruth'
Müßt heraus aus Böhmen mancher Jud'.
Tschechisches Volkslied.

Wie in keiner Beziehung für die Mittelsphäre eignet sich der
slavische Geist auch nicht für das bürgerliche Leben und was damit
im Zusammenhange steht. Er greift darüber hinaus oder steht dar=
unter.

Von jeher ist es den Slaven schwer geworden, über Contraste
hinwegzukommen;' sie verstanden die Gegensätze nicht zu vermitteln
und auszugleichen und sind deßhalb allzeit zwischen Herren und
Bauern umherlavirt, ohne den Uebergang zu finden. Da der dritte
Stand ihnen mangelt, so hat es ihrem ganzen Leben stets an Reich=
thum und Mannichfaltigkeit gefehlt. Auch sind sie als die letzten in
die europäische Culturströmung eingetreten und, im allgemeinen ge=
nommen, bis auf diesen Tag sehr dürftig. Acht Zehntel mindestens
von den 80 Millionen Slaven sind Bauern, bis auf die jüngste
Zeit herab meist Leibeigene, oder Hörige oder durch Frohnden nieder=
gedrückte Menschen, denen höhere geistige Regsamkeit fern geblieben
ist. Nehmen wir dazu die ungünstige geographische Lage der Slaven,
welche sie von dem belebenden Elemente des Oceans größtentheils
ausschließt, so erblicken wir auch hierin einen Grund dafür, daß sie
so weit zurückstehen. Durch das alles wird der Gang erklärlich,
welchen die Geschichte in den slavischen Ländern genommen hat. Die
Slaven haben gegenwärtig, wenn man von dem serbischen Fürsten
absieht oder von dem Wladika Montenegros, keinen Herrscher aus

slavischem Blute; auch bilden sie nur einen einzigen selbständigen
Staat, der seine Gründung dem Waräger Rurik, einem Germanen,
verdankt und dessen jetzige Dynastie aus Deutschland stammt. Die
übrigen gehorchen dem Sultan, den Habsburgern und Hohenzollern.
Das alle diese Verhältnisse einen andern Gang genommen haben
würden, wenn die Slaven ein Städtewesen wie die Germanen und
Romanen gehabt hätten, unterliegt wohl keinem Zweifel.

Die Thatsache, daß die westlichsten Slaven die am weitesten
vorgeschrittenen sind, und die wir dem deutschen Einflusse zuschreiben,
findet wohl an und für sich keinen Widerspruch, aber eine solche Er=
klärung behagt denjenigen keineswegs, welche ein specifisch slavisches
Culturleben in alter Zeit annehmen. Hören wir, was einer der
nüchternsten und vorurtheilsfreisten Slaven*) darüber äußert: „Un=
umwunden wird jeder Fachmann die belebende und veredelnde Ein=
wirkung des Christenthums und der in dessen Gebiete aus dem Osten
und Westen nach Böhmen gelangten bildenden Elemente anerkennen;
offen wird er den wohlthätigen Einfluß der lateinischen Sprache
und der durch sie vermittelten Literatur des Mittelalters zugeben;
niemals wird er die guten Folgen der im 13. Jahrhundert statt=
gefundenen deutschen Colonisation in Böhmen unterschätzen: aber
eben so offen und unumwunden wird er für die durch unzählige
historische Beweise, ja durch die noch heutzutage unter dem böhmischen
Volke fortlebenden slavischen Sitten, Gebräuche, Anschauungen und
Poesie, festgestellte Thatsache einstehen, daß unsre Vorfahren, unab=
hängig von jenen auswärtigen Einflüssen, gleich ihren Stammgenossen
im Osten und Süden, alle Eigenheiten eines specifisch slavischen
Culturlebens bei sich entwickelt haben. Die Berührungen mit dem
Westen haben dem geistigen Leben der alten Böhmen neue Bahnen

---

*) Jiretschek. Die Echtheit der Königinhofer Handschrift S. 210.

10*

eröffnet, ihnen neue Culturstoffe zugeführt, ja sie haben die geistige
Entwicklung im Allgemeinen andern slavischen Stämmen gegenüber
beschleunigt und ihr manche Eigenthümlichkeit aufgeprägt: allein der
Einfluß des Westens und namentlich Deutschlands hat ein geistiges
Leben in Böhmen ebensowenig geschaffen, als die Deutschen des
römischen Einflusses bedurften, um ein geistig rühriges Volk zu
werden."

Giebt man eine specifische Cultur zu, die ohne einen Mittel=
stand sich zu entwickeln wußte, so kann man hiermit übereinstimmen.
Etwas anderes ist jedoch, wenn man den Bürger als den wesent=
lichsten Träger der heutigen europäischen Cultur ansieht; diese em=
pfingen die Slaven jedoch erst von außen, und aus fremden Elementen
besteht sie auch heute noch bei ihnen. Sie selbst haben an deren Er=
richtung nicht mit gebaut. Städte sind ihnen auch heute noch ein
wesentlich fremdes Ding. Sehen wir doch den Thatsachen ins Ge=
sicht. Böhmen hat heute 355 Städte, darunter nur eine einzige
große Stadt, Prag, und diese ist gemischter Nationalität, wesentlich
unter deutschem Einflusse groß geworden, wenn sie auch nicht so fort=
schreitet, wie die Städte Deutschlands, denn die Vermehrung der
Bewohner ist eine äußerst geringe, wozu natürlich die nationalen
Streitigkeiten das ihrige beitragen. Eine rein tschechische Stadt
von Bedeutung existirt nirgends.

Wir müssen dieses Mangeln der Mittelsphäre bei den Tschechen,
wie den Slaven überhaupt, hier betonen, um zu zeigen, wie zur
Ueberbrückung der Kluft zwischen Hoch und Niedrig der Slave
fremder Elemente bedurfte, die er herbeirief, wie die Deutschen,
oder die von selbst kamen, wie die Juden. Nirgends in ganz Europa
findet sich für das Volk Israel wieder ein so ergiebiger Boden, als
in den slavischen Ländern. Diesen sind die Juden zur Nothwendigkeit
geworden, eine Thatsache, die sich schon das Sprichwort ausdrückt:

„Wie die Klette an den Kleidern, so hängt der Jude an den Völkern slavischer Nation."

Die Statistik weist uns die bedeutsame Thatsache nach, daß von den mehr als vier Millionen Juden, die über ganz Europa verbreitet leben, der bei weitem größere Theil unter den Völkern slavischer Nationalität seinen Wohnsitz aufgeschlagen hat. Im Westen unseres Erdtheils, unter vorherrschend romanischer Bevölkerung, sind die Juden dünn gesäet; sie nehmen schon zu in der Mitte unter den Germanen und erreichen das Maximum ihrer europäischen Verbreitung im Osten unter den Slaven. Eine statistische Uebersicht, die ich hier mit Rücksicht auf das Vorkommen der Juden unter den drei Hauptvölkergruppen Europas aufstellen will, wird dieses sofort klar machen.

Romanische Gruppe.

	Qu.=M.	Einwohner.	Juden.
Frankreich . .	9,588	36,500,000	50,000
Italien . .	5,376	26,500,000	40,000
Spanien	9,200	16,300,000	6,000
Portugal . .	1,622	3,850,000	1,000
	25,786	83,150,000	97,000

Germanische Gruppe.

	Qu.=M.	Einwohner.	Juden.
Deutsches Reich . .	9,901	40,200,000	482,000
Deutsch=Oesterreich	3,588	13,000,000	150,000
Niederlande . .	596	3,700,000	64,000
Schweiz	752	2,600,000	4,000
Dänemark . . .	694	1,800,000	4,000
Schweden, Norwegen	13,771	5,900,000	5,000
Belgien	534	4,900,000	1,000
Britisches Reich .	5,732	31,000,000	45,000
	35,568	103,100,000	755,000

Slavische Gruppe.

	Qu.-M.	Einwohner.	Juden.
Rußland	100,285	70,000,000	2,071,000
Galizien, Bukowina .	1,514	5,000,000	511,000
Ungarische Kronländer	5,205	12,800,000	437,000
Rumänien ...	2,197	4,700,000	400,000
Türkei	6,300	11,000,000	115,000
Griechenland, Serbien	1,654	2,300,000	9,000
	117,155	105,800,000	3,543,000

Berechnet man die Verhältnisse, so findet man, daß in der roma=
nischen Gruppe noch nicht 4, in der germanischen schon 21,6, in der
slavischen dagegen 30,2 Juden auf die Quadratmeile entfallen. Für
die lokale Verbreitung der Juden in Europa wird hiermit aber noch
nicht die richtige Vorstellung gewonnen, da sie in der germanischen
Gruppe wesentlich dichter nach Osten hin — wo das slavische Ele=
ment zunimmt — sitzen; in der slavischen umgekehrt haben sie mehr
den Westrand inne, so daß die Hauptzone ihrer Intensität in einem
Striche liegt, welcher sich von der Donau bis an die Ostsee erstreckt
und Rumänien, die ungarischen Länder, Galizien und Bukowina,
das Königreich Polen und Westrußland, Posen und die Provinz
Preußen umfaßt.

Der Procentsatz der Juden zur Einwohnerzahl der drei Gruppen
überhaupt zeigt noch weit schlagender, wie sie im slavischen Osten
das Maximum ihrer Verbreitung erreichen. Denn, während sie in
der romanischen Gruppe wenig über 0,1 Procent, in der germanischen
0,73 Procent ausmachen, erreichen sie in der slavischen 3,3 Procent
der Gesammtbevölkerung.

Berücksichtigen wir speciell Oesterreich, so finden wir, daß die
Zahl der Juden in Salzburg, Steiermark, Kärnthen, Krain, Istrien
und Tirol höchst unbedeutend ist, da gerade dort bis in die jüngste

Zeit Anordnungen gegen das Seßhaftwerden der Juden bestanden. In Galizien und der Bukowina treten die Juden mit 5,1 Procent auf, doch wird diese Durchschnittszahl in einzelnen Kreisen bedeutend noch übertroffen; so in den Kreisen Tarnow, Zolkiew, Tarnopol, Stryj, Stanislawow, Kolomea und Tschortkow, wo sie über ein Zehntel der heimischen Gesammtbevölkerung ausmachen. Im Kreise Zlotschow erreichen sie mit 16 Procent ihr Maximum. In Ungarn sind die Juden besonders zahlreich in den Komitaten, welche an Mähren und an den ruthenischen Theil Galiziens grenzen, die also auch vorwiegend von Slaven bevölkert sind, nämlich in den Komitaten Presburg und Neutra mit 6 und 8 Procent, sowie in Sarosch, Zemplin, Ungh, Marmarosch, Beregh, wo sie zu 6—11 Procent aufsteigen. Wie rasch hier die jüdische Bevölkerung zunahm, sieht man daraus, daß im Jahre 1785 die Anzahl der Juden in Ungarn, Kroatien und Slavonien 75,089 Köpfe betrug, 1805 aber sich auf 127,816 vermehrt hatte und 1848 bereits 292,000 Seelen betrug.

Sind die Juden nun auch stark über das platte Land in Oesterreich-Ungarn verbreitet, so zeigt sich doch unter ihnen die Tendenz nach den großen Städten zu ziehen, wie in Deutschland auch, indem gerade hier den jüdischen Neigungen für Handel 2c. ein weiterer Spielraum als auf dem Lande geboten ist. Es wohnen in Ofen 10, in Prag 11, in Presburg 15, in Großwardein, Pest 17 Procent Juden. In Tschernowitz gar 22, in Krakau 38 und in Lemberg 40 Procent. Die letztere Stadt ist also fast zur Hälfte jüdisch und in der That ist der Handelsverkehr hier fast ausschließlich in jüdischen Händen. Was Wien betrifft, so zählte die eigentliche Stadt, mit Ausschluß der anstoßenden Vorstädte: 1869: 607,514 Seelen, darunter 545,500 Katholiken, 19,400 Protestanten, dagegen 40,200 Juden oder 6,6 Procent. Auch hier ist die Vermehrung eine rapide, die der christlichen Bevölkerung übertreffende.

Ehe ich speciell auf Böhmen übergehe, mag hier der Platz sein, überhaupt einiges über diese starke Vermehrung der Juden gegenüber jener der christlichen Bevölkerung zu sagen, oder setzen wir besser: der unter den europäischen Indogermanen lebenden Semiten. Der wesentliche Grund hierfür liegt im jüdischen Eheleben, das in mancher Beziehung vor dem der heimischen Nationalität, unter welcher der Jude seinen Wohnsitz aufgeschlagen hat, sich vortheilhaft aus= zeichnet. Daß das jüdische Eheleben als ein sittenreines und lobens= werthes sich auszeichnet, verdankt es zumeist den Lehren und Grund= sätzen, welche das mosaische Gesetz und das daraus entwickelte tal= mudische Recht über die Ehe und über das Verhältniß der Kinder zu den Eltern aufstellt (Vergl. Buchholz, die Familie in rechtlicher und moralischer Beziehung, nach mosaisch=talmudischer Lehre, Breslau 1867). Echt jüdisch aufgefaßt, wird dieses Eheleben in einer orthodox jüdischen Wochenschrift folgendermaßen charakterisirt (Der Israelit. 7. Dec. 5631 (!) 1870): „Jeder Jehudi, dem noch ein Fünkchen jüdischen Geistes und Sinnes im Herzen glimmt, muß sich der hohen Bedeutung bewußt sein, welche das Haus und die Ehe im Judenthum einnehmen. Schon Jakob hat das Haus als die wahre Stätte der Gottesverehrung gekennzeichnet. Und seit jener Zeit waren Labane, Pharaonen, Bileame, waren Judenfeinde aller Art bemüht, ihren Haß gegen Juden und Judenthum dadurch zu bethätigen, daß sie letzteres in seinen Grundfesten anzutasten suchten, indem sie dem jü= dischen, innigen Familienleben den Untergang schwuren (?). Die Ehe= und Familienreinheit ist des Judenthums Lebensnerv, sie zu erhalten ist ihr Lebenszweck. Wer die Heiligkeit der Ehe ent= weiht und so die jüdische Familienreinheit zu zerstören sucht, hat dem Judenthum den Krieg erklärt und es so dem Untergange geweiht. Vor Jahrhunderten und Jahrtausenden suchten unsre Väter freiwillig das Exil, die Knechtung, ja den Tod auf, um nur die schlüpfrigen

Netze und Schlingen meiden zu können, die ihnen ihre Keuschheit und Reinheit, das heißt, ihren Israel-Beruf rauben wollten u. s. w."

Sicher hängt mit diesem jüdischen Eheleben auch die starke Vermehrung der Juden zusammen und diese ist gegenüber jener der übrigen Bevölkerung so bedeutend, daß es wohl an der Zeit ist, die Folgen derselben in Betracht zu ziehen. Ich glaube nicht, daß die „jüdische Frage" mit der Emancipation abgeschlossen ist; im Gegentheil, sie wird mit dem Ueberwuchern des Judenthums erst recht wieder auftauchen.

Die Vermehrung der Juden ist denn auch schon von den Statistikern aufmerksam beachtet worden, namentlich ihre Anhäufung in den großen Städten. Ihre Zahl in Warschau z. B. betrug 1868 schon 86,672 Seelen, während sie 1863 erst 65,000 ausmachte. Deutsche Städte zeigen auch eine Zunahme.

Nach dem vortrefflichen Werke von Dr. Schwabe, „die Resul= tate der Berliner Volkszählung" (Berlin 1869 S. LVIII. f.) gab es am 3. December 1867 in Berlin nicht weniger als 3,98 Prozent Juden (27,565 Seelen) und zwar lebten dieselben zumeist in der inneren Stadt, wo Handel und Wandel am stärksten vertreten sind, wo die engsten Gassen sind, während sie auffällig die freien luftigen Vorstädte meiden. Es hängt dieses gewiß in erster Linie damit zu= sammen, daß die Juden, vorwiegend Handelsleute, dem Centrum des Verkehrs am nächsten sein wollen und müssen; andererseits kann darin aber wohl auch ein orientalischer Anklang gefunden werden, eine Hinneigung zu engen, düstern Quartieren, wie sie im ganzen Orient gang und gebe sind. Die meisten Juden hat das Spandauer Revier, dann folgen Berlin, die Königs= und Friedrichsstadt. Am stärksten gegenüber den anderen Confessionen kommen sie zur Geltung in Berlin mit 17,7, im Spandauer Revier mit 11,7, in Friedrichs= werder mit 7,3, in der Königsstadt mit 7,0 und in Alt= und Neu=

Cölln mit je 6 Prozent. — In Moabit, Wedding, Tempelhofer Revier, also an der Berliner Peripherie, erreichen sie noch nicht einmal ein Prozent. — Vergleicht man die Religionsverhältnisse von 1864 mit 1867 so haben sich die Israeliten am stärksten vermehrt, nämlich mit 13,53 Prozent, während sich die Evangelischen um 10,81 Prozent, die Katholiken nur um 7,69 Prozent vermehrt haben.

Dr. Schwabe hat dann später in seinen „Betrachtungen über die Volksseele von Berlin" (Abdruck aus dem Städtischen Jahrbuch für Volkswirthschaft und Statistik) die Juden der Deutschen Kaiser= stadt noch besonders lobend hervorgehoben. Er hat gezeigt, wie der Schulbesuch bei ihnen unendlich viel höher als bei den Christen ist (von 100 katholischen Knaben besuchen 14, von 100 evangelischen 21, von 100 jüdischen aber 56 höhere Lehranstalten) und wie auch die Juden in moralischer Hinsicht den Christen in Berlin voraus zu sein scheinen. „Aufs eifrigste werden von ihnen materieller Besitz, Durchdringung des Lebens mit humanen Ideen, Bildung, kurz eine Reihe echt menschlicher Eigenschaften gepflegt und bereits lassen diese Eigenschaften ihre Wirkungen in statistisch sehr erkennbarer Weise hervortreten und reichen damit ganz von selbst der Bevölkerung, die sie hegt und pflegt, die Krone des Lebens." Indessen statistische Daten sind allein hier nicht ausreichend, um Intelligenz und Mora= lität festzustellen, auch ist zu berücksichtigen, wie dieses Urtheil sich nur auf die hochcivilisirten Juden Berlins — die zum Theil ihrer Anschauung und Lebensweise nach keine echten Juden mehr sind — beschränkt und keinesfalls auf die überwiegend große Anzahl ihrer Stammesgenossen im Osten paßt, obgleich auch hier von uns vielfach ein Ueberwiegen der Intelligenz auf jüdischer Seite gegenüber der heimischen Bevölkerung nachgewiesen werden kann.

Bei Slaven, Rumänen und anderen auf ähnlicher Bildungs=

stufe stehenden Völkern verbreitet sich nun auch allmählich ein ge=
linder Schrecken; sie glauben mit der Zeit ganz von den Juden ver=
schlungen zu werden. Lächerlich erscheint diese Angst zumal in
Rumänien, dessen auf so tiefer Stufe stehende Bevölkerung den
Juden gegenüber noch vollkommen die Anschauungen des Mittel=
alters hegt. Fürst Karl, der so unendlich sein Volk überragt, soll
1869 gelegentlich einer Reise durch die Wallachei gesagt haben:
„Die Israeliten werden in meinem Adoptivvaterland jene Mittel=
klasse bilden, die dort noch nicht besteht, und deren Abgang ein großes
Uebel ist; außerdem bin ich überzeugt, daß wir ohne die Israeliten
nicht bestehen können 2c." „Diese Worte," so äußerte sich darauf
das Blatt „Democratia", erwecken in uns die ernsthaftesten Befürch=
tungen sowohl für unsere politischen Institutionen als für unsere
Nationalität. Wer kann nicht ohne Israeliten sein? Die rumänische
Nation etwa? Sie hat 700 Jahre ohne Juden gelebt! Oder etwa
die Dynastie? Da aber müßte Bukarest „Jerusalem", Rumänien
„Palästina" und die Familie der Hohenzollern „die Familie der
Makkabäer heißen 2c." In Rumänien genügte ein solches Geschwätz,
um eine Interpellation in der Kammer zu begründen, die dann auch
wirklich am 29. Dezember von dem Abgeordneten Codrescu gestellt
wurde. Wir setzen dieselbe hierher, weil sie das statistische Material
über die rasche Vermehrung der Juden in Rumänien enthält.

Codrescu hält die staatliche Existenz Rumäniens durch die
massenhafte Einwanderung durch die Juden für bedroht. Er sagt:
es handle sich nicht mehr um das Kommen einzelner Individuen die
in der Moldau oder Walachei ihren Unterhalt suchen: sondern um
die Invasion eines Volkes, welches, bisher heimathlos und zerstreut,
Rumänien zu seiner Heimath erkoren habe. Die mächtige Association,
in Paris genannt „Alliance Israélite", beabsichtige die Gründung
eines israelitischen Staates (!) und habe dazu den Orient und speciell

Rumänien auserkohren. Dieß gehe hervor aus den Auslassungen der Preßorgane mit welchen die „Alliance" in Verbindung stehe; werde aber auch durch folgende statistische Ziffern bewiesen. Im Jahre 1849 hätten in der Moldau nur etwa 11,000 Juden existirt, so daß auf je 27 Moldauer nur 1 Jude gekommen sei. Im Jahre 1869 habe sich die Zahl der Israeliten in der Moldau bis auf 400,000 Individuen vermehrt, so daß bei einer Einwohnerzahl von 2,000,000 Rumänen in der Moldau auf je 5 Rumänen 1 Jude komme. In Frankreich komme auf 240 Franzosen 1 Jude, in Eng= land auf 728 Engländer 1 Jude, und selbst in Oesterreich komme nur auf 33 Christen 1 Jude. Angesichts solcher Verhältnisse müsse jeder Rumäne um seine Nationalität besorgt sein. Nach einer langen Auseinandersetzung über die Gefährlichkeit des jüdischen Elements für die Rumänen stellt Cobrescu den Antrag: die Regierung möge den Juden ferner keine Pachtung im Lande gestatten, ihnen nicht mehr erlauben, Grundeigenthum zu erwerben, und das Verbot, keine Schenken auf dem flachen Lande zu halten möge streng durchgeführt werden u. s. w. Was Widersinniges in Cobrescus Interpellation enthalten ist, richtet sich von selbst. Unsre Aufgabe ist es nicht, dieses hier zu corrigiren.

Die starke Vermehrung der Juden ist nun auch in Böhmen eine sehr auffällige und von den Tschechen mit feindlichen Augen beobachtete. Sie nehmen nicht nur, wie bei uns, in den Städten zu, sondern auch auf dem platten Lande und zwar ist ihre Intensität in den tschechischen Gegenden eine bedeutendere als in den deutschen. Ficker hat ihre Zahl für 1868 schon auf 100,000 berechnet (2 Pro= zent). Die Volkszählung von 1857 giebt 86,339 an oder 1,81 Pro= zent. Ein besonderes Gebiet bewohnen sie nicht, sie sind durch ganz Böhmen zerstreut, wohnen aber am stärksten in Prag (7700 Seelen) beisammen. Auch in tschechischen Städten Jungbunzlau, Tabor, Pilsen,

Kolin, Raudnitz, Jitschin befinden sich starke Judengemeinden. Es
entfallen Juden auf den

Prager	Kreis	20,583
Budweiser	„	1,937
Pisеker	„	5,221
Pilsener	„	7,446
Egerer	„	6,833
Saazer	„	5,402
Leitmeritzer	„	4,594
Bunzlauer	„	3,098
Jitschiner	„	2,752
Königgrätzer	„	2,241
Chrudimer	„	3,602
Tschaslauer	„	10,691
Taborer	„	11,939
		86,339

Man gewahrt auf den ersten Blick, wie in den drei fast rein
tschechischen Kreisen Prag, Tschaslau und Tabor die Zahl der Juden
am stärksten ist und zwar machen sie im ersteren 2,59, im zweiten
2,85 und im dritten gar 3,24 Prozent der Gesammtbevölkerung aus.
Daran reihen sich die vorherrschend tschechischen Kreise Pilsen mit
1,89, Pisek mit 1,83, Chrudim mit 1,0 Prozent und die deutschen
Kreise Saaz mit 2,28, Eger 1,83 und Leitmeritz 1,14 Prozent Juden.
Unter 1 Prozent sinkt die Zahl im Jitschiner Kreis mit 0,80, im
Bunzlauer mit 0,75, im Budweiser mit 0,70 und im Königgrätzer
mit 0,64 Prozent der ganzen Bevölkerung. Auch wenn man auf
die einzelnen Bezirke eingeht, findet man das Ueberwiegen der Juden
in den tschechischen Gegenden. Von 5 bis 8,5 Prozent steigt die
jüdische Einwohnerschaft in den elf tschechischen Bezirken: Moldautein,
Sobĕslau, Patzow, Jung=Woschitz, Wotitz, Unter=Kralowitz, Habern,

Neukolin, Beraun, Jungbunzlau und Raudnitz, ein Verhältniß, wel=
ches nur die drei deutschen Bezirke Tuschkau, Kommotau und Teplitz
erreichen.

Bekannte Ausnahmen abgerechnet, ist die Emancipation der
Juden nun im Großen und Ganzen in West= und Mitteleuropa
durchgeführt; sie sind hier, ausgenommen geringe zopfige Unterschiede,
die auch noch fallen werden, der einheimischen, oder sagen wir besser
nationalen Bevölkerung gleichgestellt. Die Juden thun im Heere
ihre Pflicht, sie werden zu Abgeordneten gewählt, sie lehren an den
Universitäten, spielen als Advokaten und Aerzte eine Rolle; daß sie
als Geld= und Börsenmänner Nummer Eins sind, steht fest. Gut.
Damit tritt aber auch an die Juden eine neue Pflicht heran, die sie
zu erfüllen haben und diese Pflicht ist nationaler Natur, sie sollen
nun nicht mehr einen fremden, sich selbst abschließenden Splitter
im Fleische der Nation, unter welcher sie wohnen, bilden, sondern
völlig in dieser aufgehen, sich derselben in jeder Beziehung assimiliren.
Wir sehen ganz ab vom Glaubensbekenntniß, das wir gar nicht in
den Kreis unserer Betrachtung hereinbeziehen, obgleich es schwer sein
mag, dieses beim Juden von seiner Volksthümlichkeit sondern zu
können; vielmehr scheinen beide miteinander zu stehen und zu fallen.
Der jüdische Standpunkt ist noch immer jener, den Shylock ausspricht:
J will buy with you, sell with you, talk with you, walk with
you and so following, but J will not eat with you, drink with
you nor pray with you.

Schon Robert von Mohl (Staatsrecht, Völkerrecht und
Politik) hat darauf hingewiesen, daß die Besorgniß nicht unbegründet
sei, die Juden würden trotz der Emanzipation in ihrer Besonderheit
und dem Bewußtsein ihres Gegensatzes gegen die europäischen
Nationen verharren. Man habe wohl gemeint, das Aneinander=
schließen der Juden würde mit der Aufhebung der mittelalterlichen

Abschließung aufhören; seien die Fesseln gefallen, so werde jeder Jude
mit vollem Bewußtsein ein Deutscher, ein Franzose, ein Engländer
werden. Es würden namentlich die Juden, wenn ihnen alle Gewerbe
und freien Berufsarten offen stünden, diese Gelegenheit ergreifen
und die vorherrschende Beschäftigung mit dem Handel oder Schacher,
sowie das specifische Literatenthum aufgeben. Das ist aber keines=
wegs in Erfüllung gegangen. Geben wir auch zu, daß die Zeit zur
Ausführung bisher sehr kurz bemessen war, so ist doch noch nichts
geschehen, um diese Aufgabe der Juden — denn nur wenn die volle
Assimilirung durchgeführt ist, wird der nationale Gegensatz schwin=
den — auch nur anzubahnen. So lange man den Juden, den
Semiten, noch äußerlich auf hundert Schritt weit zwischen den
Indogermanen herauserkennt, so lange wird unter den letzteren das
Gefühl herrschend bleiben, daß er einen fremden, einen andern
Menschen vor sich habe. Das sehen und fühlen wir, wenn auch der
Jude selbst das nicht einsehen mag und unser Auge ist geschärft für
diesen Gegensatz. Wie viele Juden möchten äußerlich nicht als solche
erscheinen! Mohl bemerkt ganz richtig: der Sprachgebrauch fühlte
mit feinem Takt heraus, daß die Nationalität neben den Juden
zurücktrete, man sage: ein deutscher Jude, ein englischer Jude, nicht
ein jüdischer Deutscher, ein jüdischer Engländer. Sie fühlen sich
zuerst als Juden, als Genossen eines Stammes und sind, falls sie
echte Juden, erst in zweiter Linie Deutsche oder Engländer. Daß
dieses fremde, sich nicht ins Ganze einpassende Element nicht ohne
Gefahr ist, liegt auf der Hand. Wir hören hier schon wieder das
umgekehrte Hep=Hep=Geschrei, wir hören auch den Einwurf von den
hundert tapferen Juden, die für ihr Land auf den Schlachtfeldern
geblutet, das verschlägt uns aber nichts und wir fahren ruhig in
unserer Auseinandersetzung fort, die eben nur ethnographischer Natur
ist. Wir wollen mehr und besseres für die Juden, als die Eman=

zipation, die allein den Gegensatz nicht verwischt, sowenig wie die
Taufe einen Juden umgestaltet; wir wollen — da eine Aussonderung.
und Rückwanderung nach Palästina doch wohl außer Frage bleibt —
völliges Aufgehen, Assimilation der Juden. Nur auf
diesem Wege wird sich der beiden Theilen unleidliche Gegensatz ver=
wischen lassen und die Juden werden dann ein ganz gutes constitui=
rendes Element innerhalb der europäischen Völker bilden, ein ver=
breiteter Sauerteig, kein klumpenweise angehäufter und das, was
uns an ihnen ethnisch zuwider, wird verwischt werden. Zunächst steht
hier das engherzige Ehegesetz der Juden im Wege, welches Ver=
mischung mit den Christen für eine Sünde erklärt. Man lese doch
die Schriften orthodoxer Juden, oder orthodoxe Judenblätter, und
man wird gerade hier ein so zähes Festhalten am Alterthum finden,
den Geruch vom „auserwählten" Volke spüren, den nationalen
Gegensatz betont sehen, daß man vollkommen sich dessen bewußt
werden muß, wie hier ein Volk noch in Jahrtausende alten An=
schauungen lebt und webt, das uns doch nur — mittelalterliche
Fehler vorzuwerfen vermag. „Das Judenthum und seine Religion",
„Unser Volk", Ausdrücke, die von den Juden so häufig gebraucht
werden, beweisen allein, wie sie selbst sich im Vollgenusse des natio=
nalen Gegensatzes befinden, der wohl durch tausendjähriges Leben
unter einem anderen Volke, Annahme von dessen Sprache, theilweise
der Sitten u. s. w. bei einzelnen Individuen verwischt und verdunkelt
werden konnte, der aber noch im Ganzen und Großen fortbesteht und
fortbestehen wird, so lange das semitische Blut sich rein erhält.
Dieses aber rein zu erhalten, ist geradezu eine der Hauptaufgaben des
orthodoxen Judenthums, es ist „Israel-Beruf". Der orthodoxe Jude
steht aber noch ganz im Alterthum mit seinen Sitten und An=
schauungen, und ehe er selbst diese nicht geändert hat, wird an
eine Beseitigung des so unerquicklichen Gegensatzes nicht zu denken

sein. Der orthodoxe Jude sieht sich noch immer selbst als ein Fremdling im Abendlande an, wenn auch die Sehnsucht nach dem heiligen Lande seiner Väter nicht mehr in ihm wach ist, wie noch vor Zeiten, oder Gefühle seine Brust durchdringen, gleich jenen des berühmten Rabbi Jehuda Halevi, der im 12. Jahrhundert seiner Sehnsucht nach Kanaan in folgendem schönen Gedichte Ausdruck gab:

> Mein Herz im fernen Osten
> Und ich im Abendland!
> Wie soll mir da wohl munden
> Des leckren Mahles Tand?
> Wie zahl' ich die Gelübde
> Und alle Schwüre mein,
> Wenn Zion Edoms Sklavin,
> Ich in Arab (in der Fremde) muß sein?

Aber Zion ist heute nicht mehr Edoms, der Christenheit, Sklavin, wenn auch der Gegensatz zwischen beiden noch fortdauert. An den Juden ist es, ihrerseits aufzugeben, was sie noch trennt, auf Misch= ehen hinzuarbeiten, nicht aber ihr aristokratisches Blut rein zu halten. Nur auf diesem Wege, den wir eifrig wünschen, kommt der Frieden.

Es ist nicht anders möglich, so lange das Blut der Juden rein bleibt, bleibt der Gegensatz, und auch dem aufgeklärtesten unter uns wird er, bei aller persönlichen Freundschaft, bei allem Wohl= wollen für das Individuum, sofort klar, wenn er mit einem Juden in Verkehr tritt. Wir denken hierbei durchaus nicht an Uebles, wir wollen nur sagen: der ethnische Gegensatz, das Gefühl des Fremden wird uns momentan klar, das Wort „Blut ist ein ganz besonderer Saft", tritt in seine praktische Bedeutung. Mag mag man dies engherzigen Rassendünkel schelten, die Thatsache bleibt. Und liegt etwa im ganzen Wesen des Semiten und Indogermanen, trotz vieler Berührungspunkte, in ihren Anschauungen, im Gang ihrer Geschichte nicht ein solcher Unterschied, daß der Abglanz desselben sich bei dem letzten reinblütigen Individuum nicht noch zeigen sollte? Der Unterschied zwischen Semiten und Indogermanen ist denn auch schon seit längerer Zeit von den Forschern gehörig gewürdigt und festgestellt worden. Neuerdings hat am schroffsten und vielfach sehr weit gehend der Franzose Renan die Gegensätze in geistvoller Weise beleuchtet, während Deutsche wie Pott und Spiegel seine herben Auslassungen modificirten. Renan, in seinen Einzelheiten Recht behaltend, greift in der Zusammenfassung fehl, wenn er ge= radezu eine niedrigere Begabung der Semiten gegenüber der In= dogermanen annimmt. Beide sind überhaupt die am höchsten stehen= den Rassen, denen mit Ausnahme der alten Aegypter, Chinesen und Japanesen alle Kulturvölker angehören. Beide ergänzen einander, doch so, daß der Indogermane eine Anzahl Eigenschaften vor dem Semiten voraus hat. Dem Semiten fehlt auf dem Gebiete der Mythologie jene Fülle der Gestalten, welche die indische und grie= chische Mythologie schon in ihren Anfängen auszeichnet; dadurch ist auch ein Zweig der Literatur, das Epos, von Anfang an bei den Semiten ausgeschlossen; sie besitzen keines; ebenso wenig ein Drama, es bleiben mithin nur Lyrik und Spruchweisheit als Felder der Dichtkunst für den Semiten übrig. Sollte es Zufall sein, daß auch unter uns die Semiten wohl hervorragende Lyriker, wie Heine, aber keinen bedeutenden Dramatiker hervorbrachten? Die schönen Künste in ihrer Beziehung zu den Semiten betrachtend, meint Renan, daß nur die subjectiveste aller, die Musik, von ihnen mit Erfolg betrieben worden sei, doch seien sie auch hierin von den Indogermanen über= troffen worden. In Deutschland haben sie wohl Meister zweiten Ranges, wie Mendelssohn=Bartholdy und Meyerbeer, aber keinen Mozart und Beethoven hervorgebracht. „Vollkommen fremd und selbst ein Gegenstand des Abscheues ist den Semiten die Plastik und die

Malerei." Auch heute noch tritt der Jude diesen beiden Künsten
weniger gern nahe, als der Musik, gleichsam als ein Nachklang des
Gesetzes: daß man von Gott kein Gleichniß oder Bildniß machen
solle. Im Staatsleben ebenfalls finden wir eine geringere Ent=
wickelung bei den semitischen Völkern; es mangelt die Mannichfaltig=
keit der Indogermanen, „sie sind von Haus aus weder auf die
Republik, noch die Monarchie, noch auf feudale Verhältnisse angelegt.
Sie schwanken zwischen dem Despotismus und der Anarchie des
Beduinenlebens und namentlich das letztere ist dem Semiten das
behaglichste. Die Israeliten sind erst spät zu einem monarchischen
Staate gekommen und zwar, wie ausdrücklich berichtet wird, nicht
aus sich selbst, sondern nach dem Beispiele anderer Völker." In
einem aber, und in einem sehr wesentlichen Punkte, sind die Semiten
hellleuchtend aus den engen Grenzen ihres Stammlandes hervor=
getreten: ihnen verdanken wir die Gründung des Monotheismus
und alle damit verknüpften Fortschritte; aus ihrem Schooße sind
Judenthum, Christenthum und der Islam hervorgegangen; auch die
Religion der Indogermanen hat diesem gegenüber nicht Stand zu
halten vermocht. Durch die Religion haben sich die Semiten ihre
große Einwirkung auf die ganze cultivirte Welt gesichert. Durchaus
wollen wir uns nicht auf Renans Standpunkt von einer niedrigeren
Begabung der Semiten stellen — ihre heute unter uns lebenden
Vertreter beweisen das Gegentheil — aber die Verschiedenartigkeit
darf nicht geleugnet werden, sie besteht so gut unter Völkern, wie
unter Individuen.

Wir mußten dieses vorausschicken, da wir nun auf einem Boden
anlangen, wo die Gegensätze zwischen einem Zweige der Semiten und
einem Zweige der Indogermanen sich zu außerordentlich schroffen ge=
staltet haben, wo noch eine Menge Einflüsse politischer und socialer
Natur sich hinzugesellen, um diese Gegensätze zu verschärfen. Nur

wenn wir auf diese Weise tiefer zurückgehen, können wir die Abnei=
gung zwischen Slaven und Juden begreiflich und mildernde Umstände
für eine widerliche Erscheinung finden. —

Wer den Prager Ghetto mit seinen schmutzigen, engen Gassen,
seinen Trödelbuden und alten Bauwerken besucht hat, dem wird vom
Führer durch all' die Merkwürdigkeiten mit feierlichem Ernste ver=
sichert: dies alles sei schon dagewesen, lange bevor Deutsche und
Tschechen in Böhmen gewohnt hätten. Wir steigen einige Stufen
abwärts in den ehrwürdigen gothischen Bau der „Altneuschul", deren
Düster uns schauerlich umfängt. Ernsthaft erklärt uns der Führer, sie
sei im Jahre 590 erbaut worden, wie in einer Urkunde der Prager
Judenältesten vom Jahre 1690 zu lesen. Jaroslav Schaller, der Topo=
graph, rechnet sogar aus, daß „diese Synagoge 71 Jahre vor der An=
kunft der Slaven nach Böhmen aufgeführt worden." Es wird uns un=
heimlich zu Muthe in diesem frühgothischen Bau, der dem Anfange
des 14. Jahrhunderts sein Dasein verdankt und an dessen schwarzen,
nie getünchten Wänden noch das Blut ermordeter Juden klebt. Wir
eilen hinaus ins Freie. Wenige Schritte weiter und wir stehen auf
dem mit tausenden von Leichensteinen bedeckten Friedhofe Beth Chaim,
auf dem Denkmal an Denkmal sich drängt, oft halb versunken im
Moos und Rasen, überschattet von alten Fliederbäumen. Auch hier
wieder tritt uns die Meldung entgegen, daß lange vor Ankunft der
Tschechen hier die Juden ihre Todten bestatteten, daß sie die ersten
in diesem Lande waren. Da steht der Leichenstein der Sarah Katz
mit hebräischer Inschrift. Der Führer macht besonders auf ihn auf=
merksam, denn die Jahreszahl darauf besagt, daß er um 606 unsrer
Zeitrechnung errichtet wurde. Andere Monumente sollen aus dem
zehnten Jahrhundert stammen.

In allen diesen Märchen liegt ein Funken Wahrheit; denn das
wird selbst von Tschechen, z. B. Tomek, zugegeben, daß die Juden

bereits zur Zeit der Markomannen als Kaufleute nach Böhmen kamen, sicher machten sie sich in den frühesten Zeiten der Tschechen=wanderung seßhaft und gelangten zu Wohlstand. Der Chronist Cos=mas erwähnt zum Jahre 1091 jüdische Ansiedelungen im Prager und Wyschehrader Burgflecken, deren Insassen „überreich an Gold und Silber" waren. Bald von den Herrschern beschützt und bevorzugt, noch mehr aber verfolgt und gequält, gehen die Juden nun schlecht und recht in Böhmen durch das Mittelalter hindurch; auch hier haben sie dieselben Hetzen zu bestehen gehabt wie in Deutschland. Ein Unter=schied ist kaum zu finden, es sei denn der, daß der Haß der Tschechen darum ein intensiverer war, weil er im Juden gleichzeitig den Be=kenner einer fremden Religion und den Anhänger und Verbreiter der deutschen Sprache sah. Die Geschichte der böhmischen Judenhetzen zu erzählen, ist nicht meine Sache. Man setze statt Worms oder Deggendorf Prag und man wird ein getreues Bild derselben haben, wenn man die deutschen Judenhetzen vergleicht. Ganz wie bei uns. In der tutsch Kronik von Behem Lant (von 1389), welche eine Uebersetzung der tschechischen Reimchronik des Dalimil ist, und die Hanka in der Stuttgarter Bibliothek des literarischen Vereins edirte, finde ich beim Jahre 1134 folgende erbauliche Verse:

Czu der selbin Zeit aldo
Di Juden der Cristin Kinder
Mit dem tode machtin minder
Vnde des iahin*) sie in irn notin.
Dar vm gebot man si czu totin
Ir huser ouch beraubin.

Dieses beraubin der Juden liegt den Tschechen von heute übri=gens noch im Blute, und wenn die böhmischen Juden auch nicht die Christenkinder mit dem Tode „minder" gemacht, so hatten sie doch dafür Sorge getragen, das Geld in den Taschen der Landbevölkerung

---

*) d. h. gestanden sie.

zu verringern — wie wir gleich sehen werden. Tschechen und Juden
sind also alte Feinde.

Ausdrücklich wollen wir hervorheben, daß bei dieser Feindschaft,
wenigstens heute, der confessionelle Unterschied nur eine geringe Rolle
spielt. Gegenüber den wenigen unter ihnen lebenden Protestanten
sind die Tschechen im höchsten Grade duldsam und bilden hierdurch
einen erfreulichen Gegensatz gegen die Bewohner anderer Länder
Oesterreichs, z. B. die Tiroler. Sagt ihnen jemand: ich bin Protestant,
so erhält er die Antwort: To jest stejni, das ist einerlei. Doch
schreibt sich diese religiöse Duldsamkeit nicht etwa von einer geschicht-
lichen Erinnerung an das Husitenthum her, da die Geistlichkeit soviel
wie möglich Alles, was noch daran mahnt, auszutilgen bestrebt ist.
Spricht der tschechische Bauer aber vom Juden, so ist diesem das
schmückende Eigenschaftswort „stinkend" (smradlavý) oder „verflucht"
(zatraceny) sicher. Hieran ist aber außer dem religiösen noch der
nationale und der politische Standpunkt des Juden Schuld. Der
böhmische Jude ist nämlich meistens ein Propagandist für das Deutschthum resp. die deutsche Sprache. Schon im zwölften Jahrhundert
zerstreuten sich die deutschen Juden, gehetzt von den deutschen Rittern,
über alle Theile der damals bekannten Welt und trugen Erinnerungen
deutscher Nationalität und besonders deutsche Sprache an Orte, wohin selbst der keine Entfernung vom Mutterlande scheuende deutsche
Kolonist nicht gedrungen war. Daher kam es, daß fast alle Juden
des Abendlandes durch deutsche Mundart sich verständigten und deutsch
beteten. Neuerdings haben wir da Aenderungen beobachtet: Die
Pesther Juden, die in „National" machen, sangen in ihrer Synagoge
den Szozat, im Tempel zu Warschau erklang in den Revolutions=
jahren das Boże cos Polskę, aber der böhmische, unter den Tschechen
lebende Israelit kennt nur deutsche Gesangbücher.

In unseren Tagen hat man — und diese Ansicht ist in Deutsch=

land namentlich durch Richard Böckh) vertreten worden — darauf
hingewiesen, daß die Nationalität, welche jetzt eine so wichtige Rolle
spielt, wesentlich auf der Sprache beruhe. Mit dem Sprachwechsel
werde auch die Nationalität eine andere. Bei sehr nahe verwandten
Völkern, die aus einem gemeinschaftlichen Stamme hervorgegangen,
wollen wir dieses zugeben und doch giebt es auch hier Beispiele,
welche das Gegentheil belegen. Die Irländer haben zum größeren
Theil heute die englische Sprache angenommen und doch in wie
starkem nationalen Gegensatze stehen sie zu den Angelsachsen, nicht
nur in ihrer Heimat, sondern auch jenseit des Oceans. Geht man
aber auf Völker über, die ethnographisch ganz verschiedenen Gruppen
angehören, so tritt sofort die Hinfälligkeit der Annahme auf, daß die
Nationalität nur auf der Sprache beruhe. Der Neger der Ver=
einigten Staaten spricht heute englisch, der Indianer Mexikos heute
spanisch; daß aber jene Engländer, diese Spanier seien, wird wohl
schwerlich Jemand behaupten wollen. Mit dem Sprachwechsel geht
nicht allemal ein Volk sofort seiner Nationalität verlustig. Wir
kennen dafür schon Belege aus dem Alterthum, wie denn die Pelasger,
deren Herodot im ersten Buche als „jetzt in ihrer Sprache attische
Jonier geworden" erwähnt, trotzdem unter den Griechen charakteristisch
genug gekennzeichnet blieben. Die Körperform, das ganze übrige
Wesen des Menschen haben doch hierbei auch ein Wort mit zu reden,
was freilich rein auf dem linguistischen Standpunkte stehende Gelehrte,
wie z. B. Max Müller in Oxford, kaum anerkennen wollen. Die
Incongruenz zwischen Sprache und Körperform ist im hohen Grade
beachtenswerth, wegen der Schwierigkeiten, die sie dem Ethnographen
bei der Klassificirung bereitet, zumal bei Völkern, wo geschichtliche
Nachweise über etwaigen Sprachwechsel fehlen. Häufige Beispiele
dieser Incongruenz finden sich namentlich in Indien. „Nach meiner
Ansicht, sagt Schlagintweit (Hochasien I. 30), ist die Sprache für die

Abstammung nicht nothwendig entscheidend; ich muß in dieser Be=
ziehung auf den in ethnographischen Untersuchungen sehr wichtigen
Umstand aufmerksam machen, daß niedere Stämme, eben weil ihre
Sprache auf einer nur unvollkommenen Stufe der Ausbildung steht,
um so leichter in Berührung mit höheren Rassen ihre Sprache ver=
lieren. Es bedarf dazu nur des Verkehrs, etwa noch eines gewissen
Grades socialer Abhängigkeit; sexuelle Mischung aber ist nicht noth=
wendig. (Trifft alles bei den Juden zu!) Die letztere könnte bei ver=
gleichenden Messungen nicht unbemerkt bleiben und doch finden sich
ganz bestimmte Beispiele auch im centralen Indien, daß Stämme
ihre Körperformen nicht verändert haben und dennoch ihre Sprache
wechselten."

Bei uns nun sind die Juden das beste Beispiel dieser Incon=
gruenz. Sie bleiben allemal Juden, gleichviel ob sie hier deutsch,
dort polnisch oder russisch sprechen, und wollte man sie in Böhmen
nur nach der Sprache classificiren, man würde wahrlich in Verlegenheit
gerathen, da sie dort zum großen Theile zweisprachig sind. Sie sind
eben die dritte Nationalität im Lande, weder Deutsche noch Tschechen,
gleichviel ob ihre Sympathien sie nach der einen oder anderen Seite
hinüberleiten und die deutsche Sprache von ihnen stark bevorzugt wird.

Für die Verbreitung der deutschen Sprache unter den böhmischen
Juden waren namentlich auch Kaiser Joseph II. und seine Mutter
Maria Theresia thätig, wobei sie allerdings auf Mittel verfielen, die
nicht immer unsere Billigung finden können. So durfte z. B. kein
Jude eine Jüdin heirathen, es sei denn, daß er zuvor eine Prüfung
in der deutschen Sprache und Rechtschreibung gut bestanden hätte!

Deutsch ist nun die Sprache der Juden durch den ganzen Osten
geworden, ohne daß wir auf dieses Deutsch gerade stolz zu sein
brauchten. Wer in Galizien oder Polen eine Polemik in diesem
Deutsch gehört, wer auf der Leipziger Messe an Brühl und Ritter=

straßenecke sich unter die Söhne Abrahams aus dem Osten gemischt
und dort sie „deutsch" sprechen hörte, dem dreht sich auch das Herz
im Leibe um, ob dieser Mißhandlung unsrer Muttersprache. Nichts=
destoweniger ist schon allein durch die Juden deutsch bis nach Ost=
sibirien hinein ein wichtiges Verständigungsmittel geworden. Als der
norwegische Professor Hansteen im Jahre 1829 sich bei Irkutsk in
einer Barke einschiffte, um die Angara hinab nach dem Jenissei zu
gelangen, schmuggelte sich als blinder Passagier ein Jude Namens
Hirschowitz ein. Oberst Murawiew, welcher den europäischen Rei=
senden bis ans Schiff begleitete, sah dort den Juden und bemerkte
ihm auf deutsch: „Höre Schmul! wenn Du dem Herrn Professor
Unruhe machst, läßt er Dich einen Strick um den Hals ziehen und
Dir in den Fluß werfen!" Was kann beide, den Slaven und den
Juden, besser charakterisiren? Der Slave redet mitten in Sibirien
deutsch, weil er einen Juden sieht, von dem er selbstverständlich vor=
aussetzt, daß er dieser Sprache mächtig sein müsse. Und wie slavisch
ist auch dem Sinne nach seine Rede!

Wie alle seine Glaubensgenossen, ist auch der böhmische Jude
ein praktischer Mensch. Er weiß, daß er mit der Kenntniß der deut=
schen Sprache in ein großes Culturgebiet eintritt, während er mit
dem tschechischen Idiom nur wenige Meilen von der Landeshaupt=
stadt sich entfernen darf, um an einer unübersteiglichen Sprachgrenze
anzulangen; er bedient sich daher der Sprache Lessings lieber, als der
einer ihm feindlichen Minderheit. Zu Hause spricht der Jude nur
deutsch. Und dann ist der Handel, in dem sich vorzugsweise die
Thätigkeit des Juden bewegt, in Böhmen fast rein deutsch zu nennen.
Auch übersieht der Jude nicht, daß, wenn eine Klärung der nationalen
Streitigkeiten eintreten wird, das Uebergewicht schließlich doch den
Deutschen bleibt. Vermöge seiner Bildung steht der Jude auf dem
platten Lande auch bedeutend höher als die tschechische Landbevölkerung,

denn jeder von ihnen kann lesen und schreiben, was bekanntlich bei den tschechischen Bauern und Arbeitern nicht überall der Fall ist.

Gleicht der Jude in Prag und den wenigen größeren Städten Böhmens im allgemeinen seinen Stammesgenossen in den Städten Deutschlands, so ist der Dorfjude, oder derjenige, welcher den Handel in den kleinen Orten Tschechiens betreibt, ein ganz anderer Typus. Bei uns vermindert sich der Jude auf dem platten Lande, in Böhmen nimmt er schnell zu. Bekannt wegen einer zahlreichen Judenschaft waren z. B. ehedem die hohenlohischen und deutsch=herrischen Gebiete im Taubergrunde in Schwaben. In Rotenburg, der ehemaligen Reichs= stadt, giebt es zwar eine Judengasse, aber keine Juden mehr darin. Der moderne freie Verkehr führt dort überall das Volk Israel massen= haft in die größeren Städte, und während engherzige Köpfe von der Emancipation der Juden den Ruin des Bauernstandes befürchteten, ward umgekehrt der Bauer durch dieselbe des kleinen jüdischen Schacherers ledig. So wie hier gestalten sich auch die Verhältnisse in den übrigen Theilen Deutschlands, nur bei den Slaven bleibt der Jude auf dem platten Lande mit Vorliebe ansässig und vermehrt sich.

Als der Jude einzog in das Dorf und seinen mit tausenderlei Sachen wohlbesetzten Kramladen eröffnete, nannte er außer diesem noch nicht viel sein eigen. Seine Thätigkeit ist eine vielseitige, denn er speculirt auf alle Bedürfnisse der Bewohner. Er liefert ihnen das Mehl zum Brodbacken, die Kleider und bunten Tücher für die Weiber, den unentbehrlichen Schnaps, die eisernen Geräthe zum Handwerks= bedarf, die Seife, die Lichter, die Kolonialwaaren, kurz alles, was der Landmann zum Lebensunterhalt bedarf. Fleiß, Ausdauer, Nüch= ternheit, Schmiegsamkeit und Biegsamkeit, Freude am Gelde, diese Erbtheile seines Stammes, brachte er mit. Im Dorfe entstand Auf= regung, als er sich niederließ; der christliche Concurrent, der in ihm

einen höchst gefährlichen Nebenbuhler sah, unterließ es nicht, die
Menge mit den geläufigen Schlagworten aufzuhetzen und auch der
Geistliche glaubte seine Unduldsamkeit dadurch ausdrücken zu müssen,
daß er gegen die, so Christum gekreuziget, donnernd von der Kanzel
loszog. Die laute offene Feindseligkeit geht vorüber, aber der an=
fangs künstlich erregte Haß gegen den Mann, dessen Werth oder Un=
werth noch keiner kennt, hält an und glimmt wie das Feuer unter
der Asche fort, um bei günstiger Gelegenheit als helllodernde, ver=
zehrende Flamme zum Ausbruch zu kommen. Der Jude harrt aus.
Schon mit Tagesanbruch füllt sich der kunterbunte Laden, über dessen
Thüre ein Kranz gelber, aus Holz geschnitzter Citronen, verziert mit
grünen Blättern, hängt. Der Branntwein des Juden ist stärker und
besser, als der im Wirthshause, und der tschechische Bauer oder Ar=
beiter muß schon in der Frühe sein Gläschen von dem berauschenden
Getränke zu sich nehmen. Immer weiter dehnt sich der Geschäfts=
kreis des Juden aus. Der bisherige Tabaksverkäufer besorgt sein
Geschäft nicht zur Zufriedenheit der Steuerbehörde (der Tabak ist in
Oesterreich Monopol) oder er stirbt. Bald darauf sieht man den
Doppeladler mit der Umschrift: „K. K. Tabakstraffik" am Hause
des Juden angebracht und nun kann er die Bauern mit „drei König",
„Ordinärem", oder Kreuzercigarren versorgen. Diesem gesellt sich
noch ein Adler bei, denn auch die verderbliche Lottokollectur erlangt
der Unermüdliche. Allmonatlich, wenn in Prag die Ziehung statt=
findet, ist sein Laden förmlich belagert; das Volk stürzt heran und
zieht die Nummern aus einem Beutelchen, die leidenschaftlich mit den
sauer ersparten oder förmlich abgedarbten Kreuzern als Ambo oder
Terno secco besetzt werden. Wenn dann die Ziehung stattgefunden
hat und der Culturvermittler jener abgelegenen Dörfer, der Postbote,
das Resultat überbringt, dann prangen die in der kleinen Lotterie
gezogenen Nummern auf einer Glastafel an des Juden Hause und

das im Gewinn enttäuschte Volk flucht — auf diesen. Die Maut=
einnahme der benachbarten Bezirksstraße ist meistbietend zu verpachten;
kein christlicher Bieter findet sich, der Jude aber ersteht sie billig,
findet seine Rechnung dabei und ist nun K. K. Mauteinnehmer. In
dem Maße jedoch, als sein Wohlstand steigt durch Unternehmungen,
welche die christlichen Bewohner des Dorfes ebensogut wie er machen
könnten, in dem Maße wird er verhaßter.

Es unterliegt keinem Zweifel und wir haben uns oft genug
durch den Augenschein von der Wahrheit überzeugen können, daß die
Juden auf dem platten Lande in Böhmen in gewisser Beziehung
demoralisirend auf das Volk einwirken. Durch weitausgedehntes
Borgen und Aufschwatzen oft schlechter Waaren begünstigten sie häufig
das Schuldenmachen und den Hang zur Putzsucht; sie wissen, daß sie
an Zinsen häufig das nicht sicher stehende Kapital hereinbringen. Ganze
Dörfer sind ihnen oft verschuldet und der Reingewinn der Landleute
findet seinen Weg in des Juden Tasche. Auch befördern sie wie in
Polen und Rußland das Branntweintrinken. Aber ich mag das be=
kannte Klagelied nicht singen, es ist mit seinem für und wider ja hin=
länglich bekannt und, wie die Juden sagen, „widerlegt“. Anderseits
finden wir beim böhmischen Dorfjuden eine Anzahl vortrefflicher
Eigenschaften, die uns wieder mit jenem „Blutsaugen“ aussöhnen.

Ueber allem Zweifel erhaben und wahrhaft großartig steht
namentlich ihr Wohlthätigkeitssinn da und bekannt ist es, daß die
Juden hierin bezüglich der Confession keinen Unterschied machen.
So selten der Jude, der ruhigste Bürger, vor Gericht steht und sich
wegen grober Verbrechen zu verantworten hat, so selten sieht man
jüdische Bettler in Böhmen. Ihre Krankenhäuser, Wohlthätigkeits=
anstalten, Schulvereine, Armenhäuser und Beerdigungsbrüderschaften
sind über ganz Böhmen zerstreut und entsprechen, wohl fundirt,
trefflich ihrem Zwecke. Hoch und musterhaft steht der böhmische Jude

aber namentlich auch in seinem Familienleben da. Der ihnen nament=
lich oft vorgeworfene Schmutz, die Vernachläſſigung des Aeußeren,
die geringe Willigkeit, ſich den Forderungen der Geſellſchaft in dieſer
Beziehung zu accommodiren, trifft ſie allerdings in der Prager
Judenſtadt noch, keineswegs jedoch auf dem platten Lande, wo ſie
in Bezug auf ihr Aeußeres entſchieden über den chriſtlichen Bewoh=
nern ſtehen. Von langen Kaftanen, Spitzbärten und Peielöckchen,
wie in Polen, iſt keine Rede mehr. Dieſe Seite des Judenthums
in Böhmen iſt abgelegt; in religiöſer Beziehung hängen die meiſten
dem orthodoxen Glauben an, während in Prag eine ziemlich bedeu=
tende Reformgemeinde mit einem Tempel beſteht. Gefliſſentlich
ſperrt der Dorfjude in Böhmen ſich von der Bevölkerung in ſocialer
Beziehung ab; er verſucht auch die Annäherung gar nicht, da er
gewiß iſt, Abſtoßung zu finden, und ſo befolgt er denn ſtreng die
Worte des Talmuds, welche im gebieten, ſich rein im Blut und
Weſen zu erhalten, bis der Meſſias ihn zu einem neuen Reiche be=
ruft. Die Iſolirung geht in alle geſellſchaftlichen Verhältniſſe über;
in der Faſchingszeit z. B. vereinigen ſich die Juden auf dem Lande
und in den kleinen Städtchen zu höchſt excluſiven „israelitiſchen
Bällen“, auf denen nur echt orientaliſches Blut tanzen darf.

Meiner Anſicht nach gleicht ſich das Soll und Haben der
Tſchechen und Juden aus. Doch ſind die Judenhetzen der letzten
Jahre noch ſpeciell in das Schuldbuch der Tſchechen zu notiren.
Weſentlich ſind aber auch in Böhmen die Gegenſätze zwiſchen Tſchechen
und Juden nationaler Natur, der Slave und der Semite ſtehen
einander gegenüber, wobei außerdem zu berückſichtigen und, was als
das ſchlimmſte erſcheint, der Jude hält zur deutſchen Partei. Daher
zum Theil die Judenhetzen, daher, was noch ſchlimmer iſt, als dieſe
tſchechiſchen Mordbrennereien, die Vernichtung der Ehre, mindeſtens
nach außen hin. Dieſe ſittliche Verſtümmelung zertrümmert die

edleren Beziehungen zu dem Allgemeinen, zum Staate, zur Gesell=
schaft und die ganze Fülle humaner Empfindung wird dadurch
gezwungen, sich auf den innersten Kreis, die Familie, zu beschränken.
Es ist kaum möglich, all' die albernen Erdichtungen aufzuführen, die
den böhmischen Juden noch heute vom tschechischen Landvolke zum
Vorwurfe gemacht werden; auch das alte Osterblutmärchen, die
geschlachteten Kinder und entweihten Hostien spielen dabei eine Rolle.
Man verspottet die Juden auf alle mögliche Weise, sogar durch einen
eigenen Tanz, welcher den Namen Žid, der Jude, führt; durch un=
fläthige Geberden sollen die Kinder Israel da nachgeahmt werden,
und die dazu gesungenen Worte sind nicht minder gemein.

> Nach Schlan die alte Jüdin schritt,
> Trug den be . . . Juden mit,
> Der Jud lacht toll,
> Und spuckt sich voll.
>
> Die Jüdin schritt am Dornenplatz
> Zerriß sich dort den Untersatz,
> Der Jude gar
> Das Hosenpaar.*)

Daß unter solchen Umständen an ein politisches Zusammen=
gehen der Juden und Tschechen nicht zu denken war, liegt auf der
Hand. Ihre tüchtigsten und besten Männer sind im Gegentheil
kräftige Stützen des Deutschthums geworden, oder haben sich auf
dem Gebiete deutscher Kunst und Wissenschaft ausgezeichnet. Nur
aus der neuesten Zeit erwähne ich hier die Dichter Moritz Hartmann
und L. A. Frankl, den Musiker Moscheles und den durch seine
Reisen und Studien in Persien bekannt gewordenen Arzt Polak.
Trotz enormer Anstrengungen ist es den Tschechen nicht gelungen,

---

*) Waldau: Böhmische Nationaltänze I. S. 32.

die Juden in ihr Lager hinüberzuziehen und dieselben zu Wahlen im tschechischen Sinne zu veranlassen.*)

Als im Jahre 1860 das tschechische Programm aufgestellt wurde, befaßte man sich darin auch mit den Juden. Großmüthig wurde denselben volle Gleichberechtigung zugesichert, wenn sie ihre Bestrebungen der (tschechischen) Nation widmen wollten, im entgegen= gesetzten Falle jedoch, so heißt es, schreibe nicht einmal das Gesetz Christi vor, daß man die Juden achten solle. Es folgten die Land= tagswahlen und als nun für die Prager Judenstadt in David Kuh ein deutscher Kandidat aufgestellt wurde, da erhob sich ein wüstes Getobe der tschechischen Patrioten, man bedrohte die Juden thätlich,

---

*) Da die Juden in manchen Bezirken bei den Wahlen den Aus= schlag geben, so befassen bei jeder neuen Wahl die Tschechen sich speciell mit ihnen. Sehr heftig war die Wahlagitation im September 1869. Damals nannte das tschechische Blatt „Politik" die Juden „liebe mosaische Brüder!" In der tschechischen Zeitschrift „Pokrok" dagegen war damals folgender Aufruf zu lesen: „Nach Pisek und Umgebung! Mitbürger! Es geht das Gerücht, daß unsere Israeliten sich fest an den Regierungs= candidaten gegen den nationalen Candidaten halten werden! Nun es sei! Unsere Sache ist es aber, ihnen zu beweisen, daß wir ihre Handlungsweise zu würdigen wissen. Es sind der Mehrzahl nach Handelsleute, die aus dem Schweiße unseres Volkes Gewinn ziehen — verbinden wir uns also mit einem heiligen Eide, vom 24. d. angefangen, bei keinem von ihnen, der sich unterfängt, im Wahlkampfe gegen uns zu stehen, auch nur um einen Kreuzer mehr zu kaufen. Euch wackere Landleute bitten wir, einen solchen Verräther mit Verachtung zu verlassen und sich lieber an patriotische Firmen, deren Ihr in Pisek genug finden werdet, zu wenden. Zeiget ihnen, daß ihr es eigentlich seid, von denen diese Menschenklasse sich bereichert. Verweisen wir sie einzig auf jene Hand voll Deutschthümler, die mögen sie erhalten! Und wenn wir so einmüthig handeln werden, werden wir gewiß diese Spreu aus unserer Gesellschaft schaffen, diesen Blutegel, der nur unser Blut zu saugen versteht — und bei jeder Gele= genheit gegen uns und unsere heiligen Interessen handelt." Der Pokrok ist das Organ Riegers.

schleuderte Brandbriefe gegen sie und schüchterte sie dermaßen ein, daß der deutsche Kandidat nicht die Stimmenmehrheit erhielt, son= dern ein indifferenter Geldmann gewählt wurde. Nur ein kleines Vorspiel zu den kommenden Judenhetzen, an die man übrigens in Böhmen von Altersher gewohnt war und die einzuleiten die tschechische Presse sich vorzüglich Mühe gab. Als Dr. Jan Palazky im Jahre 1860 seine „Böhmischen Skizzen" schrieb, sagte er mit nicht zu verkennender Sehergabe: „Man kann nicht behaupten, daß die Juden irgendwo beliebt wären, auch sind sie die ärgsten Feinde alles Nationalen und jeder Bewegung, aus lauter Angst, die Judenhetzen des Jahres 1848 möchten sich nicht unverdienter (!!) Weise im größeren Maßstabe und folgenschwerer wiederholen." Wie gut kannte der Herr seine Tschechen! Freilich später als das Unheil herein= gebrochen war und der tschechische Schlammerguß sich nicht mehr bewältigen ließ, da bekreuzigten sich die Führer und sprachen: wir sind unschuldig, das Uebel ist nur ein sociales, es hat mit der Nation nichts zu schaffen. Doch ich will der Reihe nach verfahren.

In der tschechischen Presse war das Wort Žid, Jude, längst zum Schlagworte geworden. Die Narodni listy, der Narod, die Politik, die Humoristicke listy und alle die andern nationalen Blätter brachten in fast jeder Nummer versteckte oder offene Angriffe gegen die Juden. Was sie ihren Lesern als verächtlich und hassens= werth bezeichnen wollten, nannten sie „jüdisch". Es ist von Wich= tigkeit, bei der in Rede stehenden Frage auf die Ausdrücke hinzu= weisen, mit denen die tschechische Presse die Juden traktirte. Da redete z. B. das in deutscher Sprache geschriebene Tschechenblatt „Politik" von dem „exotischen Stamme", „der bis ins vorige Jahr= hundert hinein in Deutschland unter dem Titel der Reichskammer= knechte eine schmähliche Duldung genoß," der in Böhmen mit „infamen Lügen", aus „schmutzigen Ursachen" den „nationalen Haber

anstachelt" und sein „schmutziges Ziel" mit dem „erborgten, um nicht
zu sagen gestohlenen Ehrenmantel des Deutschthums zu bedecken."
Nachdem die tschechische Presse den ohnehin günstigen Boden
noch mehr gedüngt hatte, bedurfte es nur eines Anstoßes, um die
Saat zur Entfaltung zu bringen. Diesen Anstoß gab der großartige
Přibramer Silberdiebstahl, bei dem einige jüdische Händler
als Hehler behilflich gewesen waren, während die That selbst von
tschechischen Christen begangen wurde.

Der Silberdiebstahl selbst wirft ein zu grelles Licht auf gewisse
böhmische Verhältnisse, als daß wir ihn hier nicht kurz betrachten
sollten. Er ist ein eklatantes Beispiel einer tief gehenden Entsitt=
lichung, die sich nicht nur auf Přibram erstreckte, sondern unter
verwandten Verhältnissen auch an anderen Orten spielte und spielt.
Die ganzen Beamtenverhältnisse waren bis 1866 in Přibram un=
gesunde; die Regie war eine so weitläufige, daß von einer Werth=
erzeugung von 1 ½ Millionen Gulden nur ½ Million als Rein=
gewinn an den Staat und einzelne Kuxinhaber abgeliefert wurde.
Als Hauptursache hierfür aber mußte eine großartig betriebene
Unterschlagung betrachtet werden, die mit dem niedrigsten Pochjungen
begann und in höheren Kreisen erst aufhörte. Die Untersuchung
stellte heraus, daß nicht nur Silber und Silbererz in natura von
hoch und gering gestohlen wurde, sondern daß durch die ganze Ver=
waltung hindurch eine bedenkliche Fäulniß sich hindurchzog. Arbeiter,
die längst verstorben waren, wurden im gemeinschaftlichen Verständniß
der Betheiligten in den Registern als lebend weiter geführt, der Lohn
aber von den Betrügern eingestrichen. Daß für einzelne Bergleute
monatlich fünf oder sechs Schichten mehr verrechnet wurden, als sie
gethan, verstand sich von selbst; und wie die Bergleute wanderten
auch Zimmerleute, Tischler, Schlosser, Maurer dieselbe schlüpfrige
Bahn. Material wurde, selbst wenn es noch gut war, als unbrauch=

bar bei Seite geschafft, oder erschien doppelt in Rechnung. Die
Beamten hielten sich Diener, Gärtner, Kutscher, die sie keinen Kreuzer
kosteten, die als Bergleute in den Registern verrechnet wurden.
Nur wer dem betreffenden Beamten zahlte, durfte Lieferungen für
die Werke machen. Darunter litt natürlich die Qualität der gelie=
ferten Waare oder der Preis wurde auf Kosten des Staats erhöht.
Das alles war aber nur möglich bei allgemeiner sittlicher Fäulniß,
wenn. Jeder über das Thun und Treiben des andern ein Auge zu=
drückte. Es war im kleinen derselbe Schmutz, wie 1859 in Wien
in der berüchtigten Affaire Richter=Eynatten=Bruck im großen. Leben
und leben lassen, hieß es da. Wer ja einmal sich aufbäumte, wenn
das Gewissen schlug, wer nicht mit in das unsaubere Horn blasen
wollte, den wußte man zu beseitigen. Auch die Revisoren fanden
alles in trefflicher Ordnung. Am empfindlichsten war der Schaden,
welcher direkt durch Diebstahl in der Schmelzhütte an dem her=
gestellten Silber verursacht wurde. Hier wirkte ein Rattenkönig von
Dieben zusammen, und das gestohlene Gut nahmen jüdische Händler
und Hehler in Empfang, die es über die Grenze transportirten.
Eine solche Ladung Pribramer Silbers im Betrag von 6000 Gulden
wurde in Bodenbach an der Grenze angehalten, und nun kam die
ganze saubere Geschichte — die doch längst bekannt war — an das
Tageslicht. Die Untersuchung enthüllte eine grauenvolle Demorali=
sation unter Beamten und Arbeitern, sie zeigte auch, daß in den
letzten zwanzig Jahren mindestens für 3 Millionen Gulden Werth
unterschlagen und gestohlen worden war!

Juden waren bei der Sache betheiligt gewesen, und das genügte,
um gegen diese die schönste Hetze loszulassen. Wir wissen ja, wie
gut für eine solche der Boden in Böhmen, zumal durch die tschechische
Presse vorbereitet war. Nirgends aber entstand eine größere Auf=
regung als unter der armseligen Bevölkerung auf den kurfürstlich

heſſiſchen Domänen zwiſchen Prag und Pilſen, wo elende Nagel=
ſchmiede kümmerlich ihr Daſein friſten und vollſtändig in den Händen
der jüdiſchen Händler waren, die ſie ſicher ausſaugten, von denen·ſie
nicht nur das Material zu ihrer Arbeit, die Werkzeuge, ſondern Brot
und Mehl, Kartoffeln und Salz, ja die Kleider bezogen, denen ſie
gleichſam mit Haut und Haar verpfändet waren. Die Juden hatten
ſich vom Schweiße dieſer armſeligen Bevölkerung gemäſtet, die Juden
hatten die Hehler in Přibram gemacht. Die Aufregung wuchs mehr
und mehr.

Das Spottwort Stříbro (Silber) wurde den Juden auf Schritt
und Tritt nachgerufen und als in dem kleinen Städtchen Hoſtomitz an
der Litawa im Prager Kreiſe ein unbedeutender Zank zwiſchen einem
jüdiſchen Händler und einem Nagelſchmied entſtand, da war der An=
laß gegeben, die wilde Furie über die Juden loszulaſſen. Hoſto=
mitz, Hořowitz, Iman, Suchomaſt, Beraun, Praskoles, Lochowitz,
Pilſen, Woſow, Mauth, Cerhowitz und namentlich Schüttenhofen
erlebten nach· und nach größere oder geringere Judenverfolgungen,
bei denen für hunderttauſende von Gulden Werth zerſtört und das
Leben vieler Iſraeliten bedroht wurde. Viele Häuſer wurden gänz=
lich ausgeplündert, die Synagogen geſchändet, die Frauen und Kinder
der Juden geprügelt und nach Herzensluſt geſtohlen, bis die bewaff=
nete Macht dem Treiben, nicht ohne Blutvergießen, ein Ende machte.
Das waren die Judenhetzen im Februar und März 1866, welche
durch die Publicirung des Standrechtes im Prager, Pilſener, Piſeker
und Taborer Kreiſe erſt ihren Abſchluß erlangten, mažte Žibi, Haut
die Juden, und Stříbro, das waren die Schlagworte, unter denen ſich
der tſchechiſche Pöbel zuſammenfand, den, was wenigſtens die Hoſto=
mitzer Gegend betrifft, ein Bericht an die Prager Handelskammer im
Jahre 1865 folgendermaßen ſchildert, als „eine vollſtändig demo=
raliſirte, verarmte, an Geiſt und Körper kranke Menſchenclaſſe,

der man an die Stirn geschrieben lieſt, daß ihre Uhr bald abgelaufen iſt."

Die böhmiſchen Juden ſind keineswegs davor ſicher, daß auch
in der Zukunft ſich dieſelben Scenen wiederholen werden und je mehr
die Tſchechen in Böhmen ans Ruder gelangen, deſto mehr wird die
Stellung der Juden eine ungemüthliche, ja gefahrvolle werden. So
wie die Leute ein wenig Luft bekommen, wenden ſie ſich gegen ihr
beliebtes Hetzwild. Der tſchechiſche Pöbel in Horowitz und Rakonitz
hat die Zeit während der preußiſchen Beſetzung Böhmens im Juli
1866 nicht beſſer zu verwerthen gewußt, als daß er ſich aufs neue
ſeinem lieben Privatvergnügen, den Judenhetzen, hingab.

Die Beweggründe, welche das tſchechiſche Landvolk zu den
Judenhetzen trieben, die Anſichten, welche gebildete Tſchechen dar=
über hatten, wie ſie dabei eher Oel ins Feuer goſſen, als löſchten,
erkennen wir am beſten, wenn wir den Prozeßverhandlungen, die im
Oktober und Dezember 1866 in Pilſen und Prag geführt wurden,
folgen. Die Ausſage des Kaplans Vilim aus Bezdedik vor dem
Prager Gericht iſt zu charakteriſtiſch, als daß wir ſie hier übergehen
dürften. Er berichtet: „Ich ging Montags früh nach Hoſtomitz,
auf dem Wege kam mir viel Volk aus Hoſtomitz entgegen. Die er=
regten Maſſen riefen mir zu: „Die Himmel ſtehen offen" („nebesa
jsou otevřena"); ich frage nach der Bedeutung dieſer Worte, und
man erwidert mir: „Auf die Juden gehts los." Ich verdopple meine
Schritte und eile nach Hoſtomitz. In der Stadt ſammeln ſich Menſchen=
haufen, die alle dem Hauſe des Iſraeliten Brunner zuſtrömen. Ich
wollte wiſſen, was es gäbe und ſuchte die Gemeinderäthe auf, fand
aber keinen zu Hauſe. Ich kehrte nach Bezdedik zurück, und kam
dann mit dem Pfarrer ſelbſt wieder in die Stadt, um zu verſuchen,
ob die Wiederherſtellung der Ordnung gelänge. Wir treten ins
Rathhaus, der Iſraelite Löwitus folgt uns dahin todtenbleich und

am ganzen Leibe zitternd. Er bittet jammernd, man solle ihm Weib
und Kinder retten, und bei der Menge Schonung ihres Lebens er-
wirken. Er ruft händeringend: „Nehmt unser ganzes Vermögen,
aber laßt uns am Leben." Wir gingen nun in Begleitung einiger
Bürger unter die Menge. Dieselbe hatte sich vor dem Hause Brunner's angesammelt. Die Fensterscheiben und Rahmen waren aus-
gebrochen, die Läden zertrümmert, auf die von innen verrammelte
Hausthüre folgte Schlag auf Schlag, und sie begann bereits zu
weichen; da redete der Pfarrer die Menge an mit den Worten: „Erzählt mir, wodurch Euch der Jude gekränkt hat. Ihr sollt Unterstützung und väterlichen Rath bei mir finden." — „O seht, ehr-
würdiger Herr!" rief Einer aus der Menge, „wie uns der Jude
bestiehlt. Tag und Nacht sind wir nun seit zehn Wochen für ihn
thätig, und jetzt will er uns einen Gulden vom Lohne abreißen."
Ein Zweiter meinte: „Ein Brief aus Hlubosch ist dem Bürgermeister
zugekommen, in dem heißt es, daß es mit den Juden zu Ende geht,
und daß man uns aus ihren Händen befreien wird." — „Und wissen
Sie wohl Hochwürden," schrie ein Dritter, „daß der Jude hier
Christenblut vergossen hat, und es jetzt büßen wird?" Denn muß ich
beifügen, daß wirklich ein Christenknabe blutend das Haus Brunner's
verlassen hat, und daß sich Brunner immer ausnehmend hart und
stolz den armen Leuten gegenüber benommen hat. Er ließ sich
„gnädiger Herr" heißen, und sich und seiner Frau die Hand küssen.
Vor ungefähr zwölf Jahren ist er ohne Vermögen nach Hostomitz
gekommen und hat sich dort bereichert. Diese Umstände sind im
Munde aller Einwohner der Stadt. Die Volksmenge rief: „diesem
Elenden sollen wir dienen! Wir sind Sklaven in den Händen des
verruchten Juden, er nährt sich von unserem Blute, indem wir ihm
umsonst arbeiten; „umsonst, umsonst, umsonst," tönte es im Chorus
wieder. Darauf sagte ihnen der Pfarrer: „Ihr habt jetzt Euern Zorn

an dem Juden ausgelassen, geht nun nach Hause, Ihr könntet sonst
in schlimme Verwicklungen kommen. Morgen früh aber kommt aufs
Rathhaus, dort wird Euch der Jude Euren vollen Lohn auszahlen
und sich schriftlich verpflichten- müssen, Euch einen der Arbeit ent=
sprechenden Lohn zu zahlen." — „Das wäre uns ganz recht, rief
einer, aber versprecht uns auch, daß wir wegen des Juden nicht in
Strafe kommen. Wird einer unser Christenbrüder eingesperrt, so
reißen wir das Rathhaus zusammen." Der Pfarrer antwortete: „Ich
will bei Gericht für Euch sprechen;" aber einer aus der Menge rief:
„Nichts da, glaubt dem Pfarrer kein Wort," worauf das Volk mit
aller Macht auf das Haus losstürmt. Einigen Bürgern war es
mittlerweile gelungen, die Familie des Brunner in Sicherheit zu
bringen. Ich sah ein, daß unsere Anwesenheit zu keinem Ziele führe
und eilte daher zur Frau Bürgermeisterin, um diese zu be=
ruhigen, denn ihr Gatte war als Landtagsabgeordneter in Prag, und
sie mit den Kindern ohne allen Schutz im Hause. Bald folgte mir
auch der Pfarrer dahin. Was weiter vorgegangen ist, kann ich nicht
mehr sagen. Ich besorgte am anderen Tage den Gottesdienst, allein
der Lärm drang von der Gasse aus in die Kirche, so daß ich dieselbe
verlassen mußte. Draußen sah ich, wie der Volkshaufe sich gegen
Bezdedib zu wälzte. An der Spitze des Haufens fuhr ein Wagen,
auf demselben stand ein Mann, dem die Menge „General Radetzky"
zujohlte. Ich begab mich ebenfalls nach Bezdedib und sah dort den
Excedenten von der Ferne zu. Und jetzt erlaube ich mir noch für
die armen Verirrten ein Wort einzulegen. Sie sind unglücklich,
ihr Haß gegen die Juden wurde durch die Silber=Defraudationen
in Přibram, wie durch das Benehmen Brunner's noch genährt, ich
bitte also um ein mildes und nachsichtiges Verfahren mit den Un=
glücklichen."

Die Spaltung zwischen Juden und Tschechen schreitet nur fort;

der Riß scheint unheilbar und die Gegensätze werden bleiben. Wenn die Tschechen von den unter ihnen lebenden Juden verlangen, daß sie mit ihnen in nationaler Beziehung gehen sollen, so vermögen wir dieses ihnen nicht zu verdenken. Aber der Jude findet auf deutscher Seite in jeder Beziehung besser seine Rechnung und wird in jenem zweisprachigen Lande wohl das Recht haben zu wählen, auf welche Seite er sich stellen will. Den Deutschen ist er sicher ein schätzbarer Bundesgenosse und diese haben alle Ursache sich mit ihm gut zu stellen. Möchten auch die letzten Unterschiede fallen, möchten die Juden selbst dahin streben völlig aufzugehen in der Nation, welcher geistig sie sich am nächsten verwandt fühlen, möchten sie nun ihrerseits die Absperrung fallen lassen, die sich bei ihnen im Streben nach „Er= haltung des Judenthums" zusammenfaßt. Der Ausgleich, die völlige Versöhnung ist nur möglich auf dem Wege der Blutvermischung.

Der Adel und seine Herrschaften.

Wechselvoller ist die Geschichte kaum irgend eines Adels gewesen, als die des böhmischen. Bald national mit dem Volke gehend, bald gegen dasselbe auftretend, bald sich germanisirend, bald sich tschechisirend, fast ganz als nationaler Adel untergehend und durch fremde Geschlechter ersetzt, hat Böhmens Adel stets einen bedeutenden Einfluß auf das Land genommen, dabei jedoch im Wesentlichen und großen Ganzen immer nur das eigene Interesse im Auge gehabt. Während in Großbritannien aus sächsischem und normännischem Adel allmählich eine einige starke Aristokratie mit specifischem Gepräge erwuchs, kam der böhmische Adel nicht aus den nationalen Gegensätzen heraus und schwankte zwischen deutschen und tschechischen Interessen, je nachdem diese oder jene Richtung die Oberhand hatte, und es den Herren ersprießlich schien, deutsch oder tschechisch zu sein.

Zum ersten Male germanisirte sich der tschechische Adel im Anfang des 13. Jahrhunderts, als Wenzel I. (1230—1253) auf dem Throne saß. Nach deutschem Beispiele begannen die tschechischen Herren ihren Burgen deutsche Namen zu geben, die sie dann als Familiennamen auf ihre Nachkommen vererbten. So entstanden um diese Zeit die Herren von Rosenberg, Riesenburg, Lichtenburg; später die von Schwamberg, Riesenberg, Waldek, Wartenberg, Waldstein, Falkenstein, Landstein, Hasenburg, Talmberg, Gutenstein, Riechenburg u. s. w. Klingenberg, am Zusammenflusse der Moldau und Wotawa, kommt urkundlich 1229 zuerst mit dem tschechischen Namen

Zbikov vor. Doch als es Krongut und Jagdschloß Wenzel I. wurde, tritt bereits 1250 der deutsche Namen Klingenberg auf. Dasselbe ist mit Sternberg an der Sazawa der Fall, wo das alte noch jetzt blühende Geschlecht der Sternberge saß, das den achteckigen goldenen Stern auf blauem Grunde im Wappen führt. Ihr ursprünglicher tschechischer Name ist Diwisch und in ununterbrochener Reihe vermögen sie ihren Stammbaum bis zum Jahre 1218 auf Diwisch von Diwischow (in der Kaurimer Župe) zurückzuführen. Böhmens mächtigstes Geschlecht waren die Witkowitz mit dem Wappen der fünfblättrigen Rose, welche in die zwei Stämme der Neuhaus (nova domus) und Rosenberg zerfielen. Mit Peter Wok von Rosenberg starb im Beginnen des 17. Jahrhunderts dies alte Adelsgeschlecht aus, das namentlich um der „weißen Frau" willen berühmt wurde, die aus ihrem Geschlechte stammte. Es war die 1424 geborene Perchta von Rosenberg, die unglückliche Gemahlin Johanns von Liechtenstein. So läßt sich bei den meisten altböhmischen Adelsfamilien eine Germanisirung des Namens nachweisen. Diese Umänderung konnte nun so leichter vor sich gehen, als die alttschechischen Familien überhaupt keine erblichen Zunamen ursprünglich führten, dagegen waren in jeder gewisse Vornamen beliebt, welche bei mehreren Generationen immer wieder kehren. So bei den Tschernin (Černin) Držislav, bei den Rosenbergen Wok und Vitek, bei den Sternbergen Zdislav und Jaroslaw. Die Waldsteine, zu denen der berühmteste Feldherr des dreißigjährigen Krieges, Albrecht Wallenstein, gehört, kommen zuerst (Ende des 12. Jahrhunderts) als Markwartitz im nördlichen Böhmen vor, wo sie der Jungbunzlauer und Tetschener Župe vorstanden.

Zugleich rückte der erste Schub deutscher Adelsgeschlechter in Böhmen ein. Gegen Ende des 13. Jahrhunderts finden wir bereits das sächsische Geschlecht der Schönburge (tschechisch Šumburk) in

Egerthale angesessen. Hintereinander erwarben sie Birschenstein 1343), Hassenstein (1350), Trautenau (1470) und tragen nicht wenig zur Germanisirung der Gegend bei. Zu ihnen gesellen sich die Herren von Dohna, Seeberg, Biberstein (welche die Bevölkerung um Friedland und Reichenberg ansiedeln); später die Reuß von Plauen, Koldiß, Lobbeburg, Jßburg, Turgau und Hardeck. Ihnen strebte der heimische tschechische Adel in Sitten und Gebräuchen nach, und bediente sich der deutschen Sprache im Privatverkehr und zu Urkunden. Schon 1300 stellt Heinrich von Rosenberg eine deutsche Urkunde aus. Auf Schloß Neuhaus finden wir Malereien aus dem Jahre 1338 mit deutschen Inschriften, und Klingenberg zeigt einen ornamentirten Backsteinfußboden mit deutschen Sprüchlein, z. B. bei einem Löwen: Leb. pin. ich. kenant. mich. treit. der. conenc. von pehemlaut. (Aus der nachotokarischen Zeit.) Wenn nun auch dieser Adel sich germanisirte, deutsch sprach und deutsch sich kleidete, so trat er doch feindlich gegen das deutsche Element des Landes auf, gegen den Bürger, welchen die Könige in das Land berufen hatten und deren wachsende Macht, deren Reichthum und Ansehen er mit scheelen Blicken betrachtete. Feudale Standesinteressen gaben den Ausschlag und so sehen wir den Adel des 13. Jahrhunderts schon dieselbe Politik in Böhmen befolgen, wie jenen des neunzehnten. Hier selbstsüchtige Barone und tschechische Bauern — dort freie deutsche Bürger und die Herrscher des Landes. Oft zogen die Junker plün=dernd und zerstörend gegen die deutschen Städter, wie im Reiche auch, und der Sieg schwankte herüber, hinüber, wenn auch die Lan=desherren, zumal jene aus dem echt tschechischen Geschlechte der Premys=liden, auf Seiten der Städter standen. Verdrängung der verhaßten Bürger aus ihren Rechten, ausschließliche Besetzung der höchsten Landesämter durch Barone und Beschränkung der Krone; das war das Streben der böhmischen Junker und das ist es noch heute.

Mit der nationalen Revolution des fünfzehnten Jahrhunderts
sehen wir auch einen Umschwung in der Nationalität des böhmischen
Adels eintreten. Das Deutsche wurde wieder abgeworfen und der
Adel ging mit dem Volke. Žižka war ein tschechischer Adliger und
aus dem Geschlechte der Kunstate entsproß der nationalste und that=
kräftigste König Böhmens, Georg von Podjebrad. Auch die ein=
gewanderten Adelsfamilien tschechisirten sich; so die Herren von Schlick,
von Stampach, Dohna, Zeblitz, Schönfeld u. a. Aus der husitischen
Revolution zog der Adel nach Herstellung des Friedens allein Nutzen.
Die königliche Gewalt war geschwächt, die deutschen Städte waren
durch die husitischen Mordbrenner tschechisirt worden, ein freier
Bürgerstand existirte nicht mehr und so konnten denn die Barone
die reinste feudale Aristokratie aufbauen. Alle Landeswürden und
hohe Stellen waren in ihrer Hand, sie gaben allein Gesetze und das
stets im deutschfeindlichen Sinne. Wie es mit der Sittlichkeit jenes
böhmischen Adels im fünfzehnten Jahrhundert bestellt war, darüber
hat uns der Moralprediger Peter Cheltschitzky (geboren 1390) ein
interessantes Spiegelbild hinterlassen. Der Mann, welcher der
tschechische Abraham a Sancta Clara genannt werden kann, schreibt
von den Adligen: „Alles schlimme scheuen und fliehen sie und streben
nur nach Wohlleben. Sie wollen sich keiner schweren Arbeit unter=
ziehen, keinen Tadel, keine gewöhnliche Behandlung ertragen, sich zu
Niemandem herablassen, Niemandem Dienste leisten, sondern nur ein
freies, müheloses, leichtes, angenehmes Leben führen und nett und
zierlich, in schönen, vom Teufel selbst ersonnenen höfischen Trachten,
in theuren prachtvollen Kleidern gleich Göttern und Göttinen voll
Glanz und Herrlichkeit einherstolzieren. Sie lieben auch reichbesetzte
Tafeln und schmucke, weiche Lager, begehren süß und schmeichlerisch
mit dem Titel: „Geruhen Euer Gnaden" angesprochen zu werden
und möchten nur immer die Zeit in warmen Bädern mit Waschen

und Putzen hinbringen zur Last für ihre Diener. Nur durch die Leiden und den Schweiß ihrer Knechte und Tröpfe, wie sie heißen, könnten sie solch' Wohlleben erzielen."

„Es ziemt sich nicht für Euch, fährt Cheltschitzky fort, den ganzen Tag nichts zu thun, zu sitzen, herumzuschlendern, Schach, Dame, Karte zu spielen, lange zu schlafen, Unzucht zu treiben gleich dem Viehe, Euch fortwährend vollzustopfen und Wein und Bier wie in Fässer, in Euch hineinzuschütten und niemals nüchtern zu sein. Es ziemt sich auch nicht für Euch, die armen Leute zu schinden, sie mit Frohnden, Jagden, zugemutheten Nachtwachen zu plagen und mit anderen Lasten zu drücken." — „Sprich nicht von Mitleid mit den Armen, heißt es an einer andern Stelle, sie haben es mehr mit den Hunden als mit den Armen. Daran haben sie genug, Wind= hunde, Spürhunde, Leithunde und füttern sie reichlich mit Brot. Auch haarige Hündchen haben sie und legen sie auf Polster neben sich, tragen sie in Bäder, waschen sie, kämmen sie, kaufen und kochen ihnen Fleisch. Der arme Lazarus aber hat keinen Zutritt zu ihrem Tisch, denn er könnte übel riechen."

Die große Katastrophe ereilte den böhmischen Adel im Jahre 1620 nach der Weißenberger Schlacht, in welcher er das Schicksal des Volkes redlich theilte. Unter Führung eines deutschen, erst seit Kurzem in Böhmen ansässigen Abligen, des Grafen Heinrich Mathias von Thurn, hatte der Adel allerdings wesentlich jenen Fall Böhmens herbeigeführt. Von je neigte der tschechische Adel zu rohen Gewalt= thätigkeiten, mehr als der Adel anderer Länder, wie dies überhaupt in der Art des slavischen Adels lag, der selbst solche Dinge besorgte, die man anderwärts den Knappen überließ. Man kennt die Scenen aus den polnischen Reichstagen und die Verschwörungen und Mord= thaten des russischen Adels gegen die Kaiser. Eine schöne Zeit das, als die rohen Burschen überall mit dem Schwert drein fuhren, aber eine Zeit, die dem tschechischen Historiographen Palažky, ganz nach dem Sinne ist, wäre es auch nur, um sich wissenschaftlicher Gegner durch jene Buschklepper zu entledigen. Hetzt doch der „Vater der Nation", der Schleppträger des heutigen böhmischen Adels, der Erfinder des deutschen Räuber= oder Raubvolks folgendermaßen: „Gäb' es noch einen Repräsentanten des alten böhmischen Adels unter uns, er würde keinen Augenblick zögern, Herrn Höfler zur Verantwortung zu ziehen, nicht nur vor der oft irre geführten öffentlichen Meinung, sondern auch noch vor anderem Gerichte." Welch prächtiger Geschichtsschreiber, der die Entscheidung über wissenschaftliche Dinge in die Hände von Raubrittern legt! Ein Lobkowitz und ein Kinsky waren es, die am 23. Mai 1618 die kaiserlichen Räthe Martinitz und Slavata aus den Fenstern der Burg auf dem Hradschin höchsteigenhändig „auf alttschechisch" (po staročesku) hinausstürzten und es war wohl nicht mehr als recht und billig, daß der Adel nach dem Sturze des Winterkönigs auch die Leiden Böhmens theilte. Damals sollen 1088 Geschlechter vertrieben worden sein und der zweite große deutsche Adelsschub fand nach Böhmen statt. Die confiscirten Güter geriethen in andere, der kaiserlichen Partei freundliche Hände. So erhielt Wallenstein, der, wenngleich ein Böhme, doch in der Schlacht am weißen Berge auf Seiten der Kaiserlichen focht, allein sechzig Herrschaften um einen Spottpreis. Die Gallas, Trautmannsdorf, Thun, Hoißenstein, Goltsch, Lichtenstein, Albringen, Morzin, Dietrichstein, Pötting, Eggenberg, Clam, Schwarzenberg, Oettingen, Auersperg, Windischgrätz, Khevenhiller, Fürstenberg, Thurn und Taxis rückten aus Deutschland nach und nach ein. Aus Frankreich kamen die Desfours, Lamboy, Rohan und Bucquoy. Letztere nahmen die Besitzungen der Schwamberge im südlichen Böhmen mit der Burg Gratzen ein und verfügten noch zu Ende des 17. Jahrhunderts über ihr Erbe in einem Testamente in französischer Sprache. Auch spanische und italienische Familien siedelten sich an und ertheilten so dem böhmischen Adel im Verein mit den übrig gebliebenen alten Familien, ein sehr kosmopolitisches Gepräge.

Wie und mit welchem Interesse dieser buntscheckige Adel nach Böhmen kam, davon ein Beispiel.

Die Schwarzenberg, aus dem altfränkischen Hause der Seinsheim stammend, haben sich nun auch durchweg bohemisirt und zum Theil gründlich tschechisirt. Freilich, als Johann Adolf von Schwarzenberg im 17. Jahrhunderte seine großen Gütererwerbungen in Böhmen (Wittingau, Frauenberg, Pürglitz, Wildschütz, Kornhaus. u. s. w.) machte, da wußte er nur zu gut, welcher Gegensatz zwischen einem echten deutschen Abligen und einem Tschechen bestehe. Von Brüssel aus schrieb er 1652 an den Grafen Leslie: „In denen kaiserl. Erblanden, absunderlich aber in Böhmen, wollte ich mich gerne stabiliren, ich fürchte mich aber für den St. Wencislav, welcher, dem gemeinen Ruf nach, keine Ausländer allbar leiden thut." Die Furcht vor den St. Wencislav ist nun bei den Schwarzenbergen seit langem verschwunden, im Gegentheil, sie ge= hören zu den eifrigsten Verehrern und Anhängern des Landespa= trons. Das materielle Interesse hat dabei seine große Rolle gespielt, denn von Anfang an haben die Schwarzenberge auf die Ausnützung der böhmischen Güter scharf ihr Augenmerk gerichtet gehabt. Der Erwerber derselben, jener Johann Adolf, äußerte sich im Jahre 1663: „In Franken ist das Stammhaus, die Reichs=Immediätät und der äußerliche Schein einer immaginirten Grandezza, in Böhmen ist die Nutzbarkeit, in Oesterreich eine mehrere Satisfaction." (Berger, das Fürstenhaus Schwarzenberg II. 41). Mit Bezug auf Grundbesitz sind die Schwarzenberge nun die Ersten in Böhmen, ihre Hausmacht da= selbst umfaßt 297,000 österreichische Joch, was ungefähr einem

Flächeninhalt von 29 ¹⁄₂ Quadratmeilen und dem dreißigsten Theile des Flächenraumes von ganz Böhmen gleichkommt, oder, um den Vergleich noch schlagender zu machen, der fürstlich schwarzenbergische Besitzstand in Böhmen ist noch um fünf Quadratmeilen größer als das souveräne Herzogthum Gotha. Er zerfällt indessen in eine große, obere Herrschaft, die sich, im vollen Zusammenhange, mitten vom Böhmerwalde und den Grenzen Bayerns, Ober= und Niederöster= reichs, weit ins Flachland hinein erstreckt, und eine kleine, untere Herrschaft in den fruchtbarsten Gegenden des Leitmeritzer und Saazer Kreises. Die bedeutenste Domäne der Schwarzenberge in Böhmen ist Krummau, von der sie den Herzogstitel führen.

Von Interesse am Lande und Volke konnte natürlicherweise bei diesem buntscheckigen zusammengelaufenen Adel anfangs nicht viel die Rede sein. Er war dem Kaiserhaus gegenüber treu gesinnt und ver= trat sonst in den Ständen wie stets und wie heute nur sein eigenes Heil. Die Zahl der erhaltenen alten, mit der Geschichte des Landes verwachsenen Familien blieb nur eine geringe; in ihrer Hand ist jetzt noch nicht einmal der dritte Theil des abligen Grundbesitzes. Zu ihnen gehören die Kaunitz, Kolowrat, Tschernin, Sternberge, Lobko= witz, Waldstein, Wratislaw, Dobřensky, Wrbna, Harrach, Chanowsky, Kinsky u. a. Diese Abligen redeten unter sich nur deutsch, italienisch oder französisch und selten fand man einen, der die tschechische Sprache verstand. Prag war längst nicht mehr ihr Ziel, dort verfielen ihre Paläste und in Wien erblicken wir die Kaunitze, Lobkowitze u. s. w. als Stützen der Habsburger Politik.

Leise Anklänge und Sympathien für das Tschechenthum zeigen sich bereits wieder zu Ende des vorigen Jahrhunderts, als auf den Haustheatern des Prager Adels einige tschechische Singspiele auf= geführt wurden. Graf Franz Kinsky trat 1774 in der Schrift „Erinnerungen eines Böhmen über einen wichtigen Gegenstand" für die Pflege der tschechischen Sprache und gegen die Germanisirung der Schulen auf, und der berühmte Naturforscher Graf Kaspar von Stern= berg gründete im Verein mit dem Grafen Franz Kolowrat=Liebsteinsky im Jahre 1820 das böhmische Nationalmuseum, das allmählich zu einer rein tschechischen Anstalt wurde.

Schon 1848 hatten wieder einige Adlige sich zu der tschechischen Partei geschlagen, doch im allgemeinen spielte der böhmische Adel bis zum Jahre 1860 im politischen Leben eine weniger bedeutende Rolle. Erst seit jener Zeit ist er im Wiener Reichsrathe und im böhmischen Landtage als ein wichtiger und maßgebender Factor aufgetreten. In nationaler und politischer Beziehung trat jetzt unter ihm eine Spal= tung ein und während die Minderzahl, ihrer deutschen Abstammung eingedenk, zur deutschen Partei hielt, trat ein großer Theil des Adels deutscher Abstammung in ein offenes Bündniß mit den Tschechen und schädigte das Deutschthum durch seine Haltung im Landtage vielfach auf die empfindlichste Weise, nur im Interesse der feudalen Standesinteressen, denen sich die Tschechen in freiheitsfeindlicher Weise gefällig und günstig erwiesen. Das Compagniegeschäft mit der feudalen Adelspartei charakterisirt die Tschechen jedenfalls am besten, denn gegen= über jenen Herren, mit denen sie durch dünn und dick gehen, sind sie in einen argen Servilismus verfallen. Naše šlechta, unser Abel, so apostrophirt man jetzt die Adligen aus deutschem Blute, welche mit den Tschechen Haus halten. Schon im tschechischen Programm von 1860 heißt es: „Politische Privilegien auf Grundlage der bloßen Geburt können dem Adel niemals zuerkannt werden; aber wenn der Adel seine Thätigkeit der Verherrlichung der Nation widmen will, dann sollen seine Söhne als die ersten Söhne der Nation anerkannt werden und sie sollen die Führung erhalten."

Solche aus deutschen Geschlechtern stamme.'' Adlige, deren Vorfahren in der Geschichte unseres Volkes vielfach mit Ruhm ge=

nannt werden, und die jetzt im antideutschen Sinne in Böhmen vor=
gehen, bilden nun die Majorität des böhmischen Adels.*)

Sind auch Macht und Einfluß des grundbesitzenden Adels in
Böhmen größer als in Deutschland, so ist der „Kavalier" doch weit
entfernt die große Rolle einzunehmen, welche der begüterte englische
oder ungarische Aristokrat spielt. Mit Ausnahme von einem halben
Dutzend Wortführern findet man unter den hohen Herren keine Ta=
lente und der hohe Posten unter den Staatsstellen, die Virilstimme
im Reichsrathe, decken Armuth an Kenntnissen keineswegs zu. Manche
Großgrundbesitzer Böhmens benutzen jedoch ihre Stellung und ihren
Reichthum zur Unterstützung der Künste und Wissenschaften, sowie
zur Förderung gemeinnütziger Werke und erhöhen dadurch den Glanz
ihrer Geschlechter. Ein eigentlicher Zusammenhang mit dem Volke
findet bei dem böhmischen Adel nur ausnahmsweise statt; sein Ver=

---

*) Die Grafen Thun zeichnen sich ganz besonders als eifrige Tschechen
aus. Graf Leo Thun, ein Helfershelfer am Concordat, war früher ein
eifriger Germanisator in Böhmen und spielt jetzt den Tschechen! Wo diese
Adligen Schulpatrone sind, begünstigen sie die Anstellung tschechischer Lehrer
in deutschen Schulen. Wie Hohn klingt es dann, wenn ein solcher Adliger
noch die Stirn hat sich als „Deutscher" aufzuspielen, wie z. B. der von
feudalen Großgrundbesitzern in den böhmischen Landtag geschickte Graf Kurt
von Zedtwitz, zu behaupten wagte: „auch er sei ein Deutscher, kenne
die Deutschen und wisse, daß sie mit der Erklärung ihrer (verfassungstreuen)
Vertreter nicht übereinstimmten." Der Mann mußte sich von den Vor=
stehern sämmtlicher Gemeinden, die in seinem Dominialbesitz liegen, sagen
lassen: „Wir hegen nicht den geringsten Zweifel, daß Herr Kurt Graf
Zedtwitz den besten Willen und große Fähigkeit besitzt, seine eigenen
Standesinteressen zu wahren; daß er jedoch die Interessen des Volks im
allgemeinen und speciell unsere deutschen Interessen zu vertreten und zu
vertheidigen auch nur Willens sei, ist uns nicht im entferntesten in den
Sinn gekommen." Aehnlich erging es 1866 dem Grafen Franz Thun,
der als Abgeordneter des deutschen Wahlbezirks Tetschen=Bensen=Böhmisch=
Kamnitz mit den Tschechen stimmte.

halten ist im Großen und Ganzen höchst exclusiv und eine ganz
außerordentliche hohe Meinung vom „blauen Blute" und „höherer
Organisation" wird in sehr vielen Kavalieren wach, die häufig durch
die kriechende Ergebenheit der ehemaligen, noch jetzt ganz von ihnen
abhängigen „Unterthanen" noch vermehrt wird. Dazu trägt auch die
Sprache wesentlich mit bei. Ordentlich deutsch lernen manche der
Herren gar nicht; sie begnügen sich mit dem Wiener Jargon, wenn
sie überhaupt in die unangenehme Lage versetzt werden, deutsch zu
sprechen. Unter sich redet man viel französisch. Die Kinder werden
oft von französischen Hofmeistern und Gouvernanten erzogen, damit
sie frühzeitig der allein seligmachenden Sprache mächtig werden. Bei
den Knaben vollendet die militairische Carrière gewöhnlich die höhere
Bildung. Was das Tschechische betrifft, so ist dasselbe neuerdings in
Mode gekommen. Da man jedoch diese Sprache, von der man in
der Jugend nur wenige Brocken erlernte, nicht so leicht in den Kopf
bekommt, so begnügt man sich damit im Landtage bei den Abstimmungen
mit ne (nein) und ano (ja) zu antworten, oder der Kavalier redet seine
Bauern wohlwollend tschechisch mit Wiener Accent an, so daß diese
schließlich nicht verstehen, was der Herr gewollt hat. Aber die Kinder
lernen jetzt tschechisch und werden dadurch einer vierten Sprache kundig,
doch keiner recht mächtig. Der ganze Zuschnitt wird gerne auf das
Aeußere gestellt und schon der hohe Rang, die alte Abkunft, der enorme
Reichthum befähigt den Kavalier, das Protectorat einer milden oder
wissenschaftlichen Stiftung zu übernehmen, wo er dann als Sachkenner
glänzt. Der Ankauf einiger Oelgemälde und einiger Bücher stempelt
ihn zum Mäcen. Gegenüber diesem Durchschnittsgut ragen mehrere
böhmische Kavaliere durch gediegene, allseitige Bildung, humanes
Wesen und charactervolle Gesinnung leuchtend aus der dunklen
Masse hervor. Den von Seiten der Tschechen gemachten Vorwurf,
daß der böhmische Adel das nationale Element vernachlässige, hat der

größere Theil nun wenigstens äußerlich beseitigt; auf wie lange wird sich zeigen, da man mit der Geschichte des böhmischen Adels vor Augen auf keine dauernde politische oder nationale Haltung desselben rechnen kann. Ob die andern Vorwürfe, welche ihm ein national=gesinnter Tscheche*) machte, auch schon entkräftet sind, können wir nicht wissen. Er sagt vom böhmischen Adel: „Auch bemerken seine Beobachter bereits in der jüngeren Generation des Adels den Mangel an jenen vielseitigen Kenntnissen, an jener humanen Urbanität, an jener welt= und staatsmännischen Begabung, an jenem wahrhaft noblen Betragen, welches den Kavalier der guten alten Zeit nicht blos zum gentilhomme, sondern auch zum homme gentil machte, und welches dem Adel den unbestrittenen Vortritt in allen Kreisen verschaffte." In Prag, weniger in Wien, hat der böhmische Kavalier seinen Wohnsitz, aber sein rechtes Leben beginnt erst draußen auf der Herrschaft.

Es ist wirklich überraschend, welch' ungeheuer Grundbesitz noch in der Hand des böhmischen Adels liegt. Der gesammte land= und lehentäfliche Besitz in Böhmen umfaßt 1269 Besitzstände mit einem Flächenmaß von 5,058,088 Joch, d. h. mehr als ein Drittel des ganzen Landes. Die durchschnittliche Größe eines Besitzstandes beträgt 2816 Joch, die größte ist die Schwarzenberg'sche Herrschaft Krummau mit $8^6/_{10}$ Quadratmeilen; das ist mehr als Reuß älterer Linie, mehr als Schaumburg=Lippe und fast so viel wie das Herzog=thum Koburg. Und der ganze große Besitz in der Hand eines Herrn, dem jeder Zoll Grund und Boden gehört! Der größere Theil der Waldfläche Böhmens ist bei den landtäflichen Besitzern, während die dem Feldbau gewidmete Bodenfläche zum größeren Theil nicht land=täflicher Besitz ist. Fragen wir nun nach dem Bodenwerth, so stellt

---

*) Böhmische Skizzen von Dr. J. Palačky. Leitomischl 1860. p. 49.

13*

sich die niederschlagende Thatsache heraus, daß er beim Großgrund=
besitz weit niedriger als beim Kleingrundbesitz ist, so daß beim erstern
der Preis eines Jochs productiven Bodens nur 178 fl., beim zweiten
dagegen 353 fl. beträgt. Damit in Zusammenhang steht die Grund=
steuer; von dieser, deren Gesammtsumme beinahe 14 Millionen Gul=
den beträgt, zahlt der land= und lehentäfliche Besitz nur 29 Proc.
oder 4 Millionen Gulden. Es zahlt somit ein Joch productiven
Bodens des land= und lehentäflichen Besitzes an Grundsteuer 1 fl.
39 kr., ein Joch des nicht landtäflichen Besitzes aber 1 fl. 70 kr.*)
Daß hier ungesunde Verhältnisse vorliegen, braucht nicht weiter aus=
einandergesetzt zu werden. Weit über die Hälfte des landtäflichen
Besitzes ist in den Händen von etwa 150 abligen Familien, bei denen
sonach das Uebergewicht ist. Ihre Güter sind die größten und zum
Theil durch Fideicommiß sicher gestellt.**)

Auf der Domäne ist der Kavalier fast unbeschränkter Allein=
herrscher. Freilich sind die Patrimonialgerichte und das Robotten,
wie noch manche andere Privilegien aufgehoben, doch bleibt noch
immer genug an Machtsphäre für den Kavalier übrig, um sich auf
der Herrschaft als „Herr" zu geberden. An den Grenzen der Domäne

---

*) Näheres in J. Jechel: Statistische Nachweisungen über den land=
und lehentäflichen Grundbesitz in Böhmen. Prag. Calve 1868.

**) Die abligen Familien welche mit dem Fideicommißbande behaf=
tete land= oder lehentäfliche Güter in Böhmen besitzen, sind folgende: Der
Herzog von Beaufort=Spontin; die Fürsten Clary=Albringen, Colloredo=
Mansfeld, Fürstenberg, Khevenhüller=Metsch, Kinsky, Lamberg, Liechten=
stein, Lobkowitz, Löwenstein=Wertheim, Metternich, Rohau, Schaumburg=
Lippe, Schwarzenberg, Thurn und Taxis und Windischgrätz; die Grafen
Althann, Bouquoi=Longueval, Bubna, Chotek, Tschernin, Harrach, Kaunitz,
Kinsky, Kokořowa, Kolowrat=Krakowsky, Khülenburg, Mensdorf, Nostiz=
Rhinek, Salm=Reifferscheid, Schönborn, Stadion, Sternberg, Thun=Hohen=
stein, Waldstein, Wallis und Wratislaw=Netolitzky; die Freiherrn von
Chanowsky, Kaiserstein, Lanquet, Löwenthal, Reisky und Sternbach.

erheben sich neben den schwarzgelben kaiserlichen Schlagbäumen Schranken in seinen Hausfarben; besucht er die Besitzung, so tönt ihm eine eigene „Hymne" entgegen; jedes Stückchen Feld, jeder Forst liefert die Erträgnisse in seine Kasse. Kurz alles weist auf einen kleinen Staat im Staate hin, an dessen Spitze ein wenig beschränkter Herrscher steht.

Auf diesen großen Gütern beruht die Existenz des böhmischen Adels und er sucht dieselben nach drei Richtungen hin auszubeuten. Einmal durch die Landwirthschaft, dann durch das Forstwesen und endlich durch industrielle Unternehmungen, wie Bier= und Brannt= weinbrennerei, Zuckerfabriken, Berg= und Hüttenwerke.

Ein Hauptreichthum der Kavaliere liegt noch immer in den Waldungen. Die „böhmischen Wälder" von einst mit ihren Schrecken und Grausen, aber auch mit ihrem unerschöpflich scheinenden Holz= vorrath sind freilich geschwunden; trotzdem ist noch über ein Viertel des Landes (260 Quadratmeilen) mit Wald bedeckt und von dieser großen Waldfläche entfallen wieder 200 Quadratmeilen auf den Großgrundbesitz. Um auch hier das nationale Gebiet zu berühren, muß erwähnt werden, daß von Seiten der Tschechen in der Forst= wirthschaft bisher gar nichts geleistet wurde. Sie stehen hier rein auf deutschen Füßen und können sich nur unsere Erfolge zu eigen machen. Natürlich waren die technischen Ausdrücke erst noch zu überwinden, was mit vieler Kunst vollbracht wurde. Wie der Berg= bau allzeit in Böhmen in wissenschaftlicher Beziehung von den Deutschen abhängig bleiben wird, so auch das Forstwesen. Die erste ausführlichere Forstlehre in tschechischer Sprache erschien im Jahre 1866 (K. Schindler, Veškeré nauky lesnické.)

Sind die Wälder auch meistens eine ergiebige Quelle für den Beutel des Kavaliers, so sind sie diesem doch fast noch lieber als Stätte der großartigen Jagdliebhaberei. Denn die Jagd geht sehr vielen Kavalieren über alles, die darin so eifrig sind, wie nur jemals ein englischer Lord. Dem edlen Waidwerk scheint die Herr= schaft vor allem Andern gewidmet zu sein, und Böhmens Jagden erscheinen als die bedeutendsten Mitteleuropas. In den Wäldern zerstreut, auf hübschen bergigen Punkten, meist an rauschenden Strömen, liegen alte Burgen, die oft erneuert und ausgebessert worden sind, um als Jagdsitz des Kavaliers zu dienen. Büchsen= spanner, allerlei Jägersleute, große Koppel der schönsten Jagd= hunde umschwärmen das Schloß, dessen Aeußeres und Inneres mit Hirsch= und Rehgeweihen, Büchsen, Hirschfängern, Jagdbildern und ähnlichen Sachen vollgestopft ist. Von Altersher wurden die Jagden in Böhmen vom Adel mit großem Prunk betrieben, und mag der Wildstand jetzt auch etwas abgenommen haben, so ist er doch noch ein sehr bedeutender. So weit die Jagdleidenschaft Privat= vergnügen ist und nicht zum Schaden anderer gereicht, kann man sich jedes Urtheils enthalten. Da mag es einerlei sein, ob die Auer= hähne dem Besitzer ganze junge Kiefernpflanzungen zerstören, oder Hirsche und Hasen ihre Verwüstungen anrichten, wenn auch vom volkswirthschaftlichen Standpunkte sich viel dagegen einwenden ließe. Aber die Sache geht in Böhmen weiter, und das neue Jagdgesetz ist keineswegs dazu angethan, die angrenzenden Kleingrundbesitzer vor Schaden zu schützen, wenn auch alljährlich viele tausend Gulden an Schadenersatz von den Großgrundbesitzern und Jagdinhabern bezahlt werden.

Als das neue Jagdgesetz für Böhmen im Frühjahre 1866 im Landtage berathen wurde, kamen gar seltsame Dinge zur Sprache, die ein keineswegs günstiges Licht auf die hier einschlägigen böhmi= schen Zustände warfen. Bei einem so rein praktischen Gegenstande, wie einem Jagdgesetze, spielten trotzdem die nationalen Zwistigkeiten im Landtage wieder eine Rolle. Der Feudaladel, welcher sein Privat=

vergnügen gefährdet sah, erfreute sich der eifrigen Unterstützung der Tschechen, während die gesammten Deutschen für das Wohl des Landvolkes eintraten und sich gegen den großen Schaden erhoben, welche die Jagdliebhaberei über das Land bringt.

Bei der ungeheuren Menge von Wild, die von jeher und noch jetzt in Böhmen gehegt wird, kann es nicht Wunder nehmen, daß dasselbe durch den verursachten großen Schaden den Landmann zur Wilddieberei geradezu herausfordert. Gegen das überhandneh= mende Raubschützenwesen erschienen schon im 16. Jahrhundert eine ganze Reihe von Verordnungen, die mit schweren Strafen drohten, deren Giltigkeit jedoch mit der allgemeinen Jagdordnung vom Jahre 1786 ein Ende fand. Selbst Todesstrafen waren nichts seltenes, wofür folgender Vorfall aus dem Jahre 1581 als Beleg gelten mag. Ein gewisser Jacob Krtschin, Oberverwalter der Rosenberg= schen Güter, ertappte einige Bauern beim Wilddiebstahl; da diese jedoch nur „unterthänige" Menschen waren, so machte er mit ihnen kurzen Proceß, ließ sie an den Galgen hängen und um den Thier= garten zur Abschreckung drei Galgen errichten. Wilddieberei ist noch heute im besten Schwange, und es geschieht nicht selten, daß um der elenden Hirsche und Hasen willen Menschen ihr Leben lassen müssen, bald Förster und Heger, bald die Wilddiebe selbst. Ich bin selbst oft genug Nachts in böhmischen Wäldern auf Raub= schützen getroffen, die ziemlich offen ihr Gewerbe trotz des strengen Jagdgesetzes betrieben. Die Wilddieberei wird in Böhmen wohl erst mit dem letzten im Freien gehaltenen Hirsche aufhören; nicht so einige andere Frevel, wie der Holzdiebstahl, das Streurechen und das Halten der Ziegen, die dem Walde unendlichen Schaden thun.

Außer in seinen Wäldern beruht der Reichthum des Adels noch in seinem übrigen Grundbesitz. Da jedoch der Kavalier in den seltensten Fällen etwas von der Landwirthschaft versteht, so läßt er

den Feldbau durch ein Beamtenheer ausführen, denn zum Pacht=
system schreitet man nur ungern, da die Pächter den Boden gewöhn=
lich zu sehr aussaugen. Die stete Verminderung des Ertrages auf
vielen Domänen, und die kostspielige Verwaltungsweise verleiden
manchem Abligen seinen großen Besitz.

Es läßt sich in Böhmen nicht allzuschwer nachweisen, wie diese
bedeutenden Grundcomplexe, die in einer Hand liegen, eine große
Menge volkswirthschaftlicher Nachtheile mit sich bringen. Leicht wäre
an Beispielen zu zeigen, wie ihr Erträgniß, was wenigstens die
Felder betrifft, das doppelte und dreifache sein könnte, wenn sie in
kleinere, mittelgroße Theile zerlegt wären, denen ein tüchtiger Land=
wirth, als eigener Besitzer, oder in der Art der britischen Pächter,
vorstände. Die schädlichste Seite des Großgrundbesitzes in Böhmen
ist jedoch der durch diesen herbeigeführte Pauperismus, das auf den
Dominien üppig wuchernde Proletariat, welches schon Jahrhun=
derte alt ist und das sich schwerlich ausrotten lassen wird, soviel auch
in anerkennenswerther Weise von vielen Großgrundbesitzern dahin
gestrebt wird, dem Jammer ein Ende zu machen. Im 17. und
18. Jahrhundert belastete der Adel das unterthänige Volk mit einem
ganz unmenschlichen Drucke, er steigerte nach Gutdünken den Robot
und schuf neue Lasten, gegen welche der arme Mann keinen Schutz
fand, so daß Bauernaufstände ausbrachen. Darum war und ist
Böhmen auch an der Auswanderung bedeutender betheiligt, als
andere Länder Oesterreichs. Die Emigration ist in Oesterreich über=
haupt nicht stark und in den östlichen Ländern fast Null, aber in
Böhmen ist sie stark in der Zunahme begriffen, besonders auch seit
dem Kriege von 1866. Namentlich waren es Südböhmen und die
flachen Landestheile mit tschechischer Bevölkerung, welche das größte
Contingent stellten, während die Auswanderung im industriereichen
Nordböhmen kaum sich vermehrte. Außer nach Nordamerika wandte

sich der Strom tschechischer Auswanderung nach Rußland und den Amurländern, wo die Leute jedoch traurige Erfahrungen machten.

Wer wohnt jetzt auf den großen Herrschaften, die einen so bedeutenden Theil des Landes einnehmen? Zur Verwaltung der Wälder, der Landwirthschaft und der industriellen Unternehmungen bedarf der Großgrundbesitzer eine Menge von Beamten, von ihm in jeder Beziehung abhängige Menschen, die nebst den Arbeitern die Bevölkerung der Herrschaft ausmachen. An die Stelle des Bauern, der in andern Ländern wesentlich der Besitzer des Feldes ist, treten Wirthschaftsverwalter, Maierhofsknechte und Taglöhner, willige Werkzeuge in der Hand ihres Herrn. Nach den neuesten statistischen Daten sind beinahe 24 Procent, also ein Viertel der erwerbsfähigen Bevölkerung Böhmens, Dienstboten und Taglöhner (95,652 Dienstboten und 373,510 Taglöhner), ein Verhältniß, wie es schwerlich noch einmal in Mitteleuropa vorkommt. Diese arme Bevölkerung hat vornehmlich ihren Sitz auf den großen Herrschaften, auf denen die wenigen selbständigen Einwohner, die Krämer, Juden und Handwerker, auch noch indirect von der Herrschaft abhängig sind, weil sie mit ihrem Verdienst wieder auf diese angewiesen sind. Außer dem Beamten und Arbeiter bleibt noch der Geistliche und der Schullehrer übrig. Da jedoch der Großgrundbesitzer gewöhnlich auch der Patron von Kirche und Schule ist, so haben auch diese ihre Stellen von jenem. Der den Junkern wohlgesinnte Tscheche erhält dann meistens auch bei Stellenbesetzungen den Vorzug.

Die Zahl der böhmischen Beamten ist eine ganz enorme; fast ganz Oesterreich ist mit ihnen versorgt und es gilt der Spruch, daß man ein Böhme sein muß, um als Beamter Carrière zu machen. Wie es um die Verwaltung Oesterreichs aussieht, wohin dieselbe das Reich gebracht hat, braucht gar nicht auseinandergesetzt zu werden, daß jedoch diese böhmische Bureaukratie einen Haupttheil der Schuld

trägt, dürfte kaum zu läugnen sein. Die meisten Werkzeuge der
Willkürherrschaft waren zweisprachige Tschechen, die in der Unter=
würfigkeit und Willenlosigkeit ein gutes Stück leisteten und deßhalb
im ganzen Kaiserstaate überall leicht Verwendung fanden. Jene
verhaßten Germanisatoren in Böhmen und Ungarn waren geborne
Tschechen und sie sind es namentlich gewesen, die dem deutschen
Namen unverdienten Schimpf einbrachten, da ihre Handlungen auf
Rechnung der deutschen Nation geschoben wurden. Ganz richtig be=
merkt im Jahre 1866 Dr. A. Fischhof in seiner Schrift „Ein Blick
auf die Lage Oesterreichs": „Kein das deutsche Selbstgefühl ver=
letzenderes Schauspiel gab es, als wenn Herr v. Bach und Herr
v. Schmerling die Sprache Luthers und Goethes mit ihrer hohen
Gönnerschaft beglückten und den Völkern deutsche Kultur auf dem
Präsentirteller des Belagerungszustandes durch tschechische Beamte
serviren ließen!" Das Volk in Ungarn machte, wenn es auf den
„Német" loszog, keinen Unterschied zwischen den Deutschen, und
zwischen dem schändlichen System und seinen Trägern, den herrsch=
süchtigen, verknöcherten und schonungslosen tschechischen Beamten.
Wo der größte Theil dieser Leute in der Noth war, das hat der
Krieg von 1866 gezeigt, in welchem böhmische Beamte häufig ihre
Stellen verließen und die Bürger überall selbst eintreten mußten.
Nach der Rückkehr begann jedoch gleich wieder das bureaukratische
Reglementiren, das über Böhmen und ganz Oesterreich bereits soviel
Unglück brachte.

Ein hartes Urtheil über die böhmische Beamtenwirthschaft fällt
auch G. Steinmann, welcher während der preußischen Occupation
im Jahre 1866 in Prag die oberste Civilverwaltungsstelle bekleidete
und Gelegenheit hatte, die Zustände des Landes genau kennen zu
lernen. „An was liegt die Unfähigkeit des Beamtenthums inmitten
von Volksstämmen von unzweifelhaft reicher Begabung? Wie ist

eine so auffallende Erscheinung zu erklären? In Wirklichkeit ohne große Mühe und Umschweife: Sie beruht in dem Staatsprincipe Oesterreichs! Geistiger Druck und wirthschaftliche Absperrung mußten die Völker niederhalten — sie zu bewachen, galt es eine zahlreiche Armee und ein noch stärkeres Heer willenloser Be= amten in Bereitschaft zu halten. Das Talent, an sich verdächtig, fand in diesem Beamtenheere keine Stelle. Auch die höhere, allge= mein menschliche und wissenschaftliche Bildung vermißte die Regierung sehr gern. Begünstigt wurde, abgesehen von den wenigen Hoch= geborenen, denen die hohen Aemter vorbehalten waren (ohne daß diese Herren einer Staatsprüfung unterworfen sind), nur die Nulli= tät, die den kleinen schikanösen Dienst der Volksüberwachung besser auszuüben wußte, als jeder andere, und die ihn heute noch mit loyaler Begeisterung thut — so lange die Dinge eben gut gehen."*)

Eine Hauptgeburtsstätte des Beamtenthums sind die Herr= schaften der Kavaliere; das ist die wahre Vagina, aus der sie her= vorquellen. Da die Söhne der dort ansässigen Beamten meist kein anderes Ziel kennen, als wieder Beamte zu werden, und da daheim nicht genügend Platz war, überschwemmten sie die ganze Monarchie und trugen das halbschlächtige Tschechenthum bis in die Bukowina und an den rothen Thurm=Paß. Brauchbar ist der tschechische Beamte ganz entschieden, auch ist er fleißig und pünktlich. Die Cor= ruption früherer Zeiten, das nicht allzugenaue Umgehen mit dem Eigenthum des Herrn, das System des Bestechens (der tschechische Kunstausdruck lautet masati, schmieren) ist gewiß sehr in der Ab= nahme begriffen. Häufige Processe, Anklagen, Beamtenentlassungen fanden statt und finden auch noch statt, mehr als in andern Ländern,

---

*) Streifzüge preußischer Verwaltung durch Böhmen, von G. Stein= mann. Berlin 1866.

Rußland ausgenommen. Die vielen Niederlagen, die Oesterreich auf diesem Gebiete erlitt, haben sicherlich sehr viel zur Besserung dieser verrotteten Zustände beigetragen, und jemehr auch in Böhmen die Selbstverwaltung Platz greift, desto mehr wird dieser Krebsschaden schwinden. Böhmen hat andererseits wieder sehr viel tüchtige und hochachtbare Beamte geliefert, eine Thatsache, die vom Wiener Reichs= rathe wie vom Landtage des Königreichs in neuester Zeit ausdrücklich anerkannt wurde.

Die Beamten auf den Herrschaften, die vereinzelt über das ganze Land auf den Dörfern und Einschichten zwischen Arbeitern und Bauern ihre ganze Lebenszeit zubringen, sind begreiflicherweise eine ganz eigene Menschenklasse. Ihre Besoldungen an baarem Gelde sind meistens sehr gering, dagegen beziehen sie oft Deputate an Holz, Bier, Getreide und was sonst noch die Herrschaft hervor= bringt. In ihrem gesellschaftlichen Wesen kommen sie dem Klein= städter am nächsten, und alle über eine Domäne zerstreuten Beamten würden, auf einen Punkt zusammengedrängt, ein ganz herrliches Krähwinkel vorstellen. Ihre Thätigkeit dreht sich um die Arbeit und um den allergnädigsten Herrn, den „Brotherrn", der pflichtschuldigst ihnen als anderer Herrgott dasteht und dessen Eigenthum „hochfürst= lich", „hochgräflich" u. s. w. ist, wenn es auch nur einige Pferde betrifft. Abstufungen und Titel werden in der schwerfälligen Be= amtenmaschine gewissenhaft beobachtet und aus der Amtsthätigkeit in das Privatleben übertragen. Auf einer ordentlichen Herrschaft giebt es Directoren, Hofräthe (!), Forsträthe, Wirthschaftsräthe, Rechnungsräthe, Verwalter, Controleure, Assistenten, Revisoren u. s. w.

Eben so gut wie die Arbeiter auf den Herrschaften sind auch die Beamten meist Proletarier und zwar recht conservative Prole= tarier, denn die Natur der Sache bringt es mit sich, daß die auf einer Herrschaft Angestellten untereinander vielfach verwandt und

verschwägert sind, und in geschlossener Phalanx Alle für Einen und
Einer für Alle stehen, damit ja keine neue Ordnung der Dinge die
alten Bräuche oder Mißbräuche ändere. Sie halten fest am Herge=
brachten; manche sind im höchsten Grade servil gegen ihre Vor=
gesetzten und erkennen in jedem Fremden einen gefährlichen Eindring=
ling und Neuerungssüchtigen. Thatkräftige, aus andern Ländern
herbeigerufene Directoren, welche reformirend auftreten, haben oft
einen harten Stand und vermögen selten durchzudringen. Dieses
ganze ausgedehnte Beamtenthum, das uns vielfach als Mischung
von Servilismus, Armuth und Halbbildung entgegentritt, ist eine
natürliche Folge des kolossalen Großgrundbesitzes mit seinen vielen
volkswirthschaftlichen Nachtheilen, die nur mit der Ursache zu
ändern sind.

Anerkannt muß werden, daß manche Großgrundbesitzer ein
reges Interesse an der Hebung ihres Beamtenstandes haben. Die
Gehaltsbezüge derselben reguliren sich natürlich nach den Einkünften
der Domänen, und da diese durchschnittlich nicht den Ertrag liefern,
den sie geben könnten, so fallen natürlich auch die Besoldungen ver=
hältnißmäßig gering aus. Durch Pensionsstatute haben manche
Adlige für ihre Beamten in lobenswerther Weise auch für deren
Alter gesorgt.

Man findet es in Böhmen ganz natürlich, daß soviel hundert=
tausend Menschen, welche auf den Domänen wohnen, vollständig von
ein paar hundert Adligen abhängig sind, denen ihr Wohl und Wehe
anheim gegeben ist. Daß bei den armen Menschen hierdurch Zustände
entstehen, welche viele Nachtheile der Leibeigenschaft, aber keinen ihrer
Vortheile haben, brauche ich nach allem gesagten wohl kaum näher
auszuführen. Der Arbeiter muß gehorchen, er muß mit dem zu=
frieden sein, was ihm der Beamte des Domänenbesitzers als Lohn
anweist, und er muß verhungern oder auswandern, wenn er aus der

Arbeit entlassen wird. Diese beiden ehrlichen Alternativen bleiben ihm alsdann allein übrig. Wählt er keine von beiden, so wird er zum Dieb oder Strolch. Alles dreies kommt vor. Ich wiederhole noch= mals: Im Großgrundbesitz Böhmens wurzeln die meisten socialen Schäden des Landes. Die Beseitigung derselben ist jedoch nur mit der Beseitigung der großen Herrschaften zu erwarten, allein wie dieses anstreben, ohne nicht deren Besitzern großes Unrecht zuzufügen?

In Mitteleuropa hängt der ungeheure Großgrundbesitz, die geringe Anzahl der freien Bauerngüter und die Uebermasse der arm= seligen Tagelöhner ganz entschieden wieder mit dem „slavischen Genius" zusammen. Das zeigt uns heute noch ein Blick auf Mecklenburg, auf die ehemals oder theilweise noch jetzt slavischen Lande Preußens. In den ursprünglich deutschen Provinzen, in Rheinpreußen, Westfalen und Sachsen überwiegt der freie Bauernstand und dessen Grundbesitz ganz bedeutend, die Rittergüter nehmen erst rechts von der Elbe an Zahl und Größe zu und steigern sich, jemehr wir nach dem slavischen Osten vordringen. Zugleich vermehren sich die Tagelöhner. In der noch halb slavischen Provinz Posen erreichen die Rittergüter mit 55½ Procent aller ländlichen Besitzungen endlich den Höhepunkt. Vollkommen richtig bemerkt der sonst uns keineswegs mustergiltige Moritz Mohl(*): „Jeder, der die Verhältnisse der ganz oder doch größtentheils von ursprünglich deutschen Stämmen bewohnten Länder Bayern, Schwaben, Franken, mit den Rheinlanden, Thüringen, Ober= (?) und Niedersachsen, Westfalen kennt, weiß, daß die Zahl der Rittergüter in den meisten derselben, besonders aber in den süd= und westdeutschen ohne alle Vergleichung kleiner, als in den preußi= schen Provinzen rechts der Elbe ist; daß der Bauernstand jener urdeutschen Stämme von Altersher bis auf den heutigen Tag im

---

*) Beilage der Allgemeinen Zeitung Nr. 298. 1866.

Besitz des Landes in allergrößter Ausdehnung geblieben, die Zahl der Tagelöhner und des Gesindes daselbst verhältnißmäßig klein, und daß in Folge dieser für die Unabhängigkeit und den Wohlstand der großen Masse des Volks weit günstigern gesellschaftlichen Verhält= nisse auch der Boden für die politische Freiheit in den ursprünglich deutschen Ländern ein ungleich geeigneter ist, als in jenen, wo das deutsche Element bekanntlich in sehr großer Ausdehnung ein durch Eroberung und Colonisation eingebürgertes ist." Die ungünstigen Verhältnisse und gerügten Mängel treten in Böhmen jedoch in noch weit höherem Maße zu Tage und produciren sich auch hier als Ausfluß des Slaventhums.

Die Unsicherheit und die fahrenden Leute in Böhmen.

Man erzählt viel von den Räuberbanden in Ungarn, und diese „arbeiten" allerdings im großartigen Styl; in Böhmen aber herrscht die kleine Beutelschneiderei, und man kann kaum umhin, hier unwillkürlich einen Vergleich zwischen dem politischen Auftreten der Magyaren und Tschechen zu ziehen. Indessen das politische Gebiet wollen wir heute nicht betreten. Einige sociale und und culturhistorische Streiflichter werden uns zeigen, daß in dem schönen Lande, welches die Tschechen als „irdisches Paradies" (zemské raj) in ihrem Nationalliede bezeichnen, gerade keine paradiesischen Zustände herrschen, soweit sie die Sicherheit der Person und des Eigenthums betreffen.

Uns selbst ist auf den vielfachen Kreuz- und Querzügen durch das „irdische Paradies" keinerlei Unbill widerfahren, und die beinahe zur Handgreiflichkeit ausgearteten Drohungen nationaler Heißsporne abgerechnet, die in uns den Deutschen witterten, haben wir wenigstens über das niedere Volk nicht zu klagen gehabt, nichtsdestoweniger aber die Zustände höchst bedenklich gefunden. Daß man sich die Augen darüber verschlossen habe, läßt sich nicht sagen, und Regierung wie Landtag waren mit der Ausrottung des Uebels beschäftigt, leider aber erfolglos, denn die Schäden, in denen es wurzelt, liegen tief, und lassen sich mit bloßem Reglementiren oder Gendarmeriepatrouillen nicht beseitigen.

Schon am 25. Januar 1866 kam im Prager Landtag ein Antrag des Grafen Clam-Martinitz zur Berathung, betreffend die

Sicherheit auf dem flachen Lande, „wo das Bagabundenthum und Landstreicherthum von Tag zu Tag zunähme, Diebstähle, ja sogar Raubanfälle immer zahlreicher werden." Unter dem Ansuchen an die Regierung, eine Gesetzvorlage zur Regelung des Sicherheits= dienstes auf dem flachen Lande zur verfassungsmäßigen Erledigung zu übergeben, beschloß dann der Landtag: „Der Zustand der Sicher= heit der Person und des Eigenthums ist auf dem flachen Land im Königreich Böhmen unbefriedigend, zum Theil sogar gefahrdrohend, deßhalb ist eine dringende Abhülfe höchst nothwendig." Der damalige Statthalterei=Vicepräsident Graf Lažanský erklärte dann: der Zustand der öffentlichen Sicherheit sei allerdings sehr herabgekommen, die all= gemeine Erwerblosigkeit sei die Ursache, und die Militärurlauber seien die schlimmsten Vagabunden, die den Sicherheitsorganen gegenüber beim Publikum noch immer Schutz fänden. Dann kamen die Juden= hetzen und der Krieg von 1866, wodurch natürlich eine Besserung des Uebels nicht herbeigeführt wurde, so daß am 22. Sept. 1868 der Abgeordnete v. Weidenheim im Landtage abermals einen Antrag stellen mußte: „Da die Unsicherheit und das Vagabundiren auf dem Lande in so erschreckender Weise zunehme, daß die Person und das Eigenthum bedroht erscheint, so sei eine Commission einzusetzen zur schleunigsten Berathung der Vorschläge für eine dringende Abhilfe."

Man hat die Ursache des Gebrechens außer in der Erwerb= losigkeit auch in dem fehlenden oder mangelnden Schulunterricht gesucht, der erst in der allerneuesten Zeit einigermaßen verbessert wird. Ein sehr wesentlicher Grund liegt aber unserer Ansicht nach in der ungleichen Vertheilung des Grundes und Bodens, in dem überwiegenden Großgrundbesitz und dem mit ihm zusammenhängen= den ländlichen Proletariat.

Wir wollen uns einmal hineinwagen in das Herz des Tschechen= landes und Umschau halten bei den Strolchen und fahrenden Leuten, die demjenigen, der nicht in Böhmen geboren ist, alsbald auffallen müssen, wenn er die Grenze überschreitet, die von den Einheimischen aber aus Gewohnheit weniger beachtet werden. Fragt einmal in den deutschen Grenzgegenden nach den „Stockböhmen" drüben über den Bergen und ihr werdet euer Wunder haben über die abfälligen Ur= theile. Manches dabei ist wohl übertrieben und schrumpft zu einem kleinen Fehler zusammen, wenn ihr an Ort und Stelle euch durch den Augenschein überzeugt; aber vieles, sehr vieles stellt sich leider als wahr heraus. Schlagen wir gar alte Schriften auf, dann sträuben sich leicht die Haare zu Berge und wir sind schier verwundert ob der uralten Verleumbungen, die man den unschuldigen Söhnen der Libuscha nachredet, wobei natürlich nationales Gezänk den Ausschlag giebt — vor alters so gut wie heute. Da klagt der Abt von Königssaal über die rixae veteres Bohemorum quas semper habere videntur contra Theutonicos und der große Bohuslaus von Lobkowitz, den sie doch gerne als den ihrigen betrachten möchten, äußert einmal von ihnen: erga hospites benigni sunt, solis tamen his qui lingua germanica utuntur offensi. Das gilt auch heute und die Rechts= unsicherheit der Deutschen in der Landeshauptstadt ist gefahrdrohend genug geworden. Unabhängig von Bohuslaus Lobkowitz spricht merk= würdigerweise der alte Sebastian Franck dieselbe Meinung in seinem Weltbuch 1534 aus, wo es heißt: „Behem ein reich hab= hafftig volk, doch mit untrew und seyndtschafft gegen den Teutschen — deren freundt herrschafft halb sy sein sollten — berüchtiget." Es ist auch nicht gut möglich, daß die Fremden, die ins Böhmerland kamen, von den Tschechen eine gute Meinung mit nach Hause nahmen. Wenn man einen Bruder Straubinger gelegentlich dort prügelte, aus Eifersucht, Handwerksneid oder auch wegen der deutschen Sprache — so mag dieses angehen.

Die Tschechen aber, deren Adlige „auf alttschechisch", (po staro=
česku, wie der Ausdruck lautete), gelegentlich ihre Widersacher aus den
Fenstern stürzten, wandten ihre Aufmerksamkeit auch fremden Ge=
lehrten in handgreiflicher Weise zu, früher, wie jetzt. Da kam z. B.
der Humanist Konrad Celtes auf einer seiner vielen Wanderfahrten
nach Prag. Der große Mann hatte polnisch und tschechisch gelernt
und war mit den slavischen Verhältnissen innig vertraut. Das exclusiv
nationale Treiben der Tschechen, ihre utraquistische Tendenz, ihre „Aus=
schreitungen in nationaler Richtung", alles dieses forderte Celtes zu
einigen Spottgedichten heraus und einige beißende Epigramme ge=
langten in die Oeffentlichkeit. Anderwärts wäre ihm wohl mit gleicher
Münze gedient worden. Nicht so in Prag. Man hetzte den Pöbel
gegen ihn auf, es entstand ein Volksauflauf und nur schleunige Flucht
nach Bayern rettete Celtes vor der Lynchjustiz. „Unsre Volksseele ist
unsterblich" — so haben oft die Tschechen gesagt. In ihrer Rohheit
gewiß, füge ich hinzu. Genau was dem Celtes passirt, haben in
unseren Tagen Professoren der Prager Universität, freilich auch ge=
lehrte Ausländer, vom tschechischen Studentenpöbel zu erdulden gehabt.
Prof. Höfler hatte es gewagt, über Hus abweichend von den An=
sichten jenes Pöbels zu urtheilen. „Haut ihn!" schrie man und der
Professor wird thätlich im Colleg von Studenten insultirt. Prof.
Linker erkühnt sich im Freundeskreise eine lateinische Ode über die
Siege der Deutschen zu verbreiten. „Haut ihn!" schreit wieder der
Studentenpöbel und so geschieht es. Wohlgefällig blicken Presse und
Führer der Tschechen auf die „Blüthe der Nation" und das Haupt=
blatt der Tschechen schreibt: „ein jeder Mensch müsse sich wundern,
wie Prof. Höfler auf die Straße heraustreten könne, ohne zu fürchten,
daß der tschechische Boden ihn verschlinge."

Ja, die Rohheit der tschechischen Volksseele ist unsterblich, sie ist
heute noch dieselbe wie im sechzehnten Jahrhundert, als Konrad

14*

Celtes nach Prag kam. Und da wundern sich die Tschechen, wenn
Fremde ungünstig über sie urtheilen.

So hat auch ein feiner Menschenkenner, wie Abraham a
Sancta Clara keine gute Meinung von ihnen. In Wien, das
stets eine ethnographische Musterkarte darbietet, hatte er vollkommen
Gelegenheit, Oesterreichs Völker kennen zu lernen. So schreibt er
denn im „Centifolium stultorum", S. 347, sein Urtheil nieder:

> Einen Juden vom Betrügen,
> Einen Böhm vom Lügen,
> Einen Krainer vom Klauben,
> Einen Polaken vom. Rauben,
> Einen Wälschen von Buhlerei,
> Einen Franzosen von der Untreu
> . Zu bekehren:
> Den laß ich seyn einen Biedermann,
> Der solche Leute bekehren kann.

Das ist nun alles wenig hübsch und um des lieben Friedens
willen hätten wir solche schlimme Urtheile gar nicht anführen sollen;
da indessen die Tschechen uns keineswegs mit Glanzhandschuhen an=
fassen und wir dem obigen gegenüber leicht einen sehr wenig duften=
den Strauß tschechischer Aeußerungen über uns auftischen könnten,
so hielten wir uns berechtigt, obige Meinungen längst dahin geschie=
dener Männer, die bei ihren Zeitgenossen in gutem Ansehen standen,
hier mitzutheilen, um so mehr, als dieselben heutzutage noch volle
Geltung haben dürften und an den Tschechen, wie Figura zeigen
wird, sich wenig geändert hat.

Mit solcherlei Vorstellungen und Erinnerungen beschäftigt, mag
der Fremdling der goldnen Stadt Prag näher rücken, ohne gerade
viel vom Tschechenthum zu merken, wenn er nämlich in der zweiten
Klasse der Eisenbahn sitzt, er wird aber ohne Kenntniß des slavischen
Zukunftidioms sich in der dritten Wagenklasse zeitweilig verrathen

und verkauft fühlen und genöthigt sein, bei den streng „gleich=
berechtigten", d. i. zweisprachigen, Schaffnern Rettung zu suchen.

Wir sind also in Prag und entzückt von den historischen Denk=
mälern, die uns auf Schritt und Tritt entgegentreten; aber man
warnt uns vor den „Flamendrn", und wir müssen gestehen: diese
gefallen uns nicht. Flamendr? Was haben diese ehrlichen Germanen
in Prag zu schaffen, sind sie von der Schelde nach der Moldau ge=
eilt, um hier den nationalen Kampf zu unterstützen, um die deutschen
Brüder mit dem Fransquillon zu verwechseln? Nichts von alledem!
Mit Flamendr bezeichnet man in Prag den Pöbel, er ist das, was
der „Klüngel" in Köln, der „Lerchenfelder" in Wien ist, und nur
über die Ableitung des Worts können Zweifel aufkommen. An=
genommen wird, daß es eine Reminiscenz an das lustige und lockere
Treiben der flämischen Künstler enthalte die zur Zeit Rudolfs II.
schaarenweise in Prag lebten. Diese Flamendr nun repräsentiren
den schlimmsten Pöbel der ganzen österreichisch=ungarischen Monarchie.
Nicht leicht lassen sie die Gelegenheit vorübergehen, ihre unbezähm=
baren Sympathien für fremden Besitz an den Tag zu legen, und
diese Vergehen gegen das Eigenthum werden gelegentlich in der Form
großer Razzias betrieben, wie z. B. im September 1866, als die
von den abziehenden Preußen verkauften Vorräthe geplündert und
geraubt wurden, wobei natürlich auch die Juden ihre Gelegenheits=
hiebe bekamen. Im Verlaufe von zwei Jahren haben sich die biedern
Kämpen nicht gebessert, nur wurden die Gewaltacte auf das „politische"
Gebiet hinübergespielt, wie die Vorfälle im October 1868 beweisen.

Die tschechische Presse billigt allemal derlei Ausschreitungen oder
hat wenigstens für die ärgsten Bubenstücke entschuldigende Worte.
Als beispielsweise im Juni 1869 die bekannte Petardengeschichte in
Prag sich ereignete, schrieb das tschechische Blatt Pokrok: „die Petar=
denfeuertaufe ist bereits vollzogen; wir gehen einer erfreulichen Zu=

kunft entgegen." Als in Prag das tschechische Nationaltheater be=
gründet worden und Besorgnisse laut wurden, es möge zu Excessen
gegen die Deutschen kommen, schrieb das tschechische Hauptblatt
„Narodni listy" wörtlich: „Nein, wenn wir unser Nationalfest feiern,
haben wir etwas saubereres im Auge, als die Deutschen; an ihnen
kühlen wir unser Müthchen ein andermal." Den deutschen Journa=
listen drohte dasselbe Blatt 1871 mit dem Galgen! Im gleich pöbel=
haftem Tone erging sich die mündliche Agitation. Ein bezeichnendes
Beispiel hierfür führte der deutsch=böhmische Abgeordnete Dr. Hanisch
im Wiener Abgeordnetenhause von einem tschechischen Dekan an, der
in einer landwirthschaftlichen Kreisversammlung, angesichts des kaiser=
lichen Commissars, die Deutsch=Böhmen als Fremdlinge bezeichnete
und hinzufügte: „Und dieses deutsche Proletariat hat sich über unsre
Grenze gezogen gleich den Läusen und der Krätze." Neben ihm steht
der Historiograph Franz Palazky, der uns schlechtweg „Räuber=
volk" nennt, was er später in Raubvolk verbesserte.

Unzweifelhaft besteht ein inniger Zusammenhang zwischen den
Prager Flamendrn und den tschechischen Journalisten. Der Ton
ist hier wie da derselbe. Der böhmische Statthaltereileiter, Feld=
marschall = Leutnant v. Koller, erkannte in der Proclamation vom
11. October 1868, mit welcher er über Prag den Ausnahmezustand
verhängte, ausdrücklich an, daß die tschechische Presse die rohen Zu=
stände begünstige: „Seit längerer Zeit anhaltend und eifrig genährte
Agitationen gegen die bestehenden Staatsgrundgesetze und gegen die
Regierung Seiner Majestät haben nach und nach, von einer
fanatischen Presse aufgestachelt, unter Mißbrauch des Ver=
fassungsmäßigen Vereins= und Versammlungsrechts in der Haupt=
stadt des Landes zu Ausschreitungen der bedenklichsten Art ge=
führt u. s. w."

Aber, so könnte man einwerfen, es waren abnorme Zeiten; der

Krieg, die politische Umgestaltung Oesterreichs, hatten Einfluß auf
die erregte Stimmung. Mag sein, und wir wollen uns deßhalb
nach einem Normaljahr umsehen, als welches wir 1865 heraus=
greifen, während dessen bekanntlich die tschechische Partei obenauf war
und von der Regierung gehätschelt wurde. Da lesen wir denn die
Statistik der Verhaftungen in Prag, und finden, daß in dem genannten
Jahr in der Hauptstadt und dem dazu gehörigen Polizeirayon im
ganzen 20,141 Individuen verhaftet wurden. Unter dieser erkleck=
lichen Zahl (auf etwa 200,000 Menschen entfallend) befanden sich
1115 wegen Diebstahls, 2163 wegen Bettelns, 814 wegen Excessen,
593 wegen Trunkenheit, 4361 wegen öffentlicher Unsittlichkeit (!),
5374 wegen Bestimmungslosigkeit verhaftete Personen. So sieht
es in der Hauptstadt aus, der es an Sicherheitsorganen nicht fehlt.
Daß letztere aber vom Publicum bei den Verhaftungen unterstützt
würden, ist nicht der Fall, und hierüber mußte sogar Graf Lažansky,
der Freund der Tschechen, klagen: es sei, so ließ sich der ehemalige
Statthalterei=Vicepräsident im Landtage vernehmen, keine Kleinig=
keit für die Sicherheitsorgane in Prag, die Verhaftung eines Bettlers,
der oft der Spion eines Diebs ist, vorzunehmen; auch zeige die
Gemeindepolizei geringe Energie. Das Jahr 1865 habe z. B. die
Stadt Prag mit 4900 Schüblingen beglückt, und es könne mit
Sicherheit behauptet werden, daß die Hälfte davon Rückfällige seien.
In der Umgebung Prags könne man die Orte genau angeben, wo
am dritten Tage die Abgeschobenen wieder regelmäßig erscheinen.
Dieß gelte namentlich von den Lustdirnen, die nicht bloß ihr schänd=
liches Gewerbe ausüben, sondern auch die Helferinnen von Dieben
und andern Verbrechern sind. In Prag sei es leider in letzter Zeit
zu ernsten Auftritten, sogar zu Kämpfen zwischen Polizei und Gau=
nern, gekommen u. s. w.

Sehen wir uns weiter auf dem platten Lande um. Von all'

den Strolchen und Gaunern höheren und niederen Grades zu reden, welche das Land noch unsicher machen, überlassen wir gerne einem Polizeimann. Sie gleichen mehr oder minder ihren Collegen in anderen Ländern und zeichnen sich nur durch die große Zahl und eine eigene Gaunersprache, die Hantyrka, aus. Was wir aber betonen wollen, das ist die Unsicherheit und Sittenlosigkeit, die sich im Gefolge der Wallfahrten kundgiebt, wenn von nah und fern Pilger nach den heiligen Orten gezogen kommen. Wer die Scenen gesehen hat, welche in der Nacht nach dem Johannisfest (16. Mai) in Prag stattfinden, der wird seine eigenen Gedanken über den Nutzen der Wallfahrten haben. Und im kleinen wiederholt sich das am heiligen Berge bei Přibram, zu St. Anna bei Frauenthal an der mährischen Grenze, zu Kremascheck bei Pilgram, am Muttergottesberg bei Grulich, zu Tabor bei Lomnitz, zu Heindorf, Maria-Scheune, Maria-Ratschitz, Hajek, Maria-Sorg, Maria-Kulm u. s. w. Und wo ein Wallfahrts-ort ist, da findet sich in aller Welt auch die Messe dabei, sei es nun Hardiwar in Indien oder Nürnberg; das der Verehrung des heiligen Sebaldus das Emporkommen seiner Märkte verdankt. Man kann sie dutzendweise beisammen sehen an den böhmischen Wallfahrtsorten, jene famosen Beutelschneider und Baganten, die sich zwischen die frommen Pilger mit ehrlicher Miene mischen, und wie Autolycus im Wintermärchen den Leuten bange machen: there are cozeners abroad, und dabei lauern sie selbst auf den Fang. Man sehe sich nur einmal die fahrenden Leute und vacirenden Künstler alle an, welche Böhmen überschwemmen, und man wird sofort bemerken, daß diese Leute mit elender Existenz und sehr bedingter Sittlichkeit die Sicherheit auf dem Lande gefährden müssen, zumal sie oft mit Gaunern und Strolchen unter einer Decke spielen.

Da kommen zunächst schaarenweise die Zigeuner angezogen, noch gerade so, wie Münster sie im 16. Jahrhundert schildert: „ein

schwarz, wüst, unfläthig Volk, das sonderlich gerne stiehlt." Auf den
mit kleinen Pferden bespannten Wagen sitzt die Familie; der Mann
kutschirt, Hunde und sonstiges Hausvieh laufen nebenher. Was die
Kleidung betrifft, so ist sie aus allen Fetzen und abgelegten Stücken
der Landbevölkerung zusammengesetzt, schmutzig, zerrissen, liederlich,
und zeigt keine Spur von Originalität, man müßte denn den
ungarischen, mit künstlichen Blumen geschmückten Hut der Männer
dahin rechnen. Die Weiber laufen barfuß und die Kinder sind
meistens halb nackt. Vor dem Dorfe stellen sie ihre Wagenburg auf;
ein Feuer wird angezündet und das Braten und Schmausen beginnt,
wobei allerlei gestohlenes und gefangenes Vieh, ein Igel, in den Topf
wandert. Würdevoll ertheilt der Hauptmann seine Befehle. Vor
mir sehe ich noch einen schönen, schlank gewachsenen Mann mit langem
rabenschwarzen Haare, der als Zeichen seiner Würde eine Art Tam-
bourmajorstock mit großem silbernen Knopfe trug und souverän über
das Lager herrschte. Nun wurden die Weiber ausgeschickt, um im
Dorfe zu wahrsagen oder kupferne Kessel — für welche sie Einsatz
leisteten — zum Flicken zu holen. Während einer die Ziehharmonika
spielt, beginnen die anderen die Arbeit; die Handwerkszeuge, ein kleiner
Ambos, Blasebalg und Zangen werden vom Wagen genommen und
lustig ertönt das Tiktak der Hämmer.

Der böhmische Zigeuner soll der Zahl nach sehr abnehmen.
Das ist natürlich, denn je schärfer die Polizei auf ihn ein Auge hat,
je mehr die Kultur ihren Einzug hält, desto mehr wird der braune
Mann, der in unser Leben sich nicht einfügen will, verdrängt. Spielt
der Zigeuner oder Cikán, wie die Tschechen ihn nennen, auch in
Böhmen nicht die Rolle, wie in Ungarn, so ist er doch noch häufig
genug als Staffage auf dem platten Lande anzutreffen. Allen Versuchen, ihn ansässig zu machen, ist er beharrlich ausgewichen. So
versuchte man ihn auf der Tschernin'schen Herrschaft im Saazer

Kreise in Dörfer zu bannen — umsonst. Unter sich reden die Zigeuner Böhmens, die sich selbst Rom (Mensch) oder Kalo (der Schwarze) nennen, nur das Zigeunerische; aber in deutschen Gegenden sind sie der deutschen, in tschechischen der tschechischen Sprache mächtig. Böhmen heißt bei ihnen Lallero temm, das stumme Land. Aus welchem Grunde aber? Die deutsch-böhmischen Zigeuner führen alle den Namen Bernard und leiten ihren Ursprung von dem Orte Scheles im Saazer Kreise ab; die tschechischen sind hauptsächlich im Osten des Landes verbreitet und streifen hier bis an den Fuß des Riesengebirges. Aber es geht bergab mit diesem zuchtlosen Volke, das faktisch in Polygamie lebt, wenn es auch äußerlich zu den Geboten der katholischen Kirche sich bekennt; die frühzeitig eingegangenen wilden Ehen sind wenig fruchtbar und die Zigeuner, die sich selbst nicht einordnen wollen in unsere Gesellschaft, stehen in Böhmen wenigstens auf dem Aussterbeetat. Uebrigens habe ich statistische Nachweise über sie nicht finden können. Der Zigeuner will bleiben, was er stets war, seit er Indien verlassen: ein wilder, freier Mann. Schon Maria Theresia und Kaiser Joseph II. gaben sich alle mögliche Mühe, ihrem unstäten Lebenswandel und ihrer Vermehrung entgegenzuwirken; man verbot die Ehen unter Zigeunern, das Leben in Zelten, ja ihre Sprache wurde untersagt, aber das alles half nichts. Ihren größten Feind finden sie in der vorschreitenden Kultur, der sie doch endlich erliegen müssen.

Auch aus einem fernen, wenngleich den Tschechen nicht fremden Lande stammt ein fahrendes Völkchen, das, noch zahlreicher als die Zigeuner und in seinem Aeußeren fast noch fremdartiger als diese, in großen Massen Böhmen durchzieht, ja seine Züge bis an die Nordsee ausdehnt. Ich meine die den Tschechen stammverwandten Slowaken, die ich übrigens mit den Zigeunern keineswegs auf dieselbe Stufe gestellt sehen will. Wenn auch ihre einfache Lebensweise,

ihre Wandernatur ihnen in mancher Beziehung neben jenen einen
Platz anweist, so sind sie doch Menschen, die nach Vollendung ihrer
weiten Reise sich wieder zu einem seßhaften Leben bekehren und darin
sich wohl fühlen. Obgleich in Böhmen viele arme Menschen wohnen,
bei denen nichts zu holen ist, so wenden die Slowaken ihre Schritte
doch am liebsten dorthin, denn dort fühlen sie sich wegen der geringen
dialektischen Verschiedenheit ihrer Sprache heimisch, dort treffen sie
auf Sympathien und vielfach gleiche Lebensweise. Man kann den Slo=
waken als den unverfälschten Typus des tschecho=slavischen Stammes
betrachten, während der Tscheche selbst schon zu sehr vom abend=
ländischen Wesen durchdrungen oder geradezu theilweise germanisirt
ist, trotz aller Widerborstigkeit. Lobt man auch die Slowaken im all=
gemeinen wegen ihrer Ehrlichkeit, so sind sie doch Vaganten und
tragen dazu bei, dem platten Lande in Böhmen eine Physiognomie
aufzudrücken, die bei uns abnorm genannt werden würde. Vom
„slavischen Standpunkte aus“ sind sie gern gesehene Gäste in Böhmen,
mit denen man gelegentlich Cultus treibt. Mußten sie doch in der
Prozession eine Rolle spielen, die Prags Straßen durchwanderte, als
der Grundstein zum tschechischen Nationaltheater gelegt wurde! Wohl
nur als Vertreter eines slavischen Stammes sind sie hier vorgeführt
worden, gleich Bären auf dem Jahrmarkt, während böse Zungen
behaupteten, sie hätten als Vertreter slavischer Großindustrie Theil
am Zuge genommen. Das Geschäft, welches die Slowaken in Mause=
fallen und Drahtarbeiten durch Böhmen und ganz Deutschland be=
treiben, ist in der That nicht zu verachten! Neben Juchtenleder und
Turgeniews Romanen sind jene Mausefallen in der That die wich=
tigsten slavischen Erzeugnisse, die nach Westen wandern.

Unter den Slowaken des Trentschiner Comitats habe ich viele
kräftige schön gewachsene Leute, wahre Modelle gefunden. Ihre alte
praktische Tracht bewahren sie ungemein treu. Auf dem Kopfe sitzt

der breitkrämpige Filzhut, die in der Mitte gescheitelten meist schwarzen Haare, welche das ausdrucksvolle, gebräunte Gesicht einrahmen, fallen bis auf die Schultern herab. Nur der lange Schnurrbart bleibt stehen, der übrige Bartwuchs wird abgeschoren. Das eine Hemd aus grober Leinwand, welches die ganze weite Reise aushalten muß, ist mit Fett getränkt; die eng anliegende, einst weiße Hose aus einem dicken Wollstoffe wird unten von Bundschuhen zusammengehalten. Als Mantel, als Decke, als einziges Kleidungsstück, welches den Ober= körper schützt, dient im Sommer wie im Winter die grobe wollene Bunda, welche über die Schultern geworfen wird und deren einer Aermel unten zugenäht ist und so einen Sack bildet, in dem allerlei Kleinigkeiten aufbewahrt werden. Das wenige Handwerkszeug, die Drahtzange u. f. w., befindet sich in einer ledernen, umgehängten. Tasche, deren Gurt mit einem kleinen Christusbildchen (Paubitschek) aus Messing geziert ist. Einige Rollen Draht, ein Paar fertige Mausefallen und einige Pfeifenräumer vollenden die Ausrüstung des Slowaken.

Der Slowake in der Fremde lebt merkwürdig genügsam, es sei denn, daß er hier und da dem Branntwein etwas zu sehr zuspricht. Gern nimmt er vorlieb mit den Resten einer ihm dargebotenen Mahlzeit, unbemerkt bereitet er sich im Walde ein wahres Indianer= essen. Wo ihrer mehrere zusammen rasten, da wird oft ein kleines Feuer angezündet; Pilze, im Walde gesammelt, werden dann, mit Salz bestreut, in den Kohlen geröstet und das schwarze in Scheiben geschnittene Brot auf Stäben über die Kohlen gehalten und so ge= braten; ist etwas Speck vorhanden, so wird er gleichfalls an ein Holz angespießt und mit dem schmelzenden Fett die Brodkruste getränkt. Das ist ein echtes und nicht unschmackhaftes Slowakenmahl.

Rückt der Slowake in ein böhmisches Dorf ein, dann läßt er sein dratowat (Draht binden) erschallen. Er flickt Siebe und Gitter, umstrickt alte Töpfe und arbeitet zierlich und geschickt kleine Ketten aus Draht. Der platte Boden vor der Hausthür ist seine Werkstatt, die kurze, mit Glöckchen verzierte, ungarische Pfeife mit dem braunen Schemnitzer Thonkopfe sein treuer Gefährte bei der Arbeit, wenige Kreuzer sind sein Lohn. Wohin er auch in Böhmen kommt, er ist beliebt und gern gesehen: selten ist er zu Excessen geneigt, denn die große Sparsamkeit, welche dem Slowaken im allgemeinen eigen ist, bewahrt ihn meistens vor unnützen Ausgaben. Namentlich zur Weih=nachtszeit, wenn der deutsche Tannenbaum auch in der niedrigsten tschechischen Chalupe seinen Lichterglanz durch den engen Raum ver=breitet, und der Dorfhirt durch Blasen auf der Schalmei die Geburt des Christkindes verkündet, blüht der Waizen der Slowaken. Dann zieht er von Hütte zu Hütte mit seinen Gefährten und singt geist=liche Quartette (Koledagesänge), die ihm ein Almosen eintragen. Hat er auf seiner Wanderschaft funfzig, oder wenn es hoch kommt, hundert Gulden verdient, dann wandert er wieder heim in seine rauhe, bergige Karpathenheimat, in die armen Gegenden des Trentschiner Komi=tates im nordwestlichen Ungarn. Dort reicht das Ersparte hin, um ein Hüttchen zu kaufen und zu heirathen. Geht es ihm in der Folge schlecht oder tritt Miswachs ein, dann zieht er wohl ein zweites und drittes Mal auf die Wanderschaft und läßt Weib und Kind daheim. Aber „zum Stabe“ greift er nicht, denn er geht ohne einen solchen in die Welt.

Ist der Zigeuner mit dem kleinen Roß, mit der Geige und den wahrsagenden Weibern durch das Dorf gezogen, hat der Slowake sein „dratowat“ (Draht binden) erschallen lassen, dann kommt anderes fahrendes Volk in lichten Haufen herbei. Da ist der Schacherjude, der den Mädchen Bänder und Tüchel aufschwätzt, die später gleich Zunder zerfallen; da ist der „Flaschinettlmann,“ alias Drehorgel=spieler, mit herzzerreißenden tschechischen Nationalliedern; der Göt=

schewer aus Krain, der mit Südfrüchten handelt; der Bierfiedler
und Harfenist, der in der Schenke die Bauern mit wüsten Liedern
erfreut, und der christliche Concurrent des Dorfjuden, der „Kast=
litschkarsch" (Kastelmann), eine Art Tabuletkrämer, der seine Waaren
anzupreisen beginnt, die aus allerhand kleinen Culturbedürfnissen be=
stehen. Er redet Tschechisch, und doch wird jeder Deutsche verstehen,
was er anbietet: Federmessle, Pomadi, Pleiweisi (Bleistifte), Schnupf=
tüchl, Kravatle, Pfeiffi, Zahnbürschtle, Bortwichs u. s. w. — lauter
gut tschechische Wörter!

Wenn auch der Kastelmann wieder seines Weges gezogen ist,
dann erscheinen die „Komedianti" um ihre „Kunsti" aufzuführen.
Equilibristen kennt man auch bei uns zu Genüge: die Marionetten=
spieler jedoch sind in Deutschland selten geworden, und ich glaube,
daß dies zu beklagen ist, denn gut aufgeführte, heitere oder ernste
Stücke können, auch durch Puppen dargestellt, in gewisser Beziehung
dieselbe Wirkung auf das Volk erzielen, wie die große Bühne. In
Böhmen aber ist der Marionettenspieler noch ein gesuchter und gern
gesehener Mann.

Ein als Bajazzo verkleideter Mann durchschritt mit einer großen
Trommel die Straße des Dorfes und theilte nach rechts und links
Zettel aus, die mit rother Farbe auf graues Papier schablonirt fol=
gende Unterschrift hatten: České Diwadlo s Figurama! „Tsche=
chisches Theater mit Figuren," und dann hieß es weiter in böhmischer
Sprache: „Heute wird der Unterzeichnete die Ehre haben, nachstehen=
des Schauspiel aufzuführen: Doktor Faust, Drama in 5 Akten.
Der Schauplatz ist im Wirthshause. Der Anfang um 7 Uhr.
Wozu höflich einladet Josef Winizky."

An ein tschechisches Wirthshaus auf dem Lande darf man keines=
wegs hohe Ansprüche machen. Die Küche dient gewöhnlich auch als
Gastzimmer oder der Kochheerd ist wenigstens so eingerichtet, daß er

ein Nebenzimmer zugleich heizt, welches für die Gäste bestimmt ist. Dann vermischt sich dort der Dampf des gemeinen österreichischen Tabaks mit dem Dunste aus den Töpfen der Frau Wirthin, der im Winter als feuchter Ueberzug sich auf den Wänden niederschlägt oder wohl auch in kleinen Bächen herabrieselt. Geräth ein Fremdling zwischen die Arbeiter und Bauern, die hier mit italienischen Karten das beliebte „Scheßadwacet" (Sechsundzwanzig) spielen, so kann ihm wohl bei den slavisch=lebhaft gestikulirenden Gestalten, welche das Trinken und Fluchen gehörig verstehen, etwas ängstlich zu Muthe werden, zumal wenn in irgend einer Ecke des verräucherten Zimmers ein Schwarm Slowaken zusammengekauert liegt, die mit ihren langen schwarzen Haaren, den breitkrempigen Hüten und der grobwollenen Bunda hier Rast von ihrer weiten Wanderung aus den Karpathen machten. Die Hühner des Wirthes laufen gackernd umher und suchen Brosamen unter dem Tische zusammen. Sie sind in Böhmen wirklich Hausthiere, keine Hofthiere.

So war auch das Wirthshaus beschaffen, in dem Winizky die Bretter aufgeschlagen hatte, welche die Welt bedeuten. Der ohnehin enge Raum war dadurch zu einem kleinen Stübchen zusammen= gequetscht worden, und Kopf an Kopf drängte sich das schaulustige Publikum, welches die „Pimperln", so heißen die Marionetten in Oesterreich, bewundern wollte. Ein „Flaschinettl", Leierkasten, diente als Orchester, und nur nationaltschechische Weisen, wie das dem Liede „Noch ist Polen nicht verloren" nachgebildete Hej Slováne! und das tschechische Fraglied: Kde domov můj? (Wo steht mein Vaterhaus?) ertönten. Auf dem Vorhange war der doppelschwänzige böhmische Leu angebracht und die hochtönende Inschrift „pro vlast' a krali", für König und Vaterland, zierten den Fries der kleinen Bühne. Das war die slavische Außenseite, aber der Kern, das Spiel selbst war deutsch, wie wir bald sehen werden. Die Personen des

allerdings bedeutend mit tschechischen Zuthaten versetzten „Dramas"
sind folgende. Der König und die Königin von „Portugalo", Dr. Jan
Faust und sein „Lakai" Wagner (gelegentlich auch in der Uebersetzung
„Kolař" genannt). Mesistasel und einige andere Teufel. Kasperle.
Die schöne Helena. Zwei Rüpel und einige Erscheinungen.

Der Vorhang geht auf. Faust sitzt in mittelalterlicher Ritter=
tracht vor einem großen Buche und studirt; er ist unzufrieden mit
sich und der Welt und will sich dem Teufel verschreiben, aber ein
guter Engel zur rechten Seite warnt ihn, während links ein böser
Geist auftritt und die Oberhand behält.

Nun erscheint der „Lakai" Wagner, um zwei fremde Studenten
anzumelden; welche, durch den Ruhm des Doktors angezogen, zu
ihm kamen, um ihn zu sehen und zu sprechen. Während Faust ab=
geht, um sie zu empfangen, tritt Kasperl, die kleine lustige Figur,
auf und macht seine schlechten Witze, guckt in das aufgeschlagene
Zauberbuch und setzt sich auf dasselbe, um vielleicht durch diese Geberde
den Sinn der lateinischen Schrift zu enträthseln. Hierüber geräth
er mit dem herbeigekommenen Wagner in Streit. So schließt der
erste Akt.

Im zweiten finden wir Faust tief im Walde mit der Bildung
eines Zauberkreises beschäftigt, welcher sich etwa so gestaltet, wie
jener, den Kaspar in der Wolfsschlucht herstellt. Nun wird der
schnellste Teufel zitirt. Der erste, Pick, genügt nicht; dagegen findet
Mesistasel, welcher in einer Minute von Persien nach Böhmen durch
die Lüfte gesaust ist, den Beifall des Doktors. Er wird auf 36 Jahre
als Diener angenommen, wogegen Faust folgende fünf Punkte ein=
gehen muß: Erstens, er darf Niemanden etwas borgen. Zweitens
darf er nie in die Kirche gehen. Drittens kein Almosen reichen.
Viertens sich nicht verheirathen, und endlich fünftens muß er einen
Kontrakt mit seinem Blute unterzeichnen. Das hierzu nöthige Blut

saugt ihm Mesistafel aus der Hand, und auf der dadurch entstan=
denen wunden Stelle erscheinen die warnenden Worte: homo fuge!
Jetzt kommt auch Kasperl in den Wald und erblickt den Zauberkreis,
den er für einen Vogelheerd hält. Er steigt hinein und beschließt,
Vögel zu fangen. Auf sein Geschrei und sein „Perlicke, Perlocke"
erscheinen die Teufel, die er für große Eulen ansieht und auf alle
mögliche Art foppt, indem er sie fortwährend durch den Ruf „Perlicke"
citirt und durch „Perlocke" wieder verschwinden läßt. Schließlich
flüchtet er sich vor den ergrimmten Teufeln, indem er den Zauber=
kreis auf dem Rücken mit fortnimmt.

Kasperl tritt nun, im dritten Akte, bei Faust in Dienste; dieser
ist zum König von Portugalo, dessen Land auf einer großen Insel,
dreihundert Meilen von Böhmen entfernt, liegt, gereist. Kasperl
setzt ihm nach, indem er auf Mesistafel dahin reitet; dieser läßt
ihn in der „Hauptstadt Portugalo" gerade vor dem Könige und
dessen versammelten Hofe niederfallen. Faust, der unterdessen als
Zauberer berühmt geworden ist, macht nun vor dem Herrscher seine
„Kunsti". Unter Anderm muß Alexander der Große und die
„krasna Helenoria", die schöne Helena, erscheinen. Beide kommen
mit Pferdefüßen, ersterer in der Tracht eines alten böhmischen
Herzogs, letztere wie eine Türkin gekleidet. Dann müssen auch
noch Goliath und David aus ihren Gräbern erstehen und sich vor dem
Könige produciren.

Im vierten Akt spielen Faust und Mesistafel auf der Donau
Kegel. Faust wirft stets „olle nein" (alle neun). Noch allerhand
Zaubereien werden getrieben, bis Faust, der das Ende seines Kon=
traktes herannahen sieht, die Reue überkommt. Mit vielem Wider=
streben holt ihm Mesistafel das Bild des Heilandes aus Jerusalem,
vor dem Faust in langem Gebete niederkniet. Auf alle mögliche
Art suchen ihn Teufel aus seiner Andacht zu schrecken, aber ein

guter Engel steht ihm bei. Da endlich holt Mesistafel die schöne Prinzessin von Portugalo, und diese bringt Faust wieder auf die Bahn des Lasters. Er verschwindet mit ihr in einem Nebenzimmer, „um ein Paar Tassen schwarzen Kaffee zu trinken". Im letzten Akte ist die Dienstzeit Mesistafel's abgelaufen. Achtzehn Jahre sind vorüber, und da der böse Geist auch die Nächte gedient hat, so ist Faust um die Hälfte der Zeit betrogen. Nur wenige Stunden sind ihm noch geblieben, und schauerlich tönt die Glocke, welche anzeigt, wie die Frist allmählich verrinnt. In seiner Herzensangst verschließt sich Faust in sein Stubierzimmer und mietet zwei Tagelöhner, kräftige Burschen, die für ihn wachen und durch ihre derben Fäuste den Mesistafel zurücktreiben sollen. Dies sind zwei herrliche Rüpel, die den tschechischen Volkswitz repräsentiren und erst unter sich, dann mit Mesistafel in Streit gerathen. Kasperl ist unterdessen Nachtwächter geworden und ruft die Stunden aus, und als der Ton der Mitternachtsglocke verhallt ist, da ergreift Mesistafel den Doktor, während die Wächter eingeschlafen sind, und führt ihn in die Hölle. Die Wächter, ergrimmt darüber, daß sie um ihre Bezahlung geprellt sind, lassen ihren Zorn an einem Deutschen aus, den sie kräftig durchprügeln.

Dieses tschechische Puppenspiel ist wiederum ein Beleg dafür, wie tief deutscher Einfluß bei den Tschechen Platz gegriffen hat. Man braucht es nur näher anzusehen, und man wird leicht darin ganz den deutschen Faust erkennen, wenige Züge ausgenommen, wo= hin z. B. das Durchprügeln des Deutschen gehört, das den drastischen Schluß der Komödie bildet. Gerade so populär ist auch Eulenspiegel, oder wie sie sagen „Enschpigel", bei ihnen.

Anders bei den stammverwandten Polen: Sie haben im Edel= mann Twardowski einen eigenthümlichen Faust mit durchaus nationalem Charakter; er ist ein Abliger und läßt sich lieber vom

Teufel zur Hölle führen, als daß er ſein Wort als Edelmann bräche. Die Worte des Satans: Verbum nobile debet esse stabile, machen den Widerſpenſtigen zahm. Auch verkehrt der polniſche Fauſt mit Juden, die unter den Stock-Polen die verachtetſten Menſchen ſind, und dies dient ihm, nach polniſchen Begriffen, als würdige Vor- bereitung zur Höllenfahrt!

Die „Pimperln‟ des Marionettenſpielers eſſen und trinken nicht, ſie verlangen keine Gage, wie die Beſatzung des Theſpis- karrens, der zuguterletzt ins Dorf rückt. Die nationale Muſe auf dem Lande zu verbreiten, das iſt der Zweck der wandernden Schau- ſpielertruppe, aus welcher ſchließlich das Nationaltheater in Prag ſich zu rekrutiren gezwungen iſt. Dieſe „Meerſchweinchen‟, wie ſie in der Theaterſprache heißen, ſtehen womöglich noch tiefer als die ver- wandten Bühnen in Deutſchland, ſie ſind die Krone der fahrenden Leute in Böhmen und wir machen mit ihrer Aufführung den Schluß. Eine Schilderung des Elendes unter dieſen Truppen möge man mir erlaſſen; es iſt auch nur eine potenzirte Darſtellung deſſen, was wir bei ähnlichen deutſchen Banden kennen; aber die nationale Muſe eines Tyl, Halek, Pfleger oder Neruda hatte ſtets an Kotzebue, Benedix und Charlotte Birchpfeiffer gefährliche Concurrenten.

Dieſe umherziehenden Schauſpieler in Böhmen, welche in ſich den Beruf fühlen, das nationale Drama auch auf dem platten Lande bekannt zu machen, ſind ſicher die allerelendeſten unter den zahl- reichen Vaganten. Sie machen auf eine gewiſſe Bildung Anſpruch, verſuchen ſich in den Formen der beſſeren Geſellſchaft zu bewegen, und thun ſich dadurch eine Art Zwang an, welcher ihrem innern Weſen durchaus unangemeſſen iſt. Fortgelaufene Gymnaſiaſten und Kaufmannsdiener, Mädchen von zweideutigem Rufe und überſpannte Seminariſten mit mittelmäßigen Tenorſtimmen geſellen ſich zu dem eigentlichen Stock, der aus der zahlreichen Familie des Directors

15*

besteht. Gewöhnlich spielt man auf Theilung, fällt der Abend einmal gut aus, dann leben die Leutchen in Saus und Braus, während sie anderseits am Hungertuche nagen.

Der Transport der Gesellschaft und ihrer Habe geschieht meist auf requirirten Bauerwagen von Ort zu Ort. Angelangt, ist ge= wöhnlich das erste ein Streit mit dem Fuhrwerksbesitzer wegen der Bezahlung der Fahrt. Dann folgen Unterhandlungen mit dem Wirthe, der von den gefürchteten Gästen Vorausbezahlung für die Benutzung seines Tanzsaales verlangt — in Ermanglung dessen manchmal eine Scheuer zur Einrichtung der Bühne benutzt wird. Nun folgen Requisitionen unter den Einwohnern. Hier braucht man einen Stuhl, dort einen alten Frack, oder gar ein Kind, dessen Eltern am Abend, wenn ihr Sprößling auftritt, dafür Freiplätze genießen. Zettel werden ausgetheilt, auf denen sorgsam bemerkt ist, daß sie am andern Tage wieder abgeholt werden. Jedes Mitglied der Truppe ist trotz alles Elendes aber für die theatralische Kunst der Tschechen im höchsten Grade eingenommen, und es hat etwas komisches und rührendes zugleich, wenn man diese Leute für das tschechische Theater in Prag schwärmen hört, bei dem angestellt zu werden, das Ziel ihrer höchsten Wünsche ist.

Wer fern von all diesem Treiben lebt und nicht das platte Land in Böhmen aus eigener Anschauung kennt, wird glauben, hier und da sei Uebertreibung mit untergelaufen. Er gehe und schaue! Der Zustand der öffentlichen Sicherheit, herbeigeführt durch das Zu= sammenwirken aller oben angeführten Ursachen, ist ein grauenvoller, und Abhilfe dringend geboten. Hic Rhodus, hic salta! möchten wir den Tschechen zurufen. Das ist ein Feld, das auszujäten wäre — eine Arbeit, die mehr Nutzen verspräche, als das Umhertaumeln in der großen Politik, das Aufbauen eines „neuen Factors in der Weltgeschichte."

Nationale Kleinstädter.

Nachhaltig kann eine nationale oder politische Bewegung nur dann wirken, wenn sie bis in die tiefsten Schichten des Volkes bringt, wenn sie das platte Land ergreift, bei dem Kleinstädter und dem Bauern Wurzel faßt. In Böhmen ist dieses im vollendeten Maße der Fall und die tschechische Bewegung hat den gesammten slavischen Theil der Bevölkerung völlig durchdrungen.

Wir haben Gelegenheit gehabt zu beobachten, wie vor etwa einem Jahrzehnt die systematische Bearbeitung des platten Landes in tschechischem Sinne begonnen wurde und uns später dann von dem großen Fortschritt der nationalen Bewegung in den kleinen Städten und auf den Dörfern überzeugt. Ob man nun nach Rokytzan oder Klattau, nach Pisek, Neuhaus, Jitschin oder Jungbunzlau geht und dort den Fortschritt des nationalen Tschechenthums studirt, man wird überall denselben Erscheinungen begegnen, dieselben Aeußerungen hören. In nationalen Dingen sind die drei Millionen Tschechen einig.

Versuchen wir es, ein Gesammtbild der nationalen Zustände zu geben, wie sie in den kleinen Städten und auf dem Lande sich entwickelt haben. Man erkennt dadurch am besten, wie breit die Basis des heutigen Tschechenthums ist.

Wir haben weiter oben angedeutet, wie die in guter Entwick=lung begriffene Blüthe der böhmischen Städte mit einem Schlage durch die nationalen Stürme der Husiten geknickt wurde. Von jener Zeit an wurde das deutsche Bürgerthum derselben zersetzt und ver=

brängt; von jener Zeit datirt auch der schlimmste Feind alles Städte=
wesens, die Verarmung, und nur wenigen tschechischen Orten ist es
gelungen, durch eine industrielle Thätigkeit sich zu heben.

Mit der Slavisirung sind viele der sittlichen Wurzeln der
Bürger abgestorben, aber die ursprünglichen Grundformen des
Städtewesens nach deutscher Art, der Rath, die selbstgewählte Ge=
meinde und der periodische Wechsel der städtischen Aemter sind
geblieben. Soweit die Industrie nicht vom Vorkommen der Roh=
producte im Lande abhängig ist, hat sie in Böhmen ihren Sitz jetzt
in den deutschen Ortschaften und Städtchen aufgeschlagen, während
die kleinen tschechischen Städte meist vom Ackerbau leben und eben
nur Ackerstädte sind. Bereits S. 148 haben wir auf den Mangel
größerer Städte in Böhmen hingewiesen. Hinter Prag, das verhält=
nißmäßig unbedeutend zunimmt, welche Lücke und dann, wie gering
ist die Zahl der Städte überhaupt, die zwischen 10,000 und 20,000
Einwohner haben!*) Schon diese Angaben reichen hin, um ein wenig

*) Die „großen" Städte Böhmens sind folgende; darunter sind
Prag, Pilsen, Smichow, Karolinenthal gemischt; Kuttenberg und Kladno
ganz tschechisch; Reichenberg, Budweis, Warnsdorf, Eger, Aussig, Teplitz,
Leitmeritz deutsch.

	1869:	1857:	Zunahme:
Prag	157,275	142,588	14,687
Pilsen	23,681	14,269	9,412
Reichenberg	22,394	18,854	3,540
Budweis	17,465	14,811	2,654
Smichow	15,401	9,147	6,254
Warnsdorf	14,400	11,977	2,423
Eger	13,441	11,012	2,429
Karolinenthal	13,387	12,048	1,339
Kuttenberg	12,764	12,727	37
Kladno	11,066	5,499	5,567
Aussig	10,933	6,956	3,977
Teplitz	10,174	6,854	3,320
Leitmeritz	10,023	7,488	2,535

erbauliches Bild von dem Städtewesen eines Landes von über fünf
Millionen Einwohner zu machen, und ohne die Deutschen wäre
Böhmen noch nicht einmal so weit, es stände auf dem Standpunkte
der übrigen slavischen Länder, in denen der slavische Genius, unge=
trübt von germanischen Einflüssen, auf die Schaffung eines Bürger=
standes und Städtewesens verzichtete. Slavische Städte gab es im
13. Jahrhundert in Böhmen gar nicht, dies gestehen die Tschechen selbst
zu. Jiretschek (Königinhof. Hndschr. S. 60) sagt, daß es im alten
slavischen Böhmen wohl Burgen und Burgleute, aber keine Städte
und Städter gegeben habe. Städte im modernen Sinne sind erst in
jenem Jahrhundert entstanden; die städtischen Gemeinden haben da=
mals durchweg aus Deutschen bestanden, neben welchen erst später
und nur allmählich das „böhmische" Element Raum gewann. Die
bei alten slavischen Župenburgen angelegten Städte, Suburbien oder
podhrabi behielten den tschechischen Namen (so Chrudim, Tschaslau,
Leitomischl), die an neuen passenden Stellen gebauten dagegen führ=
ten deutsche oder germanisirte Namen: Hohenmauth, Köln (Kolin),
Bern (Beraun).

Die Physiognomie der kleinen tschechischen Städte zeigt bei fast
allen eine auffallende Familienähnlichkeit. Reste alter Stadtmauern,
hier und da mit Thürmen versehen, umgeben den kleinen Ort,
der gewöhnlich nur aus dem Ring*) (dem Marktplatze) und
wenigen von diesem auslaufenden Straßen besteht, deren Pflasterung
für eine bessere Zeit aufgespart ist. Das noch sehr mangelhafte

---

*) Als Ring (tsch. rink, poln. rynek) bezeichnet man durch ganz
Böhmen, Ostdeutschland, Schlesien und Polen den meist kreisförmigen
Marktplatz. Das sächsische Städtchen Königstein an der Elbe hat auch
noch einen „Ring", wohl den nordwestlichsten in Deutschland. Wuttke
zeigt in seinem Städtebuche des Landes Posen, daß die Marktplätze der
deutschen Städte dort viereckig, die Ringe der Slaven aber rund ange=
legt waren.

Eisenbahnnetz Böhmens berührt die wenigsten dieser mit der Kultur nur in einem fernen Zusammenhange stehenden Nester, und meist sind es noch die Post oder der Stellwagen, welche den Verkehr mit diesen Städtchen vermitteln. Außer einigen Handelsreisenden, die mit den „Gemischtewaarenhandlungen" des Ortes Geschäfte haben und den Agenten der Lebensversicherungen, kommt selten ein Fremder in die Gassen des Städtchens, dessen schmalbrüstige Häuser mit hinfäl= ligen Giebeln, überhängenden Dachrinnen und alte Kirchen mit schlafmützartigen Thürmen, einen unbeschreiblich beengenden Einfluß auf jeden Ankömmling machen. Abends genügen einige trübe Oel= lämpchen, gerade um die Finsterniß sichtbar zu machen. Vor den Häusern oder auf deren Hofraume stehen Leiterwagen, Pflügge, Eggen, welche anzeigen, daß die Bewohner eifrig Ackerbau treiben, und im Herbste erklingen mitten im Städtchen lustig die Dreschflegel. Der Name „Ackerbürger" ist für diese Städter trefflich gewählt; sie sind Bauern mit städtischem Anstriche.

„Nicht wenige Ortschaften Böhmens, obgleich sie, weil mit einem Stadtprivilegium begnadigt, den Namen „Stadt" führen, mußten von der Wahlberechtigung für den Bürgerstand, beziehungsweise die ihm zugewiesene Curie, ausgeschlossen werden, weil ihr hauptsächlich in der Landwirthschaft bestehender Erwerb sie dem bäuerlichen Stande näher stellt, als dem bürgerlichen." (Ueber die Vertretung von Han= del und Gewerbe im Landtage des Königreichs Böhmen. Denkschrift der Prager Handelskammer 1866. p. 3.)

Ein hartes Urtheil fällt 1860 ein national gesinnter Tscheche, Dr. J. Palazky, in seinen „böhmischen Skizzen" über diese Städtchen und ihre Einwohner. „Böhmen hat eine große Anzahl kleiner, seit drei Jahrhunderten verarmter Städte, die mitunter eine große Ver= gangenheit haben. Der Bürgerstand ist ihnen aber geblieben, und zwar so, wie er in Europa im Mittelalter (??) war, feig, kriechend, falsch, philiströs, mit allen Eigenschaften des emancipirten Sclaven, resp. des von der Unterthänigkeit in die Stadt entronnenen Bauers, während die von Kaiser Joseph angebahnte Reform durch die Haupt= schulen und die deutschen Gewerbeschulen, so wie die Berührung mit den höheren Ständen in ihm eine Halbbildung, eine Eitelkeit, eine aristokratische Exclusivität erzeugten, die sonst dem Bürgerstande in allen Ländern nicht eigenthümlich sind."

„In ökonomischer Beziehung gehen diese Städtchen zurück, da sie keine Fabriken gründen, und die Manufactur stets abnimmt. Als Beispiel ihres beschränkten Horizontes führen wir an, daß sie sich eher bestreben, die Eisenbahnen sich fern zu halten, als sie in die Nähe zu bekommen. Man begreift, wie solche Orte verfallen müssen, die weder durch besondere Merkwürdigkeiten Reisende anlocken, noch durch lebhaften Handel oder Industrie ihre Bilanz ausgleichen." — Man vergleiche oben (S. 15) Žerotins Schilderung böhmischer Städtchen aus dem Jahre 1590 und man wird keinen allzuauf= fallenden Unterschied finden.

Außer der Gemeindeverfassung erinnern jetzt nur noch die vielen deutschen Eigennamen der Bürger daran, daß hier einst eine andere Sprache und Nationalität herrschten. Es ist nicht zu viel behauptet, wenn man sagt, daß mindestens ein Drittel der Einwohner dieser Städtchen noch deutsche Eigennamen führt, die dann nach tschechischer Orthographie geschrieben werden; so wird aus Dusel, Schnabel, Schmidt, Singer, Rosenbaum, ein Duzl, Šnobl, Šmid, Cingr, Rozipal. Es ist nirgends schneller mit allen Resten des Deutschthums, die sich durch die Bureaukratie noch erhalten hatten, aufgeräumt worden, als hier, und namentlich war man in Bezug auf alles äußerliche sehr stark, wie denn überhaupt das wichtigste Agitationsmittel, ja man kann sagen manchmal der Zweck der tschechi= schen Bewegung, in solchen Aeußerlichkeiten und Demonstrationen besteht. Es kommt bei allem zunächst auf eine möglichst nationale Form an, der Inhalt folgt dann später oder bleibt Nebensache. Das Stadtsiegel führt jetzt eine tschechische Inschrift, die Stadtakten werden in dieser Sprache verfaßt und daß man nur tschechisch redet und vorgibt, das Deutsche nicht zu verstehen, ist selbstverständlich. Der Bürgermeister, früher eine konservative der Regierung ergebene Per=sönlichkeit, ist nun ein Vollbluttscheche und schreibt sich nicht mehr „Purkmister", sonder Mĕstanosta.

In dem Maße, wie die kleinen Städtchen zum „reinen Tschechen=thum" zurückkehren, in dem Maße verändert sich auch manches an ihrer Physiognomie. Die Schilder an den Häusern der ehrsamen Handwerker waren bis vor kurzem in deutscher Sprache abgefaßt, oder sie lauteten in beiden; jetzt gilt es für eine arge Versündigung, ein deutsches Schild auszuhängen, und der Handwerker, welcher dies wagte, würde sich der Gefahr aussetzen, viele Kunden zu verlieren.

Die Gesellschaft in diesen Städtchen zerfällt in zwei scharf getrennte Gruppen. Zu der ersten, an Zahl geringeren Abtheilung, so zu sagen der haute volée, zählen pensionirte und nicht pensionirte Beamte, Ableger des ungeheuren böhmischen Beamtenheeres, mit höchst formellem Tone, Stammsitzen im Wirthshause und konser=vativer Gesinnung. Viele der wohlhabenderen Insassen und pensionirte Officiere schließen sich ihnen an. Ihrer Nationalität nach betrachten sich diese Leute als „Böhmen", d. h. weder als Deutsche noch als Tschechen, sondern als zweisprachige, meist neutrale Menschen, die aber nach den Umständen, wie gerade der Wind weht, auch dieser oder jener Partei angehören können. Wie die Fledermäuse, flattern sie gesinnungslos zwischen Licht und Finsterniß und ernten deshalb mit Recht selten den Dank irgend eines Theiles. Von der gut tschechischen erbgesessenen Bürgerschaft werden sie spottweise als „Frankfurter" bezeichnet, ein Name, der von den deutschen Parlamentswahlen im

Jahre 1848 her datirt, obgleich diesen Leuten nichts ferner liegt, als der Gedanke an ein deutsches Parlament in Frankfurt.

Der eigentliche Spießbürger aber, Gevatter Schneider und Handschuhmacher, der Ackerbürger, der ein paar Strich Feld be= wirthschaftet, der Geistliche und die Lehrer, das sind die Leute, welche in der hohen Flut des nationalen Getriebes segeln, welche aufmerksam den Stichworten lauschen, die von den Führern in Prag erschallen. Sie verschlingen die Zeitungen, treiben unendlich viel Bierbankpolitik, versammeln sich im Čtenárský spolek, im Leseverein, der Beseda, dem Gesangverein oder im Sokol (Falke), dem Turnverein. Sie sind die leibhaftigen Karrikaturen des Prager Tschechenthums, theilen sich in Jung= und Alttschechen und betrachten das demonstrative Zur= schautragen alles specifisch Slavischen als eine ihrer Lebensaufgaben. Von Kindheit an wurde ihre Phantasie mit Bildern einer frühern Größe ihres Volkes und Landes erfüllt, die mit der nackten Prosa der Thatsachen in bedenklichem Widerspruche stehen; der patriotische Haß wurde dadurch genährt, der Glaube an ein entsetzliches ihnen angethanes Unrecht und die Hoffnung auf Wiederherstellung des alten Ruhmes in ihnen befestigt. Sie leben so in einer andern Welt und erstreben Dinge, deren Verwirklichung wohl schwerlich eintreten dürfte. Sie sehen nur das Unrecht, welches ihnen angethan wurde, von den vielfachen Wohlthaten, welche dasselbe hundertfach überbieten, ist keine Rede. Samo und Přemysl, Libuscha und andere halb= mythische Personen erhitzen ihr Gehirn und die Vernichtung des deutschen Wesens ist ihr Ziel, damit die große Aera slavischer Ge= sittung und allgemeiner Wohlstand in Böhmen anbrechen kann. Ein wesentliches Stück in dem nationalen Leben dieser Leute ist die neu eingeführte „tschechische Kleidung".

Im ganzen civilisirten Europa ist man jetzt übereingekommen, die französische Tracht allgemein als diejenige der gebildeten Stände anzuerkennen. Was in Spanien, Italien oder selbst Griechenland von alten Nationaltrachten noch in höheren Kreisen getragen wird, verschwindet allmählich vor Cylinderhut und Frack, die auch jenseit des Oceans eine unbestrittene Herrschaft errungen haben und so als kosmopolitisches Costume der civilisirten Nationen betrachtet werden können. Daß diese Kleidung darum gerade schön und praktisch sei, wollen wir damit keineswegs behauptet haben. Nur noch fest halten an der alten Tracht in Europa, der Bauer theilweise, und die weniger civilisirten, namentlich die östlichen Völker. Es soll nicht in Abrede gestellt werden, daß volksthümliche Trachten, wenn sie durchführbar wären, auch ihre gute Seite haben, wie dies der alte Friedrich Ludwig Jahn in seinem „Deutschen Volksthum" hervorhebt, der seiner Zeit manche Lanze für eine deutsche Nationaltracht gebrochen hat. Doch ist der „deutsche Rock", mit welchem die Studenten 1817 auf die Wartburg zogen, ein todtgeborenes Kind geblieben.

„Der Ungar trägt seinen Attila, der Pole Konföderatka und Tschamarka, und unsere Brüder Serben und Montenegriner gehen in ihren bunten Kleidern, warum sollen wir Tschechen zurückstehen?" So fragte man sich und darum — ein Königreich für eine Nationaltracht! Als natürliches Muster hätte sich den Tschechoslaven am ersten die Hanakentracht dargeboten, sie lag ihnen am nächsten und fiel in ihr Stammesbereich, aber grellroth und ein weiter blauer Mantel darüber, das wäre doch ein wenig zu auffallend gewesen. Man griff daher nach dem polnischen Muster, das nun leider, wie Freiher v. Harthausen in seinem Werke „Transkaukasia" gezeigt hat, seinerseits den Tataren entlehnt ist. Der ausübende Künstler, welcher nach diesem tatarisch-polnischen Modell im Jahre 1848 die tschechische Nationaltracht ins Leben rief, war nur ein deutsches Schneiderlein aus dem schönen Rheinlande, dessen Namen Haffenteufel den germanischen Ursprung nicht verleugnet. Die neue „originelle" Kleidung ward in den Zeitungen gehörig ausposaunt, von der Jugend mit Enthusiasmus ergriffen und als Erkennungszeichen gegenüber den verhaßten Deutschen getragen. In der Bach'schen Reactionsperiode ging das Schneiderwerk wieder schlafen, um im Jahre 1860 aufs Neue aufzuerstehen. Zu der „erhabenen" Seite der tschechischen Nationalstrebungen bildet diese Volkstracht gewiß den lächerlichen Revers; denn, umgekehrt wie in allen andern Ländern, trägt das eigentliche Volk sie nicht, sondern nur der tschechische Städter und dieser auch nur zum Theil.

Dem kleinstädtischen Philister, der sich im Copiren Prags übt, kam aber dieses Geschenk sehr willkommen. Der Hauptbestandtheil der Tracht ist die Tschamara, ein mit Schnuren und Litzen besetzter Rock; auf dem Haupte sitzt kühn der „slavische Hut" (slovanský klobouk). Soll die Kleidung vollständig sein, so dürfen Stiefeln, die bis an die halbe Wade reichen, nicht fehlen. Mit grimmigem Blicke schaut ein solcher „Tschmarist" jeden Deutschen an, wenn er auch selbst Huberle oder Müller heißt, und aus seiner Brusttasche schaut unfehlbar die neueste Nummer der „Narodni listy". Den Aufzug vollendet ein dicker Knüppel, als dessen Handhabe ein eiserner Žižkakopf dient. So angeputzt wähnt sich Huberle um mindestens vier Jahrhunderte unter die alten Husiten zurückversetzt und denkt daran, wie er in einer neuen Schlacht bei Aussig tausend Deutsche erschlagen will. Ergötzlich bleibt, wenn es, wie auch häufig genug vorkommt, bei einem solchen Manne mit der tschechischen Sprache nicht recht fort will und er plötzlich deutsch zu reden anfängt. Denn die nationalen Renegaten sind diejenigen, welche sich in einer derartigen Maskentracht am liebsten zeigen.

Eine besondere Abart dieses Costümes ist dasjenige, welches die tschechischen Turner tragen. Unter dem Namen „Sokol" (der

Falke) haben sich in Prag und vielen kleinen Städten Böhmens
Turnvereine gebildet, die, nicht zufrieden mit der einfachen Tracht
deutscher Turner, sich eine förmliche Komödiantenkleidung schufen,
deren kunderbunte Zusammensetzung: Ungarische Tschikoshüte mit
Falkenfedern, rothe Garibaldihemden, Pumphosen und polnische
Stiefeln nicht verfehlt, viele Mitglieder anzulocken, denen es weniger
um das Turnen, als um diese Uniformirung zu thun ist.

Alle diese Aeußerlichkeiten, wozu sich noch demonstrative Leichen=
begängnisse, nationale Todtenmessen u. dergl. gesellen, verfehlen ihren
Zweck nicht: des rohen Volkes gedankenlose Masse für die Pläne der
nationalen Tschechenführer zu gewinnen. Das wirkungsvollste und
interessanteste Mittel zur Hebung des Patriotismus ist jedoch eine
Beseda.

Das Recept zu einer solchen ist überall das nämliche. Die
Besedi sind rein nach der Schablone gearbeitet, nur mehr oder weniger
luxuriös ausgestattet; namentlich in Prag, wo der Schimmer des
großstädtischen Lebens sich über dieselben ergießt. Die Bedeutung
des Wortes Beseda ist ursprünglich eine vielseitige: Unterhaltung,
Schmauserei, Casino, Zusammenkunft, dies alles wird dadurch aus=
gedrückt, jetzt ist jedoch das nationale Gepräge die Hauptsache geworden
und ohne dieses kann eine solche musikalisch=deklamatorische Abend=
unterhaltung nicht mehr stattfinden. Der streng tschechische Anstrich
wird in der Ausschmückung des Lokales, in der Kleidung und Sprache
der Anwesenden, in den Tänzen und Vorträgen, kurz in allem fest=
gehalten, und der Geist der Wenzelskrone schwebt über dem Ganzen.
In den kleinen Landstädten, wo der Jahrmarkt und die Besedi die
einzigen Unterbrechungen im ewigen Einerlei des Lebens sind, nehmen
letztere häufig einen karrikirten Anstrich an.

„U českého lva" — zum böhmischen Leu — so heißt das ein=
stöckige Gasthaus des Städtchens, in dem wir einer Beseda beiwohnen

wollen. Ein gefälliger Bekannter hatte uns gegen einen Papiergulden
die Eintrittskarte besorgt, welche uns besagt, daß der Reinertrag des
Unternehmens dem tschechischen Nationaltheater in Prag gewidmet
ist. An der Thüre des Saales empfingen uns die Leiter der Beseda,
Bürgersöhne und Prager Studenten, welche die Ferienzeit dazu be=
nutzten, um hier als nationale Apostel zu wirken. Sie waren alle
mit der Tschamara angethan und Schleifen in den Landesfarben
bezeichneten ihre Würde. Auch der Saal ist roth und weiß decorirt,
die Büsten und Bilder nationaler Vorkämpfer der böhmischen Krone
heben sich, von Blumen und „slavischen Tricoloren" umgeben, von
der Wand ab.

Die Hauptfront des Saales zeigt eine große Decoration. In
der Mitte hängt das böhmische Wappen: der weiße Löwe im rothen
Felde. Links davon der roth= und silber=geschachte Adler Mährens,
rechts der schwarze Aar Schlesiens. Darunter in Medaillons, nur
etwas kleiner, die goldene Mauer der Ober= und der rothe Stier
der Niederlausitz, eine Anspielung auf diese Länder der böhmischen
Krone, die leider für immer den Tschechen verloren sind. Ueber den
Wappen erglänzte die goldene „Wenzelskrone", rings um dieselben
bauschten sich mächtige roth=weiße und blau=weiß=rothe Fahnen.
Dieser Trophäe gegenüber schaute aus frischem Tannenreisig uns die
weiße Gypsbüste des verstorbenen Journalisten Karel Havlitschek=
Borowsky entgegen, der einst den denkwürdigen Ausspruch that:
„Lieber die russische Knute als die deutsche Freiheit!" Ihm zu
Seiten Rieger und Palazky. Wie sollte in dieser Umgebung das
tschechoslavische Herz nicht höher schlagen! Sah es doch seine Vor=
kämpfer dort stehen, leuchteten ihm doch die roth=weiß=blauen Fahnen
entgegen, die aus Gott weiß was für einem Grunde „slavisch" genannt
werden! Von nah und fern drängte sich das Publikum heran und
opferte seinen Gulden auf dem Altare des Nationaltheaters. Beamte

und kleine Grundbesitzer aus der Umgebung und die Bürger des Städtchens selbst mit Weib und Töchtern eilten herbei. Was eine Tschamara besaß, der hatte sie sicher heute angelegt, und eine rothe Halsbinde dazu, mit einem silbernen Löwen als Busennadel darauf. Die Töchter der nationalgesinnten Väter erschienen im „slavischen Mieder" mit Kränzen von frischem Lindenlaub in den Haaren, denn die Linde ist der heilige Baum der Slaven und „slovánska lípa" wird gern im Gegensatz zu „deutsche Eiche" genannt. Ich brauche nicht hervorzuheben, daß die Unterhaltung fast ausschließlich in tschechischer Sprache geführt wurde; in unbewachten Augenblicken kehrte freilich bei manchem das geschmähte Deutsch zurück, aber er verbesserte sich schnell, wenn ihn der grimmige Blick eines Tscha= maristen traf.

Der Gesangverein des Städtchens eröffnete nun mit einem nationalen Chor „Vltava" (die Moldau) die Festlichkeit. Der Strom des Landes ward darin gepriesen, der, mächtig von den Bergen Böhmens herabströmend, am festen Wischehrab vorüber braust, von wo einst Libuschas ruhmreich über das Land herrschte. Jetzt tritt ein Redner auf. Mit „slavische Brüder" redet er die Gesellschaft an. Er preist die Tugenden der alten Slaven und zeigt uns in rosenfarbigem Lichte ihre hohe Kultur zu einer Zeit, als die Deutschen sich noch in Bärenfelle kleideten und Eicheln verzehrten. Er beweist, wie ursprüng= lich alles Gute, Wahre und Schöne seinen Sitz im Herzen der Tschechen aufgeschlagen hatte und wie das, was am Volke noch fehlerhaft und schlecht sei, einzig dem Einflusse der „cizozemci" (Fremdlinge, worunter natürlich die Deutschen zu verstehen sind) zugeschrieben werden müsse. Mit einem Sláva česko-slovanskému národu, Heil dem tschechoslavischen Volke! schließt er den mit allgemeinem Beifalle aufgenommenen Vortrag. Nun folgt eine junge Dame, entschieden die interessanteste Erscheinung des heutigen Tages. Feuer spricht aus ihrem ganzen Wesen und die großen Augen glühen von Begeisterung; alle Bewegungen an ihr sind dramatisch und man sieht es ihr an, daß patriotischer Enthusiasmus ihr Nervensystem hebt und aufregt. Die jungen Herren in der Tschamara geleiten sie auf die Bühne und unter rauschendem Applaus singt sie Kajetan Tyls Nationallied: Kde domov můj? Männerchöre und humoristische Vorträge, in denen die dummen Deutschen den Lachstoff abgeben müssen, beschließen den officiellen Theil der Beseda, die entschieden ihren Zweck erfüllte, belebend auf das Nationalgefühl einzuwirken und die Halben und Unschlüssigen zu bekehren.

Die nachfolgende gesellige Unterhaltung trennt die Besedatheil=nehmer in verschiedene Gruppen. Während das junge Volk nach nationalen Melodien im Saale tanzt, ziehen sich die älteren Männer und diejenigen, welche politisiren wollen, in die Nebengemächer zurück. Dort sind auch einige Agitatoren aus Prag thätig, welche mit der nationalen Gesinnung des Städtchens noch nicht zufrieden, die Leiden=schaften zu einer immer höheren Stufe hinaufzuschrauben bemüht sind. Die tschechische Agitation ist in ein System gebracht, das, wie eine Spinne ihr Netz ausdehnt, sich über das ganze Böhmerland verbreitet, soweit die slavische Zunge klingt.

Jetzt beginnt das Bier seine Hauptrolle zu spielen. Einige tschechische Studenten leisten darin ebenso erkleckliches, wie ihre deutschen Commilitonen. Im Chorus stimmen sie das Volkslied O Velvary! Kde jsou mé tolary! „O Welwarn! Wo sind meine Thaler hin!" an — was fast als freie Uebersetzung des Heine'schen „Meine gül=denen Dukaten, sprecht, wo seid ihr hingerathen?" erscheinen könnte. Dann unterhalten sie sich von den neuesten Erfolgen der tschechischen Partei und stoßen auf das Heil Böhmens an.

Merkwürdige Kontraste zeigt die Gesellschaft an einem anderen Tische. Das große Wort führt dort der Wundarzt des Städtchens, der „pan doktor". Trügt nicht alles, so ist er ein Jude, auch sein Name hat keinen tschechischen Klang; aber er ißt mit Ostentation Schinken und ich' kann mich daher wohl irren. Rabiater als er raisonnirt keiner auf die Deutschen und doch sagt mir der Accent seiner Aussprache, daß er nur ein Ueberläufer ist, einer von den wenigen Israeliten, die in das tschechische Lager gingen. Ein Kaplan secundirt ihm. Als ich mich dem Tisch näherte, lud man mich freundlich zum Niedersetzen ein und es dauerte nicht lange, so wurde das Gespräch auf die Deutschen gelenkt. Man mochte es meinen Mienen angesehen haben, daß ich von vielem, was ich gesehen hatte, nicht sehr erbaut war und suchte daher einzulenken. „Herr College (der gegenseitige Doktortitel berechtigt in Oesterreich zu dieser An= sprache), so wendete sich der Wundarzt zu mir, Sie mögen hier manches harte Wort gegen die Deutschen gehört haben, aber die „aus dem Reiche" sind damit nicht gemeint, es gilt dies nur unseren Feinden, den Deutsch=Böhmen, unter deren Drucke wir so lange seufzten. Das rechtfertigt und erklärt diesen edlen Haß."

„Unser Haß ist nicht erst von heute, nahm nun der Kaplan das Wort, er ist uns von den Vätern vererbt, mit der Muttermilch eingetränkt worden und er erwacht immer mehr — ein Ausgleich ist nur dann möglich, wenn uns unser volles Recht wird. Unser Programm bleibt Riegers Wahlspruch: Nedejme se! Ergeben wir uns nicht!"

„Aber wie können Sie mit Ihrem Haß sich nur an die Deutsch= Böhmen allein wenden, die doch ein Theil unserer Nation sind, und wenn er sich äußert, wird doch unter den Deutschen im Allgemeinen kein Unterschied gemacht. Sie treten damit zugleich gegen Deutsch= land auf, zu dem Böhmen vermöge seiner geographischen Lage stets in Beziehung bleiben muß und wird, worauf die Tschechen schon der Lauf der Elbe hinweist, die nicht etwa in den finnischen Meerbusen, sondern in das deutsche Meer mündet."

„Entschuldigen Sie, wenn ich Sie hier unterbreche, fiel mir der Kaplan ins Wort. Sie haben den Ausdruck „die Tschechen" gebraucht; dagegen muß ich protestiren. Wir heißen „Böhmen" und schon auf dem ersten Landtage (1861) wurde entschieden, daß wir so und nicht anders genannt werden sollen."

Ich mußte hier schweigen, wenn ich nicht ungemüthliche Scenen herbeiführen wollte. Denn an der Echtheit der Königinhofer Hand= schrift zweifeln, oder einen Tschechen bei seinen wahren Namen nennen (sie selbst nennen sich Čechove), ist in nationaler Gesellschaft nicht gerathen, da das tschechische Protestiren leicht in Handgreiflich= keiten ausartet. Dadurch aber, daß die Tschechen „Böhmen" genannt sein wollen (ein Gefallen, welchen ihnen die Deutschen nicht thun), wünschen sie anzudeuten, daß sie das herrschende Volk des Landes und daß ihre Bestrebungen die des Landes überhaupt sind.

Die Bezeichnung Tschechen für die slavischen Böhmen in der deutschen Sprache ist übrigens keineswegs neu, gebrauchte sie doch selbst Palazky z. B. in seiner Abhandlung über die slavischen Volks= stämme in Europa, die in den „Jahrbüchern des böhmischen Museums" abgedruckt ist. Dort heißt es S. 83: „Selbst unsere Czechen hießen bei ihnen (den Deutschen) nur Wenden, bis diesen Namen der eben so unrichtige als gelehrt geographische der Boheimer, Böhmen nach und nach verdrängte." Das war richtig und vorurtheilsfrei.

An dem benachbarten Studententische ging es immer lauter und lustiger zu. Ein junger, in Prag studirender Bulgare, welcher, um an der Beseda Theil zu nehmen, hierher geeilt war, redete in bulgarischer Zunge. Er ging in bulgarischer Nationaltracht und trug die Tschubara, die große Mütze aus Schafpelz. Nur der bul= garische Zopf fehlte ihm, diesen hatte er der Civilisation zum Opfer gebracht. Ob ihn seine tschechischen Commilitonen verstanden, wage ich nicht zu behaupten; jedenfalls thaten sie aber so und der junge

Macedonier, welcher aus weiter Ferne nach Prag geeilt war, um dort sich slavisch auszubilden, war unter ihnen in seiner Eigenschaft als „ferner slavischer Bruder" eine gerne gesehene Erscheinung. Als er das Glas ergriff und auf das Wohl des russischen Zaren trank, da jauchzte der ganze Chorus der Studiosen: At'žije! Er lebe! Nun war ein ergiebiges Thema angeschlagen und dem Panslavismus wurden Opfer in Gestalt wohlgefüllter Bierseidel gebracht. Ein älterer Student behandelte den Gegenstand in würdiger Weise vom literarischen, politischen und historischen Standpunkte. Das Glas hoch erhoben in der Rechten stand er da und deklamirte ein Sonett aus Kollars Slavi dcera (die Tochter des Ruhmes):

> O Slavien, Slavien, Namen süßer Klänge
> Und voll der schmerzlichsten Erinnerungen.
> Zertreten hundertmal, hast aufgerungen
> Du stets Dich neu zu höhrer Ehren Menge.

Indem ich darüber nachdachte, wo eigentlich dieses geographisch unbekannte „Slavien" liege, stießen die Studenten auf die Montenegriener, die Serben, die Kroaten, Bulgaren, Ruthenen und andere Kulturvölker an, von denen einst das wahre Heil der Welt zu erwarten steht und feierten Johann Kollar, dessen Ideen bei ihnen tiefe Wurzeln geschlagen zu haben schienen.

Alle diese Aeußerungen sind bezeichnend; sie charakterisiren die Stimmung der tschechischen Kleinbürger und die Richtung, welche sie eingeschlagen haben. Ihre ganze Thätigkeit concentrirt sich in der nationalen Frage und in dem, was damit zusammenhängt. Diesem opfern sie alles oder ordnen ihm alles unter. Nur hierin suchen sie den Fortschritt, weniger in hundert anderen Dingen, die diesen armen, kleinen Städten unendlich viel nothwendiger wären. Das auf die Spitze getriebene Nationalitätsprincip ist ein barbarisches, wenn ihm Civilisation und Freiheit zum Opfer gebracht werden; denn Civili=

sation, Friede und Freiheit sind mehr werth, als jener heuchlerische Nationalismus, der sich über alles andere erhebt, der sich in keinem gebildeten Staate, sondern nur da durchführen läßt, wo der centralisirte Despotismus und die Barberei herrschen. Centralisirter Despotismus in nationalen Dingen wird jedoch von den Tschechen angestrebt und der Schaden, der hieraus entsteht, fällt auf sie eben so wie auf die Deutsch-Böhmen zurück.

Die Zahl der wirklichen Deutschen, welche in Folge des nationalen Treibens in das tschechische Lager übergingen, ist keineswegs gering. Die Schreibung ihrer Eigennamen nach tschechischer Orthographie macht gewöhnlich den Anfang und bereitet so den Deckmantel für den Ueberläufer. Aus einem „Thiersch" ward erst ein „Tirsch" und zuletzt ein „Tyř". Das hat jedenfalls die Einfachheit voraus. Doch ist man, trotz des eifrigen Copirens der Magyaren, in Böhmen noch nicht bis zu der Ueberfetzung oder gänzlichen Umänderung des Eigennamens gediehen. In ungarischen Blättern werden dagegen tagtäglich „mit hoher obrigkeitlicher Bewilligung" Namensänderungen angekündigt. Die Lächerlichkeit dieser Art Reißlauferei ist für die Tschechen noch nicht angebrochen, aber es fehlt nicht an zahlreichen Renegaten, die häufig nicht einmal ordentlich tschechisch sprechen können, wenn sie auch auf die Deutschen am lautesten schimpfen. Bei den meisten Völkern werden Renegaten mit einer Mißachtung betrachtet, man bedient sich ihrer, wo man sie gebrauchen kann, allein zu Ansehen gelangen sie selten. Anders bei den Tschechen, die mit offenen Armen die Ueberläufer aufnehmen, glorificiren und diejenigen in ihren Karyphäenhimmel erheben, die bei uns noch auf einer sehr niedrigen Stufe stehen würden.

Ist dieses für die Tschechen selbst ein arges Armuthszeugniß, daß solche Art Leute bei ihnen zu Ansehen gelangen konnten, so ist der Schimpf für die Deutschen nicht minder groß. Gerade in Oesterreich finden wir leider den Fall sehr häufig, daß wegen äußerer Umstände, aus Eitelkeit, Gewinnsucht, Modethorheit u. s. w. Deutsche zu den weniger cultivirten Nationalitäten überlaufen.

Wir haben oben darauf hingewiesen, daß der tschechische Klein= städter im großen Ganzen auch heute noch ein zweisprachiger Mensch ist. Aus den Zeiten, als noch der Schulunterricht deutsch war, ist ihm die Kenntniß unserer Sprache geblieben, doch wendet er sie jetzt nur ausnahmsweise und ungern an, er heuchelt, was zum nationalen Tone gehört, gerne, daß er dieselbe gar nicht versteht. Mit einer wahren Wuth geht er gegen alle deutschen Wörter zu Felde und merzt sie aus, wo er nur kann; er bürgert auch die neuen in Prag erfundenen Ausdrücke sehr schnell bei sich ein und wird dadurch dem Bauern und niedrigen Manne häufig unverständlich. Da jetzt die Schulen rein tschechisch sind und die Aemter, wie recht und billig, in tschechischen Gegenden mit den Parteien wieder tschechisch verkehren, so gewinnt diese Sprache innerhalb ihres eigenen Gebietes allmählich alle ihr entrissenen Kreise der Gesellschaft zurück. Wie der Flaming denkt auch der Tscheche: „Die Sprache ist das ganze Volk."

Es mag hier der Ort sein, etwas über die gegenseitige Ein= wirkung der beiden Sprachen in Böhmen zu sagen und diejenigen Deutschen aufzuklären, die immer noch denken, das Tschechische sei ein untergeordnetes Jdiom. Untergeordnet, was Bedeutung und Verbreitung betrifft, gewiß; nicht aber was Schönheit und Reich= thum der Sprache selbst angeht. Daß sie von geringem praktischen Nutzen für den Deutschen ist, liegt auf der Hand, und freiwillig erlernen nur wenige Deutsche das Tschechische.

In den Sprachgrenzdistrikten, wo die Nothwendigkeit dazu vor= liegt, sind die Deutschen von selbst auf das Erlernen des Tschechi= schen eingegangen, und hier hilft ein sehr praktisches Mittel allen etwa durch Einsprachigkeit hervorgerufenen Uebelständen ab. Man tauscht nämlich die Kinder auf einige Zeit aus; das tschechische Kind, nachdem es seine Muttersprache erlernt hat, wird zu Deutschen des benachbarten Dorfes gebracht, deren Kind dann wieder bei tschechischen Eltern Unterkommen findet und deren Sprache erlernt. So kommt es denn, daß an den Sprachgrenzlinien sehr viele Leute zweisprachig sind, wenn dies auch in höherem Maße auf der tschechischen Seite der Fall ist. Ob dies nun eine Folge der größeren Nothwendigkeit oder mit der den Slaven überhaupt nachgerühmten Fähigkeit, fremde Sprachen leicht zu erlernen, zusammenhängt, lasse ich dahingestellt.

Wo so die Nationalitäten unter einander gerüttelt worden sind, wie in Böhmen, wo noch heute durch Mischheirathen und Aenderung des Wohnsitzes aus einer deutschen in eine tschechische Gegend eine Vermengung und ein Ineinandergreifen der Idiome stattfindet, konnte es auch nicht ausbleiben, daß beide Sprachen sowohl in Bezug auf die Grammatik als auf den Stoff wechselseitig von einander annahmen, wenn dies auch bei der deutschen Sprache in ungleich geringerem Maße der Fall ist, als bei der tschechischen. Hört man doch oft einzelne Leute ein gar seltsames Gemisch reden; sie beginnen einen Satz tschechisch und vollenden ihn deutsch, aber wiederholen das eben gesagte in der andern Sprache. Häufig stellt man die Frage deutsch und erhält die Antwort tschechisch. Um ein paar Beispiele aus dem Deutschböhmischen anzuführen, die ihren slavischen Ursprung an der Stirne tragen, braucht man bloß in das praktische Bereich der Küche und der Häuslichkeit einzutreten und man wird eine Fülle Slavismen herausfinden.

Die deutschböhmische Hausfrau kennt keinen Meerrettig, sondern Schmetten (smetana), keine Kuchen, sondern Kolatschen (Koláč), keinen Brei, sondern Kasch (kaše), kein Pflaumenmuß, sondern Powillen (powidlo). Sie trägt auch keine Filzschuhe, sondern Batschkoren (bačkor), und steckt nicht etwa etwas in die

Tasche, sondern in die Kapsen (kapsa). Allgemein heißt der Ober=
mälzer in der Brauerei Podstarsch, podstarši, unter dem Aelteren,
da der Brauer selbst pan starý, der Herr Alte, genannt wird. Der
Deutsche in Prachatitz und Umgebung geht nicht in die Branntwein=
brennerei, sondern in die Binopalen (vinopalna) und die Zeltner=
gasse in Prag hat nicht etwa von den Zeltmachern ihren Namen,
sondern von den Lebzeltnern (caltaři), wie man die Lebkuchen=
bäcker nennt. Ein gutes Beispiel für solches Kauderwelsch lieferte
in den vierziger Jahren ein Berauner Bürgermeister, der, ein Tscheche
von Geburt, sich im Deutschsprechen gefiel und einst athemlos in
die Gemeinderathssitzung gelaufen kam und ausrief: „Die Kaschen
ist gepuckt und ist ganz außer sich!" Er wollte mit diesem unver=
ständlichen Deutsch sagen: Der Röhrbrunnen (kašna) ist geplatzt
(pukati) und ist ausgelaufen. Uebersetzungen ganz tschechischer Con=
structionen sind auch nicht selten; so sagt man „das Kind spielt
sich", statt es spielt, „es steht nicht dafür", statt es ist nicht der
Mühe werth. Man läßt häufig das Pronomen weg und sagt kon=
sequent „wie meinen?" statt wie meinen Sie? Auch der Artikel
bleibt manchmal fort, weil er im tschechischen fehlt. Sonst spricht
man unter den gebildeten Deutsch=Böhmen, namentlich in Prag, ein
sehr gutes und reines Deutsch, doch mit österreichischem Anstriche.

Bei der Erlernung seiner Sprache kommt der Tscheche dem
Deutschen ungemein gefällig entgegen. Es schmeichelt ihm, wenn
man sich Mühe giebt, sein von Wenigen gekanntes Idiom sich anzu=
eignen und er versäumt es nie, alle sich einschleichenden Fehler zu
verbessern, ohne dabei in eine Unart unsres Volkes zu verfallen:
über den Fehlenden zu lachen. Er erklärt dem Deutschen, daß seine
geliebte Muttersprache durchaus nicht so hart und mit Zischlauten
überladen sei, wie es der Rechtschreibung nach der Fall zu sein
scheine und daß, wenn wir Deutschen ihm das berühmte Strč prst

skrz krk (Stecke den Finger durch den Hals), in dem kein Selbst=
lauter vorkommt, vorwerfen wollten, es ihm nicht schwer fallen würde,
in der deutschen Sprache ähnlich lautende Wörter aufzufinden.

Umgekehrt hat aber das Tschechische bei weitem mehr vom
Deutschen angenommen und die Maccaronisirung dieser reichen und
schönen Sprache erscheint oft grauenvoll. Als ein großer Vorzug
des Tschechischen muß zunächst angesehen werden, daß beim Volke
sich nur sehr unbedeutende Sprachverschiedenheiten beobachten lassen,
am meisten noch bei den Gebirgsbewohnern, im Riesengebirge von
Hohenelbe und Starkenbach bis gegen Semil und am Böhmerwald,
wo bei Taus ein wenig verschiedener Dialekt geredet wird. In
früheren Zeiten, namentlich in der heidnischen Periode, kurz nach der
Einwanderung der Tschechen, als diese noch in Daubleber, Netolizen,
Domažlizen, Lutschanen, Lemusen, Detschaner, Lutomirizen, Pscho=
waner, Charwaten u. s. w. zerfielen, und die Nation noch kein
Ganzes bildete, besaß jeder dieser Stämme wahrscheinlich seine eigene
Aussprache. Allmählich verschmolzen diese Dialekte mit demjenigen
des in der Mitte des Landes angesessenen Hauptstammes, der eigent=
lichen Tschechen und die heutige Sprache bildete sich heraus. Auch
diese hat seit ihrem Entstehen natürlich vielerlei Wechsel durchzu=
machen gehabt und namentlich in der Orthographie viele Revolu=
tionen erlitten, bis sich zuletzt die heutige, ungemein bündige und
klare Rechtschreibung herausstellte. Hus war der erste Reformator
der tschechischen Orthographie, indem er für jeden Laut ein einfaches
Zeichen festsetzte. Seine Methode, die später in die gedruckten Werke
überging, ist größtentheils heute noch im Gebrauche. Den Schluß=
stein machte im Jahre 1842 die sogenannte organische Rechtschreibung,
wodurch die tschechische Orthographie zu einem Muster der Einfach=
heit erhoben wurde. Spräche und Schrift stimmen jetzt vollkommen
überein.

Einwirkungen fremder Elemente, namentlich des Lateinischen und Deutschen, finden wir bereits sehr frühe. Mit der Ausbreitung des Christenthums durch deutsche Missionäre, mit Ansiedlung deutscher Gemeinden rückten die fremden Wörter ein und die aus der ältesten Zeit haben sich dermaßen festgesetzt, daß sie trotz aller Reinigungs= versuche auch heute nicht aus der Schrift, geschweige denn aus dem Munde des Volkes zu verbannen sind. Der Eigenname Karls des Großen erschien bei den Slaven bald als Bezeichnung der Königs= würde selbst. Die Tschechen machten daraus durch Verschiebung des l und r ihren Kral, die Polen Krol, woraus durch Uebertragung bei den Magyaren Kiraly, König, wurde, wie bei uns Deutschen Kaiser aus Caesar entstand. Auch die Slovenen, Kroaten und Rumänen (Krajul) entnehmen die Bezeichnung der Königswürde dem deutschen Namen Karl. Die Ostslaven dagegen, welchen das byzantinische Cäsarenreich näher stand, haben bei sich den Namen Zar eingebürgert.

Aus jener ältesten Periode stammen im Tschechischen Wörter wie jamark (Jahrmarkt), puška (Büchse), maštal (Marstall) u. s. w., die alle jetzt noch im Gebrauche sind. Wie Jan Hus gegen alles Deutsche wetterte, so zog er auch gegen die Einmengung deutscher Wörter zu Felde, indem er sagte: „So wie Nehemias, als er hörte, daß die jüdischen Kinder halb azotisch sprechen und jüdisch nicht sprechen können, diese deshalb geisselte und schlug, so verdienen auch die Prager und andre Tschechen gegeisselt zu werden, daß sie halb tschechisch und halb deutsch reden und hantuch für ubrusec sagen, šorc (Schürze) für zástěrka, knedlík (Knödel) für šiška, reudlik (Reindel) für trenožka, pancíř (Panzer) für krunyř, maštale (Mar= stall) für konice, trepky (Treppen) für chody, mentlik (Mantel) für plaštík, hausknecht. für domovni pacholek, forman (Fuhr= mann) für vozataj. Und wer könnte vollständig aufzählen, wie sie die tschechische Sprache verderben, so daß ein ordentlicher Tscheche, der nicht auf solche Weise spricht, sie gar nicht versteht." Trotz dieses Eifers sind heute noch alle diese Wörter bei den Tschechen gang und gäbe.

Eine wahre Sündfluth deutscher Wörter brach aber über die tschechische Sprache nach der Weißenberger Schlacht herein, die natür= lich noch durch die deutschen, unter Joseph II. eingeführten Schulen vermehrt wurde. Das niedere Volk begann ein schauderhaftes Misch= masch zu sprechen und namentlich die Handwerker, die in deutsche Gegenden auf die Wanderschaft zogen und sich aus deutschen Ge= sellen rekrutirten, nahmen für alle Handwerkzeuge u. s. w. deutsche Benennungen an. Viele Gewerbe waren ohnedies erst von den Deutschen bei den Tschechen eingeführt worden und die deutschen technischen Bezeichnungen blieben daher. Man gehe einmal in eine tschechische Tischler= oder Schlosserwerkstatt und frage, wie heißt dieses oder jenes Werkzeug? Der Tischler hat seine „Hobli" und „Meslifi" (Meisel); er macht „Falzi" und „Kistni" oder behobelt (hoblowat) „Lati". Der Schlosser hat seinen „Schroubstock", seine Klupna (Kluppe) u. s. w. Man giebt sich von Seiten der Tschechen Mühe, auch hier auf die Sprache reinigend einzuwirken und verfaßt kleine technische Wörterbücher, in denen die Wörter aber oft sehr weit hergeholt sind und an einen Campe'schen „Gesichtserker" für Nase erinnern.

So ist es auch in der technischen Sprache der Bergleute der Fall. Der rationelle Bergbau in Böhmen wurde von Deutschen eingeführt und wohin der deutsche Bergmann kam, er brachte sein „Glück auf!" mit. Auch der tschechische Häuer, havíř, abgeleitet von der älteren deutschen Form Hawer (Hauer), grüßt mit Glück auf. Freilich hat man versucht, ihm einen nationalen, aber nicht ent= sprechenden Gruß (Zdař buh!) aufzudringen. Immer noch trägt der tschechische Bergmann den deutschen Bergkittel und das Leder; er

spricht von Markscheider, Steiger, von Schachten, Stollen, Fahrten,
Hunden, vom Liegenden und Hangenden (linti a hauti) mit den=
selben deutschen Wörtern. Ebenso sind die technischen Ausdrücke im
Hüttenwesen fast durchgängig der deutschen Sprache entnommen,
nicht minder die Bezeichnungen in der Köhlerei. Die tschechischen
Köhler im Walde rücken (rukovat) die Holzklaftern zusammen,
schlichten (šlichtovat) den Meiler (milíř) stellen den Quandelpfahl
(kvendle) auf und brennen die Kohlen. Ein Fuhrmann (formau)
holt diese ab und fährt sie zur Hütte (hut').

Trotz aller Anstrengungen ist es noch nicht gelungen, alles
Deutsche zu verbannen. Vom Militär, das in Oesterreich entschieden
als eine Bildungsanstalt für viele weniger civilisirte Völker betrachtet
werden kann, bringen die heimkehrenden Soldaten stets wieder einen
neuen Vorrath deutscher Wörter zurück. Jedes deutsche Zeitwort
wird durch ein einfaches Anhängen der Endung owat in ein tschechi=
sches Verbum verwandelt und erregt dann bei den Patrioten und
Puristen gerechten Anstoß. In gelinde Aufregung geräth aber jeder
nationalgesinnte Tscheche, wenn man ihn mit „Sie“ (oni) anredet,
eine Unform, die statt der zweiten Person des Plurals Ihr (vy) im
vorigen Jahrhundert einriß. Der gemeine Mann glaubt jedoch, daß
er unhöflich sei, wenn er einen höher gestellten mit „Ihr“ anredet.

Tschechische Dörfer und Bauern.

„Unsere Dörfer sind statt in die Länge meist ringförmig an=
gelegt, daher sehr beengt, nur die schmale Vorderseite des Hauses, die
Bauernstube mit ihren stereotypen zwei Fenstern und das Thor gehen
auf den Ortsplatz, dahinter kömmt der Stall und Misthaufen, weiter
rückwärts die Scheuer; von der freundlichen Umgebung eines Gartens
oder stattlich schützender Bäume ist keine Spur. Und erst die Woh=
nungen der andern Insassen, welche der Name „Chalupen" am besten
kennzeichnet! Auf schmale Streifchen und Winkeln des Ortsraumes
verbannt, haben sie keinen Raum für die Dünghaufen, der sammt
Schweinestall und Abort zur Zierde des Ganzen seinen Platz vor
den Fenstern findet, die Lebensluft daher unausgesetzt verpestend.
Noch mehr ekelerregend sind die Tagelöhnerwohnungen, sogenannte
„Bauszken", wo die Menschen schlechter als das liebe Vieh in einem
ordentlichen Meierhofstall untergebracht sind, wo sich mehrere Familien
in eine Stube theilen und jeder die Grenze mit Kreidestrichen auf
dem Fußboden angewiesen ist." Diese, wenn auch ein wenig über=
triebene, doch im Ganzen wahrheitsgetreue Schilderung der böhmischen
Dörfer, finden wir in Nr. 280 der officiellen Prager Zeitung vom
Jahre 1865. Paßt dieses Bild auch nicht auf alle 12,000 Dörfer
Böhmens, so trifft es doch bei den meisten, namentlich in den rein
tschechischen Gegenden und da, wo der Großgrundbesitz vorherrscht, zu.
Jedem, der nur flüchtig und sei es mit der Eisenbahn, Böhmen

durchreist, muß der große Unterschied zwischen deutschen und böhmischen Dörfern auffallen, wenn auch bei uns selbst nach den einzelnen Gauen bedeutende Verschiedenheiten herrschen.

Die Dörfer der böhmischen Bauern liegen zwischen den weit sich hinziehenden Flächen des Großgrundbesitzes. Aber in so aus=gedehntem Zusammenhange, wie wir die Felder der Landbewohner z. B. am Rhein, in Franken, in Niedersachsen treffen, wo Dorfschaft an Dorfschaft stößt, finden wir die Ackergründe der Bauern in Böh=men nirgends. Hier und da zeigen sich wohl größere Komplexe, aber im Allgemeinen sind es nur kleine Gemarkungen, welche der vierte Stand sein eigen nennt. Die Wälder, die bei den Dörfern als Gemeindegut sich befanden, oder im Besitze einzelner Bauern waren, sind meistens abgetrieben und zu kahlen Hutweiden oder fruchtbarem Ackerboden gemacht worden. Häufig kaufte sie die be=nachbarte Gutsherrschaft an, oder tauschte sie gegen ein Stück Wiese aus. So liegt denn das Dorf inmitten baumloser Felder. Ein holperiger Weg, roh aufgeschüttet, dem man es ansieht, daß seit Menschengedenken wenig oder gar nichts für seine Erhaltung gethan worden ist, schlängelt sich zum Dorf. Tiefe Geleise durchfurchen seine Oberfläche: im Sommer bei Regenwetter stehen Wasserlachen auf dem Wege und die langsam dahinziehenden Wagen der Bauern versinken bis an die Nabe im Kothe. Im Winter dagegen bietet der gefrorene Schmutz das Bild von Hügeln und Thälern, zwischen denen der grobgeklopfte „Schotter" zur Ausgleichung aufgehäuft wird. Die Gruben, die einst an der Seite des Weges sich hinzogen, sind längst verrast oder im Laufe der Zeit dem Boden gleich geworden.

Betrachten wir die Felder, aus denen uns vereinzelte Holz=birnbäume entgegenblicken. Alle andern Bäume werden nieder=gehauen, aber diese blieben stehen, so will es die Tradition, denn der Holzbirnbaum war den alten Slaven heilig und deßhalb legen auch die Enkel nicht die Axt an ihn, sondern besingen ihn noch in ihren Volksliedern, deren eines beginnt: „Steht im Feld ein breiter Birn= baum". In Polen finden wir dasselbe, auch hier erhebt sich die Krone des Holzbirnbaums aus dem Korn, unangetastet von der Hand des Ackersmannes.

Man hat viel Wesens gemacht von der hohen Befähigung des Slaven und namentlich des Tschechen zum Landbau und die Ein= bildung ist unter ihnen stark im Schwange, als seien sie die Lehrer der Germanen in dieser Beziehung gewesen. Die weiten Flächen des europäischen Ostens luden die dort angesessenen Slaven allerdings vorzugsweise zum Ackerbau ein, doch daß sie denselben eher als wir betrieben, oder gar unsre Lehrer gewesen, dafür lassen sich keinerlei Beweise beibringen. Eher war das umgekehrte der Fall.

Fast die Hälfte des Landes (428 ☐ Meilen) ist bestellter Bo= den, doch kann man, abgesehen von einigen Domänen der Groß= grundbesitzer, nicht behaupten, daß der Landbau auf der Höhe der Zeit stehe. Fast durchgängig herrscht unter den Bauern noch die alte Dreifelderwirthschaft und die Brachfelder, welche große Strecken einnehmen, bringen bei deutschen Landwirthen einen sonder= baren Eindruck hervor. Zäh am Alten hängend, hat der tschechische Bauer dieses System (popluži genannt) noch nicht aufgegeben, wenn auch in neuer Zeit manche Wendung zum bessern vorkommt.

Wichtig für das Land und den Feldbau ist in tausenderlei Be= ziehungen der Einfluß der herbeigerufenen deutschen Colonisten ge= wesen. Man rief sie in dieses Land vor Zeiten, wie man sie heute noch nach dem slavischen Rußland ruft, wo sie die Lehrer der um= wohnenden Bauern werden, zu Wohlstand gelangen, und wo ihre Dörfer unter tausenden gleich herauszuerkennen sind. Mehr als zweihundert auf =schlag, =reut und =grün endigende Dorfnamen geben uns noch jetzt den Beleg, wie vor der Axt des deutschen Bauern

sich die Urwälder Böhmens lichteten.*) Warum thaten dies nicht
slavische Bauern in ihrem eigenen Lande? Durch den großen Druck,
der auf diesen lastete, waren sie träge und stumpf geworden, sie
sahen kein Ziel ihrer Thätigkeit vor Augen, denn die Früchte derselben
fielen dem Herrn in den Schooß. Die angesiedelten deutschen Bauern
sah man dagegen in stets wachsendem Wohlstande und die Fürsten,
Geistlichen und Adeligen verschrieben sie daher zur Gründung neuer
Dörfer oder übergaben ihnen Ortschäften, die bisher Slaven inne
hatten. Wie es aber bei diesen und auf deren Feldern aussah, dafür
sprechen alte Quellen. Der Unterschied zwischen der polnischen Be=
völkerung Schlesiens und der tschechischen Böhmens war ein unbe=
deutender im Mittelalter, und Schlüsse von der einen auf die andere
sind vollkommen gerechtfertigt. Von der Gründung des Klosters
Leubus in Schlesien (1185) erzählt ein Chronist: „Als die Mönche
nach Leubus kamen, fanden sie das Land in einem erbärmlichen Zu=
stande; das waldige Gelände lag unbebaut, denn die Bevölkerung
war arm und auch wenig arbeitsam. Mit einem hölzernen Haken
ohne Eisen, gezogen von zwei Kühen oder Ochsen, durchfurchte der
Bauer den sandigen Boden. Städte fand man im ganzen Lande

*) Wir können es mit Stolz hervorheben, daß die Deutschen überall
unter den Slaven stets die Kultur vertraten, daß außer Handel und Ge=
werben auch die Landwirthschaft von ihnen wesentlich gefördert wurde und
daß sie überall die Lehrer der Slaven wurden. Alle deutschen Colonisten,
die zu Tausenden durch Rußland zerstreut leben, sind jedesmal ohne Frage
den Russen weit voraus. Ueber die deutschen Mennoniten an der Mo=
lotschna in Südrußland sagt A. Petzholdt in seinem vortrefflichen Werke
„Reise in westlichen und südlichen europäischen Rußland": „In ganz
Rußland existirt kein Landstrich, wo im Ganzen eine so hohe gleich=
mäßige Kultur des Bodens und der Bevölkerung herrscht wie hier. Die
Mennoniten können dem Gouvernement als Maßstab, allen russischen
Völkern aber als Muster dienen, wie weit man es mit Fleiß, Sittlichkeit
und Ordnung bringen kann."

nicht, sondern nur Burgen, vor denen bei einer Kapelle Markt ge=
halten ward. Das Volk hatte kein Salz, kein Eisen, weder Geld
noch Metalle, trug eine ärmliche Kleidung und trieb fast ausschließ=
lich Weidewirthschaft!" Ein armseliges Volk muß das gewesen sein
und wie grell contrastirt diese wahre Schilderung mit dem farben=
prächtigen Gemälde einer hohen Kultur, das uns slavische Schrift=
steller mit reger Phantasie aus jener Zeit vormalen!

Die deutschen Bauerncolonien, sagt A. Schmalfuß, wirkten in
materieller und socialer Beziehung höchst wohlthätig auf Böhmen.
In materieller, weil sie wahre Musterwirthschaften für die slavischen
Nachbardörfer waren. Ein Hauptunterschied zwischen der bei den
Slaven üblichen Bodenbearbeitung gegenüber der deutschen war schon
durch die Acker= und Bodenbearbeitungs Instrumente begründet; der
Deutsche arbeitete nämlich mit einem schweren Pfluge, der Slave mit
einem leichten Haken.

Soweit Deutschland und deutsches Leben sich erstreckte, war der
Pflug das Werkzeug zur Bestellung der Aecker. An diesem befand
sich eine eiserne Schar, ein Name, welcher in lateinischen Urkunden
als deutsche Bezeichnung erwähnt wird (ferramenta aratri, quae
vocantur scar.) Der deutsche Feldbau unterschied sich vom slavischen
eben darin, daß der deutsche Bauer mit dem Pfluge jeden, auch den
schwersten Boden tiefer zu bearbeiten und vollständiger zu wenden
im Stande war, während der Slave mit seinem Haken nur leichten
Boden seicht durchfurchen konnte. Hieraus ist es auch erklärlich,
warum die Slaven nur die Gegenden mit leichtem Boden aufsuchten
und alle Landstriche mit bindigem Boden als Weideland liegen lassen
mußten. Es ist kein Zufall, daß sie allenthalben (etwa die Karpathen
ausgenommen) die Gebirge mieden.

Von tschechischer Seite wird angeführt, daß an dem Zustande
der Landwirthschaft die alten socialen Uebelstände, der große Steuer=

druck, der Mangel an Belehrung Schuld sei. Ganz recht. Aber man setze hinzu, dasselbe ungünstige Verhältniß war auch in Deutsch= land der Fall und doch trat diese Ueberflügelung ein. Schon im Jahre 1773 wurden durch ein königliches Patent viele Lasten des Landvolkes gemildert, namentlich die unverhältnißmäßigen Frohn= dienste. Doch der tschechische Bauer, welcher nun glaubte, aller Pflichten gegen die Obrigkeiten los und. ledig zu sein, begann un= ruhig zu werden. Bewaffnete Banden durchzogen plündernd das Land und kamen bis vor die Thore Prags. Der Aufstand mußte durch Militärgewalt gedämpft werden und die Rädelsführer wurden hingerichtet. Joseph II. hob endlich im Jahre 1781 die Leibeigen= schaft in Böhmen gänzlich auf. Im Manifeste vom 1. November erklärte er den böhmischen Ständen: „In Erwägung, daß die Auf= hebung der Leibeigenschaft und die Einführung einer gemäßigten Unterthänigkeit, nach Art jener in unseren österreichischen Erbländern, den vortheilhaftesten Einfluß auf die Hebung der Landwirthschaft und der Gewerbe hat, und da Verstand und Menschenliebe. diese Ver= änderung anrathen, haben wir beschlossen, die Leibeigenschaft von nun an aufzuheben und an ihrer Statt eine gemäßigte Unterthänig= keit einzuführen." Das war der große Schritt des Kaisers Joseph, den die Tschechen doch anderweitig sehr gram sind. Ein national gesinnter Schriftsteller sagt von der Aufnahme, welche diese That beim Landvolke fand, folgendes: „durch die lange, starre Knechtschaft war der tschechische Landmann geistig so herabgekommen, daß er die Tragweite dieser Aenderung in seinen rechtlichen Verhältnissen kaum begriff, und im Aberglauben versunken, hatte er keinen Sinn für angemessene Verbesserungen, jede Neuerung verwerfend, verharrte er lieber beim bequemen alten Herkommen und bei der Art, wie sein Vater und sein Großvater zur Zeit des tiefsten Verfalles des böh= mischen Ackerbaues gewirthschaftet hatten." Mit dem Jahre 1848

warb der letzte Rest der Unterthänigkeit des böhmischen Bauers auf=
gehoben und die Grundentlastung durchgeführt. Der Bauer warb
vollständiger Besitzer seines Grundstückes, von der Patrimonial=
gerichtsbarkeit befreit und in rechtlicher Beziehung seiner vorigen
Obrigkeit gleich. Das Robotten hörte auf und der freien Entwicklung
stand nichts mehr im Wege. Jedenfalls ist der Landbau jetzt im
Stadium des Aufschwungs begriffen, wozu landwirthschaftliche Zeit=
schriften und Schulen das ihrige beitragen. Erwähnt muß werden,
daß die erste „Bauernschule" und zwar in einer tschechischen
Gegend, ein Deutscher, v. Schönfeld, auf seinem Gute Trnowa bei
Beraun im Jahre 1791 eröffnete, „um den unglücklichen Eltern
und Kindern mit etwas zu Hilfe zu kommen, wodurch diese ihr
künftiges Leben verbessern und ihr Brod leichter verdienen könnten."
Die Anstalt ging nach einigen Jahren wieder ein, denn der Bauer
hatte keinen Sinn für den Unterricht, weil die Nachwehen der Leib=
eigenschaft noch zu sehr auf ihm lasteten; er fühlte sich jetzt viel
behaglicher und hatte darum gerade am wenigsten Verlangen, sich
oder seine Kinder durch Unterricht zu plagen. Doch sehen wir uns
in den Dörfern um und beobachten wir den Bauer dort.

Nahe beim Dorfe finden wir wenig Bäume, nichts von einem
Garten, kein Blumenbeet ist zu sehen. Freude an Blumen scheint
der Tscheche nicht zu haben; er pflegt sie wenigstens nicht und schmückt
nur in den seltensten Fällen das Sims seines Fensters damit; doch
im Volksliede da blüht Rosmarin und Veilchen, oft in zarter sinniger
Weise. Aber der Hausbesitzer zeigt doch auf seinen Garten (Zahrad),
es ist ein wüster eingehegter Grasplatz, auf dem einige Pflaumen=
bäume stehen; die Umzäumung soll aber nur die zahlreiche Gänse=
heerde zusammenhalten, welche uns beim Eintritte mit lautem
Geschnatter empfängt.

Am Eingange des Dorfes steht ein mit den kaiserlichen Farben angestrichener Pfahl, der eine Tafel trägt, welche oben in deutscher, unten in tschechischer Sprache den Namen des Ortes uns verkündigt. Dabei ist noch bemerkt, welches K. K. Regiment hier seinen Werbe= bezirk hat. Wir treten ein; der Weg wird womöglich noch schlechter, da er als willkommener Abladeplatz für allerlei Schutt benutzt wird; die Dungstätten liegen dicht an ihm und ergießen bei Regenwetter ihren werthvollen Inhalt als brauner Strom über die Straße; große Steine in der Mitte hat man liegen lassen und die Wagen fahren um dieselben herum, denn an die Entfernung derselben denkt Niemand.

Die Mittagsglocke läutet und die Kinder kommen mit Fibel und Schiefertafel bewaffnet aus der Schule gesprungen. Die blonden Haare, die blauen Augen der meisten lassen uns kaum einen äußer= lichen Unterschied mit deutschen Kindern gewahren. Sehen wir aber näher zu, dann erscheint uns das Blond der Haare wie mit Gelb durchsetzt, es hat nicht die ins bräunliche gehende Abschattirung des germanischen Blond. Die ganze Schaar der Kinder drängt sich an den fremden „Pan" (Herr) heran und wie auf Befehl ertönt gleich= zeitig aus aller Munde: Poch valen bud' pan Jesus Christus! Gelobt sei Jesu Christ! Navěki, Amen! In Ewigkeit Amen! ant= worten wir und nun entsteht unter der Jugend ein förmliches Ringen, wer zuerst die Hand des „Pan" küssen soll. Die Urväter dieser Kinder färbten wohl einst den Boden husitischer Schlachtfelder mit ihrem Blute, mit ungebrochenem Muthe für den Kelch streitend; die Enkel begrüßen uns mit dem katholischen Gruße; ihr Glaube ist ein anderer als der der Väter, aber der slavische Handkuß ist ihnen geblieben.

Da liegt das Dorf. So wie es heute vor uns erscheint, so ward es wohl schon vor Jahrhunderten gebaut; es ist eine ehrwürdige Ueberlieferung aus alter Zeit. Wie überall, ist auch der Bauer in

Böhmen ein conservativer Mensch. Er baut sein Haus genau so, wie sein Urgroßvater es that; phönixartig ersteht das Dorf immer in gleicher Weise wieder, der Bauer selbst würde nichts an dem alten, ihm liebgewordenen Plane ändern, wenn die Baupolizei nicht wäre, welche die alten Schindel= und Strohdächer nicht mehr zuläßt.

Die Bauernhäuser und Kotten, Chalupen genannt, liegen zu beiden Seiten der Straße, oder im Kreise um einen freien Platz herum; sie sind niedrig, meist nur aus ungebrannten Lehmziegeln und tannenen Balken in Wechsellagen aufgeführt; die Ziegel sind mit weißem Kalke übertüncht, die Balken im Laufe der Zeit schwarz geworden, so daß nun das Ganze die Farben eines preußischen Schlag= baumes zeigt. Das mit Stroh gedeckte Dach geht tief herab, um an der einen Seite des Hauses sich zu erweitern und, von ein Paar hölzernen Säulen gestützt, wagrecht fortzusetzen. Unter diesem veranda= artigem Vorbaue läuft eine Galerie hin, Pawlatsche genannt, die im Sommer zum Aufenthalte der Familie dient. Die Ställe und Scheunen liegen abgesondert; oft gehört eine Scheune zu mehreren Chalupen zugleich. Statt der Strohdächer findet man hier und da Schindeln, und in der neueren Zeit mehren sich natürlich die Ziegel= häuser. Aber im allgemeinen zeigen die tschechischen Dörfer einen ärmlichen Anstrich. Das idyllische, was wir beim Dorfe suchen, das fehlt ihnen ganz und gar, nichts anheimelndes ist vorhanden. Man darf dies abstoßende Gefühl, das in unsrer Brust rege wird, nicht auf Rechnung eines übernationalen Eifers setzen; es giebt in andern fremden Ländern Dörfer genug, die uns sympathisch erscheinen, in denen man gerne weilt. Wie hübsch ist ein wallonisches Dorf, wie angenehm der Aufenthalt in den Cottages englischer Pächter, zwischen wohlgepflegten Bäumen, Gärten und Wiesen. Hier aber, wo noch historischer Sinn für die Gemeinde gefunden wird, d. h. wo man oft mit Gewalt sich für dieselbe in den Besitz eines Grundstückes setzen

will, daß derselben vor Urzeiten einmal gehört haben soll, findet man
dagegen wenig Gemeinsinn. Jeder denkt zuerst und wohl nur an sich.
Es ist Sonntag im Dorfe. Wir schreiten mit der festtäglich
gekleideten Menge der Kirche zu, deren Glocken zur Messe rufen.
Der Pfad führt über den Steg des Mühlbachs, der das Dorf durch=
rinnt. Das Geländer des Stegs ist im Verfall begriffen, wer kümmert
sich auch darum? Man läßt es so gehen, bis ein Unglück geschieht.
Auf dem Geländer steht ein Bild des heiligen Johannes von Nepomuk,
aus Blech geschnitten und mit Oelfarbe angemalt. Es ist ganz dem
berühmten ehernen Heiligenbilde auf der Prager Brücke nachgeahmt,
das selbst im deutschen Volksliede bekannt ist: „O du heiliger Nepo=
muk, der du stehst auf der Prager Bruck." Freilich haben sich die
Böhmen ihren Volksheiligen auch in Deutschland machen lassen. Das
Prager Standbild ward nach einem Modelle von Rauchmüller in
Nürnberg gegossen und am 21. August 1683 aufgestellt, also
46 Jahre vor der Canonisation des Heiligen (1729), die auch erst
336 Jahre nach dem Tode des gewissenhaften Beichtvaters stattfand,
den das Volk unterdessen aus eigener Machtvollkommenheit über alle
andern Heiligen gestellt hatte. So fehlt denn der heilige Johannes
— denn „heiliger Nepomuk" wird er in Böhmen nie genannt —
auch nicht im kleinsten Dorfe, überall steht er als Schutzpatron der
Brücken und des Wassers, in der typisch gewordenen Gestalt, mit
dem Sternenkranze um das Haupt, in der Rechten das Crucifix, in
der Linken einen Palmzweig haltend. Gleich hoch geschätzt steht neben
ihm der heilige Wenzel und St. Adalbert (Vojtěch), der Apostel der
heidnischen Preußen da. Das sind die drei Männer, welche Böhmen
als seine Patrone verehrt. An der kleinen Adalbertkapelle beim
Prager Dom finden wir ziemlich geschmacklose Allegorien zu ihrer
Ehre aus der Mitte des vorigen Jahrhunderts angebracht und unter
ihren Bildern den Spruch: Hic tuus Czechia est triumviratus!

Die Kirche ist gedrängt voll; sie ist ja auf dem Lande· der einzige
Ort, wo man sich allwöchentlich in hübschen Kleidern versammeln und
gegenseitig betrachten kann. Wie ist die Kleidung des tschechischen
Bauern beschaffen? Von einer Volkstracht finden wir bei ihm keine
Spur. Der Bauer oder Arbeiter schreitet in einem schlecht gemachten
städtischen Rocke einher, der ihm wie ein übergeworfener Sack sitzt.
Die Frauenzimmer tragen leichte Kattunröcke in grellen Farben —
mit Reifen darunter: „Ona ma ráf“, sie trägt einen Reif, heißt es.
Ueber den Kopf ist kleidsam ein buntseidenes Tuch gebunden, dessen
Zipfel in den Nacken herabhängen. Der Mangel aller eigentlichen
Nationaltracht muß uns in Böhmen umsomehr ·auffallen, als gerade
die slavischen Völker mit einer gewissen Zähigkeit an einer solchen
hängen. Die Wenden der ·sächsischen und preußischen Lausitz, die
gleich den Tschechen mitten unter Deutschen wohnen, haben sich ihre
Tracht bewahrt, deßgleichen die germanisirten Altenburger. Auch in
Mähren treffen wir bereits wieder auf eigenthümliche Volkstrachten
unter den dortigen Slaven, ebenso zeichnen sich die deutschen Stämmchen
in Böhmen, im Egerlande, bei Pilsen, im Böhmerwald u. s. w. durch
eigene Costume aus.· Umsomehr muß gegenüber diesem Mangel einer
Nationaltracht beim Landvolk, wo solche doch zu suchen wäre, die
künstliche Einführung derselben bei den tschechischen Städtern auf=
fallen.

Unter den Mädchen ·finden wir sehr viel hübsche Erscheinungen;
doch auch hier läßt sich ein bestimmter Typus nicht feststellen. Wäh=·
rend manche ganz blond germanisch, ja fast scandinavisch erscheinen,
tritt bei andern im grellen Gegensatze ein ganz südslavisches Gepräge
hervor, schwarze blitzende Augen, schlank gestreckte oder gebogene feine
Nase und dunkler Teint. Man hat das hübsche Aeußere der böh=
mischen Mädchen, das übrigens allseits anerkannt wird, auf eine Ver=
mischung zwischen dem slavischen und deutschen Blute schieben wollen.

Möglich, daß dem so ist. So hübsch und angenehm auch der Ein=
druck der tschechischen Mädchen im allgemeinen auf uns ist, so unan=
genehm und fast wiberwärtig sind die Weiber. Die Blütezeit des
weiblichen Geschlechtes ist mit zwanzig Jahren schon vorüber und
nach dem ersten Kinde erscheint manche, die uns vor kurzem noch im
Vollgenuß der Jugend elastisch entgegentrat, als verkümmerte Matrone.
Eine frische kräftige Gestalt nach dem dreißigsten Jahre gehört unter
den Frauen zu den Seltenheiten.

Um die Bauern in ihrem häuslichen Leben kennen zu lernen,
wollen wir in eines der Häuser eintreten und nicht etwa zu einem
der vielen Tagelöhner, sondern gleich zum Gemeindevorstand. Da
ich an den Mann gut empfohlen bin, so empfängt er mich freundlich
und mit jener Gastlichkeit, die dem Slaven im Großen und Ganzen
eigen ist. „Schön willkommen, küß die Hand" lautet die Anrede
und nun treten wir in das Zimmer ein, über dessen Stubenthür
die Buchstaben K † M † B uns die Namen der heiligen drei
Könige anzeigen, welche probat gegen allerhand Hexen und Un=
holde sind.

Der Gemeindevorstand, welcher sich zu mir setzt, erkennt sogleich
an meiner Aussprache des Tschechischen den Deutschen in mir und
fühlt sich nun verpflichtet, sein nationales Glaubensbekenntniß abzu=
legen: daß er nämlich ein guter Tscheche sei. Die Leute sind gut
eingepaukt und das so rege gemachte Nationalgefühl, das tiefen Ein=
gang im Volke gefunden hat, ist keineswegs zu unterschätzen. Fast
jeder Bauer kennt einige Thatsachen aus der reichen Geschichte seines
Landes, er weiß, daß Böhmen einst mächtiger und größer war und
daß die Schlacht am weißen Berge all' die Herrlichkeit vernichtete.
Wieviel bei dieser Kenntniß geschichtlicher Begebenheiten auf Rech=
nung der Tradition kommt und wie viel durch Geistliche, Lehrer und
Studenten in Umlauf gesetzt wird, weiß ich nicht zu entscheiden. Daß

der tschechische Bauer jedoch in dieser Hinsicht den Deutschen voraus ist, darf keineswegs geläugnet werden.

Ich habe Gelegenheit, den Herrn Gemeindevorstand noch von einigen Seiten kennen zu lernen, die überhaupt bezeichnend für den Tschechen sind. Es ist drückend heiß in der Stube, deren kleine vier-eckige Fenster durch das überhängende Dach ganz verfinstert werden. Wir treten deshalb hinaus auf die Pawlatsche, an welcher die Straße hinläuft. Der blonde kleine Sohn meines Wirthes ist schnell in die Schenke gelaufen, von wo er eine Halbe (holba) leidlich guten Biers herbeibringt. Der Alte stellt einen Teller mit Salz und eine Laib Brod vor mich hin, zu dem er das nationale Schnappmesser, die Kubla, legt. Letztere hat eine fast dreieckige Klinge, die in einem kurzen, rund gedrechselten Stückchen Holz von gelber Farbe sitzt. Weiter kann mir der Mann an Speisen nichts vorsetzen, denn außer Kartoffeln und Mehl hat er nichts im Hause. Gewöhnlich ist die Kost der Leute sehr einfach und Mehlspeisen herrschen vor. Dahin gehören die Dalken, die Liwanzen, die Knödel (Knedliki) und die Buchteln. Auch die Kartoffeln finden natürlich ihre großen Ver-ehrer. Sie sind dem Tschechen unter drei Namen bekannt. Einmal als „erdeple", ein Wort, das seinen süddeutschen Ursprung keines-wegs verläugnet; dann als „brambory", eine Bezeichnung welche an Branibor, Brandenburg erinnert, von woher wahrscheinlich die ersten Kartoffeln nach Böhmen kamen. In der neuesten Zeit hat man end-lich den Ausdruck „zemčata" fabricirt, um das anrüchige „erdeple" zu verbannen. Schnaps vom Dorfjuden und Bier aus der Schenke machen die gewöhnlichen Getränke des Bauern aus. Kommt aber die Kirchweih oder sonst ein Fest heran, dann wird eine Ausnahme von dem gewöhnlichen Hungerleben gemacht; dann wird der Hühner-hof ausgeschlachtet und Kolatschen in staunenswerther Menge ge-backen. Dies sind die nationalen runden Kuchen mit Käsequark, welche mit dem volksthümlichen Leben der Tschechen eng verwachsen sind und bei keiner feierlichen Gelegenheit fehlen dürfen. Ein wesent=liches Erforderniß ist, daß diese Kuchen mit Safran schön gelb ge=färbt sind. Auf dem Tische fehlen auch Mohnkuchen nicht, die allen slavischen Völkern eigen sind und sich in Schlesien als „Mohn=striezel" noch aus der slavischen Zeit erhalten haben. Ein anderes Gebäcke sind die rohlički; Hörnchen.

Doch zurück zu unserm Bauer, der jetzt im Gespräche mit einem gerade vorübergehenden herrschaftlichen Förster begriffen ist. Er hat die Mütze abgezogen und begleitet jeden Satz mit einer Verbeu=gung; wohl ein Dutzend mal läßt er die Ausdrücke „gnädiger Herr Förster" und „ich küsse unterthänigst die Hand" folgen; er zerfließt vor Ergebenheit und bittet himmelhoch um die Ueberlassung von etwas Waldstreu für sein Vieh. Aber diese Unterwürfigkeit ist eitel Heuchelei. Kaum ist der Mann mit dem grünen Rocke verschwunden, so schimpft er auf ihn, dann ist er „verdammt", „verflucht", oder gar eine „Juden=seele", ein Dieb (taškař). Es ist kein hübscher Zug des tschechischen Volkes, dieses Schmeicheln und Kriechen vor dem Gesichte, diese Falsch=heit hinter dem Rücken, und doch ist sie so häufig, wie die Mißachtung vor fremden Eigenthum, die Verwechselung der Begriffe von Mein und Dein. Man hat ein Sprüchwort: Gebiert eine tschechische Mutter einen Knaben, so legt sie ihm eine Geldbörse und eine Geige in die Wiege. Greift er zur ersteren, so wird er ein Dieb, zur letzteren, ein Musikant. Das ist bezeichnend und auch sonst giebt es noch ähn=liche Aussprüche, welche alle auf den geringen Respect vor dem Eigen=thum hinweisen. Eine gewisse aneignende Handbewegung heißt all=gemein „böhmischer Zirkel".

Das Handküssen ist in Böhmen durchgängig Sitte und theil=weise von den Deutschen adoptirt worden. Kaum kann das Kind laufen, so wird es schon dazu angehalten, nicht nur seinen Eltern und dem „geistlichen Herrn" die Hand oder den Rockärmel zu küssen, sondern es muß auch unaufgefordert jedem „Pan" dies thun. Das bleibt dann durch das ganze Leben hängen und verleiht den Leuten einen starken Zug von Kriecherei und Unterwürfigkeit. Es macht einen höchst widerwärtigen Eindruck, wenn man alte, grauhaarige Männer ganz jungen Leuten, nur weil sie aus höherem Stande sind, die Hand küssen sieht. Hierin ist der Böhme echt slavisch und macht es wie sein polnischer Bruder, der vor jedem Höheren auf die Kniee fällt: Ja padam do nog. Nehmen wir hierzu noch eine gewisse Prahlerei, eine Neigung zur Eitelkeit und zum Großthun, so haben wir die Schattenseite dieser Bauern hervorgehoben, der gegenüber die guten Eigenschaften nicht verschwiegen werden dürfen.

Der tschechische Bauer ist arbeitsam und fleißig, namentlich dann, wenn er einen unmittelbaren Gewinn vor sich sieht. Im andern Falle, wo die Früchte erst in der Ferne winken, ermüdet er leicht und giebt die Thätigkeit auf. Das häusliche Leben und die Ehen ver=laufen meist ungetrübt. Gegenüber dem Druck, der auf ihm lastete, und der wohl hauptsächlich die oben erwähnten Schattenseiten seines Charakters entwickeln half, bei der Beamtenwillkür, die er zu ertragen hatte und bei der äußerst geringen und ungenügenden Sorgfalt, welche auf seine geistige Ausbildung verwendet wurde, müssen wir uns wun=dern, daß er überhaupt noch so dasteht, wie er uns jetzt erscheint. Seit dem Jahre 1860, seit der Zeit, daß der Bauer in Fluß gebracht wurde, sehen wir bei ihm fast mit einem Schlage eine mächtige Umwandlung, die sich zunächst in der lebhaften Aeußerung des Nationalgefühles kund giebt.

Einige Bauern, bei denen die Ideen aus dem Jahre 1848 noch wach waren, und die das Gefühl für die Nationalität der Tschechen noch fest in ihrer Brust bewahrten, besaßen wohl noch Bücher und Schriften, aus denen sie sich über politische und geschicht=

liche Verhältnisse ihres Landes unterrichteten. Die zündenden „Kutten=
berger Episteln" des Journalisten Karl Hawlitschek hatten sich hand=
schriftlich noch hier und da erhalten und wurden neben dem Herbař,
dem Kräuterbuche, gelesen, das allerhand medicinischen Aberglauben
verbreitete, so etwa, wie er in Paulis „heilsamer Dreckapotheke"
vorkommt.

Sind diese Art Schriften auch noch nicht ganz verbannt und
werden sie auch noch einige Zeit fort existiren, so ist doch seit dem
Jahre 1860, seit die bis dahin unvernünftigerweise unterdrückten
tschechischen Journale eine weite Verbreitung unter dem Landvolke
gewonnen haben, ein bedeutender Umschwung bei den Bauern ein=
getreten. Die Narodni listy, das bedeutendste tschechische Blatt Prags,
sind eine Macht geworden und die in dieser Zeitung den Bauern in
Bezug auf Landtagswahlen u. s. w. gegebenen Rathschläge werden
meistens wie auf Commando befolgt. Der Anstoß, welchen diese mit
lateinischen Lettern gedruckten Blätter anfangs erregten, ist bei der
jüngeren Generation nicht mehr vorhanden; sie kennt bereits die
neue Orthographie und die lateinischen Lettern, was bei den älteren
Leuten nicht der Fall ist. Man nehme zu dem Einflusse dieser
Blätter auf die Bauern, das nationale Wirken des Geistlichen und
der Studenten, die während der Ferien gleich Aposteln auf dem
platten Lande umherziehen und im tschechischen Sinne wirken, und
man wird zugeben müssen, daß nach der volksthümlichen Seite bei
den Bauern jetzt mehr als zuviel gethan wird. Die Früchte dieser
Bestrebungen zeigen sich bereits. Einmal in Gährung und Fluß
gebracht, bildet der tschechische Bauer entschieden eine Macht, wie die
Husitenkriege gezeigt haben. Ob diese Macht jedoch, unsern modernen
Verhältnissen gegenüber, wenn sie einmal zum Auftreten gelangen
sollte, von solcher entscheidenden Wirksamkeit sein kann, wie im fünf=
zehnten Jahrhundert, möchten wir stark bezweifeln.

Eine hübsche Seite der Tschechen ist auch ihre Musikliebe. Wenn wir uns in den Bauernhäusern näher umsehen, so fällt es auf, in den meisten derselben ein Musikinstrument zu finden; bald hängt eine Geige, eine Klarinette oder ein Flügelhorn an der Wand und ein oder mehrere Mitglieder der Familie haben es zu einer gewissen Fertigkeit auf den verschiedenen Instrumenten gebracht. Fast jedes Dorf hat seine eigene, aus Einwohnern bestehende Musikbande, die bei Tanz und Hochzeiten aufspielt und die ausgezeichneten öster= reichischen Regimentskapellen rekrutiren sich bekanntermaßen auch meistens aus Böhmen. Nennt der Landbewohner weiter nichts mehr sein eigen als die Geige, so nimmt er sie und zieht, begleitet von einigen Kameraden, hinaus ins Land oder weit in die Ferne, um mit dem geliebten Instrument sich seinen Unterhalt zu gewinnen. Diese Musikliebhaberei ist beiden, den Böhmen deutschen und slavischen Stammes, eigen. Es ist auffallend, mit welcher Leichtigkeit sie oft mehrere Instrumente handhaben, und wie dies ihnen gleichsam von Jugend auf angeboren ist. Einen Begriff von der weiten Verbrei= tung der Musikliebhaberei in Böhmen kann man sich wohl am besten danach machen, daß von 100 zum Militär eingestellten Rekruten in Böhmen drei ein Instrument zu spielen verstehn.

Der Tscheche ist jedoch nicht nur ausübender Musikant, er ist auch ein trefflicher Sänger, der, aus dem ureigensten Wesen seines Volkes heraus, herrliche Weisen zu erfinden vermag. In der Brust des tschechischen Volkes liegt ein tiefer Quell schöner Volkslieder, die, meist nach schwermüthigen Melodien gesungen, einen vorzugsweise slavischen Stempel tragen und sich den Liedern aller andern Völker dreist an die Seite stellen können. Diese Lieder, geboren vor Zeiten im Schooße des eigentlichen Volkes, nicht erfunden von Einzelnen, sondern heraus= geschaffen gleichsam aus der Gesammtheit, wandern noch heute von Munde zu Munde, aus der Hütte in den Palast, aus dem Kreise der Burschen und Mädchen im Dorfe in die Concertsäle Prags und anderer Städte.

Von Altersher schon sind die Tschechen ein sang- und musik-begabtes Volk. Noch existiren sehr alte Koledalieder; das Wenzelslied erwähnten wir schon, aber fast noch berühmter als dasselbe ist das sogenannte Adalbertslied Hospodine pomiluj uy, ein altes kyrillisches Volkslied, das mit Unrecht dem heiligen Adalbert zugeschrieben wird. Es ist lieblich und anmuthig, einfach und doch von innerer Glut durchweht. Unbezweifelte Nachrichten sagen, daß dieses Lied vom Volke bei wichtigen Veranlassungen gesungen wurde; so im Jahre 1039 am Grabe des heiligen Adalbert, 1055 bei der Wahl Herzog Spitinhews II. und 1260 in der Schlacht von Kroissenbrunn. In späterer Zeit mehren sich natürlich Composition und Lieder, die uns erhalten sind. Im 13. Jahrhundert finden wir an den böhmischen Königshöfen eigene Sänger oder Improvisatoren, welche Pěsnotvoř hießen; sie sangen bei Festlichkeiten ihre Gedichte oder recitirten Lieder; wo es lustig herging, da fehlten die Sänger nicht. Später, in der hussitischen Zeit, nahm der Gesang der Böhmen einen vor-wiegend religiösen Charakter an, wie noch mehrere aus jener Epoche erhaltenen Lieder beweisen. So setzte Johann Hus ein stabat mater (Stála matka žalostivá) in Musik. Manche Gesänge eigneten sich die Böhmen auch im Laufe der Zeit von Fremden an, die sie heute für heimische Produkte ausgeben; so wuchsen ihre Lieder, mehrte sich die Zahl der Componisten und ward allgemein musikalische Bildung unter dem Volke verbreitet. Der Schulmeister und Geistliche gingen dem Volke auf dem Lande voran und dieses folgte. So wie jetzt noch, wurde auch schon im vorigen Jahrhundert in den meisten Dorfschulen Musikunterricht ertheilt; man legte damals fast noch größeres Gewicht auf die Musik als heute, so daß jeder, der den Grad eines Licentiaten auf der Prager Hochschule erlangen wollte,

sich einer strengen Musikprüfung unterwerfen mußte. Für soviel
musikalische Kräfte hatte das Heimatland nicht Platz nebeneinander;
eine große Zahl wanderte aus und trug in der Ferne nicht wenig
mit zur musikalischen Bildung bei.

Aber eine so gewaltige Menge Musiker Böhmen auch lieferte,
von Lumir bis auf Zvonař, kein einziger derselben hat die höchste
Stufe erklommen; kein Tscheche, ja überhaupt kein Slave, reicht den
Heroen anderer Völker in der Tonkunst nur das Wasser, keiner
brachte es nur bis zum Tonsetzer zweiten Ranges. Wir haben
wohl einzelne böhmische Lieder, Compositionen, auch ein Paar Opern
— aber eine nationaltschechische Musik fehlt. Da diese aus der
Nation heraus nicht erstand, so mußte zur Entschuldigung wiederum
„die Ungunst der äußeren Verhältnisse" herbeigeholt werden, die stets
bei den Tschechen dann in den Vordergrund geschoben wird, wenn
sie ehrlicher sagen sollten: Wir vermögen es hierin andern Völkern
nicht gleich zu thun, denn wir sind verschieden von ihnen. Der
Engländer gesteht wenigstens ehrlich ein, daß seinem Volke die Begabung zur höheren Musik abgehe.

Wie der tschechische Bauer die Musik liebt, so auch den Tanz.
Drängen sich auch allmählich Walzer, Schottisch und allerhand französische Tänze bei dem tschechischen Landvolke ein, so ist doch noch
ein Kern eigenthümlicher nationaler Tänze übrig geblieben; denn
der Tscheche ist ein geborener Tänzer, gleichwie er ein trefflicher Musikant ist. Er begnügt sich nicht mit den alten Tanzformen, sondern
bildet sie um, variirt sie bis ins Unendliche und fügt ihnen neue,
der Zeit angepaßte, hinzu. Ist die Dorfmusikbande nicht vorhanden,
dann tritt die Harfe eines wandernden Musikanten, oder das
„Flaschinettl" des Leierkastenmanns an ihre Stelle; man tanzt nicht
nur im Wirthshaus, nein, auch draußen im Freien, in der engen
Stube, oder die Magd, welche die Orgel vor dem Hause vernimmt,

wirft schnell die Arbeit bei Seite und dreht sich einmal mit der Bäurin in der Küche herum. Man kennt einen bayrischen Tanz Baboračka), ein Rasirmesser (Břitva), eine Grille (Cvrček), einen Dudelsackpfeifer (Dudak), Uhlanen (Ulan), einen Enterich (Kačer), einen Hosentanz (Kalhoty), Wiegentanz (Kolíbavka), eine Kosackin Kozačka), Kuh (Kráva), Kugeltanz (Kuželka), Manschester (man-šestr), Rübchen (mrkvička), Mäuschen (myška), Sachsen (sasak), Bauern (sedlak), Schuster (švec), einen Judentanz (žid) u. s. w.

Auch die Polka, dieser in alle Salons und Länder eingeführte Tanz, ist tschechischen Ursprungs; über seine Entstehung erzählt Alfred Waldau*) folgendes: „Zu Anfang der dreißiger Jahre tanzte ein junges Bauernmädchen, das in Elbeteinitz bei einem Bürger im Dienste stand, eines Sonntagnachmittags zur eigenen Erheiterung einen Tanz, den es sich selbst erdacht und sang hierzu eine passende Melodie. Der dortige Lehrer, Namens Joseph Neruda, der zufällig anwesend war, schrieb die Melodie nieder, und der neue Tanz wurde kurz darauf zum ersten Male in Elbeteinitz getanzt. Um das Jahr 1835 fand er in der böhmischen Metropole Eingang und erhielt dort, wahrscheinlich wegen des in ihm vorwaltenden Halb=schrittes, von dem tschechischen Worte půlka, d. i. die Hälfte, den Namen Polka. Vier Jahre später wurde er durch eine Abtheilung des Musikcorps der Prager Scharfschützen unter der Leitung des Kapellmeisters Pergler nach Wien gebracht, woselbst Musik und Tanz sich eines außerordentlichen Beifalls erfreuten. Im Jahre 1840

*) Wer sich für tschechische Tänze interressirt, dem können die bei=den Werke dieses Autors „Böhmische Nationaltänze" (zwei Bändchen) und „Geschichte des böhmischen Nationaltanzes" empfohlen werden. Es ist darin wohl gelegentlich von „ausländischen Ignoranten, welche die Tschechen verunglimpfen" die Rede, allein das muß uns nicht abhalten, den hohen Kultureinfluß der Tschechen bezüglich der Tänze kennen zu lernen.

tanzte zuerst Raab, ständischer Tanzlehrer in Prag, diese böhmische Polka auf dem Odeontheater zu Paris mit ausgezeichnetem Erfolge, worauf derselben mit staunenswerther Schnelligkeit der Eingang in die eleganten Salons und Ballsäle von Paris gestattet wurde. Vor ihrer Einführung in die elegante Welt führte die Polka unter dem tschechischen Landvolk bei Jitschin, Kopidlno und Dimokur den Namen Nimra. Dieser Originalname starb aber schnell ab und nur die rhythmische Tanzmelodie hat sich erhalten. Das Liedchen zu dieser lautete:

> Onkel Nimra
> Kauft 'nen Schimmel
> Kauft um fünfthalb Thaler ihn.

Auch die Polka tremblante ist nichts anderes als der tschechische Třasák oder Zitterer. Also: die Polka ist ein tschechischer Originaltanz; wer sie tanzt und Freude daran findet, möge sich dabei auch dankbar der Tschechen erinnern.

Druck von E. Pöschel & Co. in Leipzig.

Tschechisches Sprachgebiet.

SCHLESIEN

SACHSEN

DRESDEN

MÄHREN

OESTERREICH

BÖHMEN

BAIERN

PRAG

Sprachenkarte Böhmens.

Maßstab 1:2428126.

Deutsche Meilen.